世界と日本の格差と貧困

社会保障と税の一体改革

香川正俊著

御茶の水書房

はじめに

　かつて家庭は社会的リスクを回避するために役立った。夫は年功序列と終身雇用制に守られて労働し、賃金を得た。子供は妻によって育てられ、夫が死亡すれば遺族年金で生計を立て老後は子供が保証する構図である。同モデルは大家族ほど当てはまる。1970年代に旧総理府が実施した「国民生活に関する世論調査」では大半の国民が生活水準を「中の中」と答えた。「上」または「下」の回答は各々10％程度に止まり、格差と貧困は顕在化しなかった。ところが「バブル経済」崩壊後の90年代から格差社会が進行、貧困が社会問題となるのである。90年代後半に新自由主義に基づく規制緩和が加速化し、企業が株主中心の営利主義を当然視するようになると、核家族化の進展と相俟って「理想的な家族モデル」は崩壊する。長引く不況と経済のグローバル化が格差と貧困の拡大を後押しした。現在では中流意識を持つ人は少なく、国民の多数は「下」に、一部富裕層が「上」に分かれている。

　格差と貧困は教育、就職、結婚、出産・育児など、人間生活の上で最も幸福なときに訪れる。裕福な家庭に生まれればより良い教育が受けられ、人生を肯定的に見る積極性が育まれるが、逆の場合は自虐的な人生観を持つ可能性さえ生じる。就職に成功すれば望むべき結婚が可能である。けれども逆の場合は貧困が付きまとい、結婚後も子供の出産と子育てに悩まなければならない。高齢になれば収入が途絶え健康面に不安が出るため、貧困層は老後を楽しむことが困難である。将来に希望が持てず、努力が報われないと考える貧困層が多くなれば社会的活力が喪失し、犯罪が多発するであろう。

　内閣府が2012年8月25日に発表した「国民生活に関する世論調査」によれば、今後の生活で「心の豊かさに重きを置きたい」と考える人が64.0％に上った。11年10月の前回調査より2.6％の増、72年に同じ質問を始めて以来過

去最高である。一方、「物の豊かさ」を重視する人は前回より0.9％減の30.1％に下がっている。新自由主義に起因する格差や貧困の拡大に伴う人間関係の希薄性や社会生活の分断など、「現代の疎外」からの脱却を求める人々の切実な願望が伺える。

　政治の責任は格差と貧困の根絶にある。その際、最も重要な事柄は社会保障を支える所得の再配分であり、支払い能力に応じて納める「応能主義」に則った税負担である。グスタフ王朝と議会が長く対立したスウェーデンをはじめ、北欧諸国では歴史の教訓に基づき「経済的余裕のある人が弱者を救う」社会概念が培われ、政府も福祉国家を支える「国民の家」（Folkhemmet、the people's home）という政治哲学を保有している。新自由主義の一部導入による弊害はあるが、格差と貧困は比較的拡大していない。政府が一定の所得及び国富の再配分機能を果たしているからである。けれども世界の先進諸国は新自由主義の横行と経済・金融危機のため各種制度が劣化し、緊縮政策に伴い多数の国民が格差と貧困に喘ぐ現状がある。但し、欧州では一般に最低賃金制度が導入され、社会保障制度も日本より優れており、緊縮政策に対する国民の抵抗が見受けられる。発展途上国の政府は格差と貧困問題を重視し、様々な施策を講じている。

　これ等に対し、日本政府は格差と貧困に関する是正策を満足に実行していない。それどころか格差と貧困が「固定化」・「再生産」され、拡大の一途にある。2012年6月～7月に行われた内閣府の「国民生活に関する世論調査」では、政府に対する要望（複数回答）として「景気対策」が前回より0.2％増の66.5％を占め、9年ぶりに最多となった。次いで「医療・年金などの社会保障の整備」が66.1％、「高齢社会対策」51.2％、「雇用・労働問題への対策」47.3％と続く。

　内閣府は2012年8月31日の閣議において、国と地方の財政の将来像を示す「経済財政の中長期試算」を提出した。同試算は23年度における国と地方の債務残高が12年度の887兆7,000億円と比べ46％増加し、23年度の国債発行額は12年度比2倍強の47兆4,000億円に達すると見込む。国と地方の債務残高

はじめに

は16年度に1,000兆円の大台を突破し、23年度には1,297兆8,000億円に達するという。国内総生産の220.8％に相当する「天文学的」数字であるが、高齢化に伴う社会保障費の増加を消費税増税による税収増だけでは賄えず、債務残高は増加の一途を辿ると分析する。同試算は歳出抑制策の継続と消費税率10％への引き上げを前提としている。累積債務問題の解決は重要な課題であり、経済規模と輸出の縮小及び一向に改善しない景気状況からの脱却も喫緊の課題である。日本銀行は12年10月22日、東北地方を除外した全国8地域の景気判断を下方修正し、「景気回復の動きが一服」状態にあり「生産などを中心に弱めの動き」と発表した。全地域の景気判断を引き上げた7月から3か月しか経過していない。

各種指標の悪化は日本経済の深刻度を如実に示している。2012年9月の鉱工業生産指数は前月比1.3％減と2か月連続の減少、大震災の打撃を受けた11年同期と比べ4.3％下がった。財務省は10月22日、12年度上半期（4月〜9月）の貿易収支が3兆2,190億円の赤字に転落、比較可能な79年度以降半期ベースで過去最大の赤字額になったと発表している。世界的な景気低迷による欧州向けの輸出低落と個人消費の落ち込みが主な要因である。政府「月例報告」も「穏やかに回復」から9月は「回復の動きに足踏みがみられる」に変化し、10月の「月例報告」では「このところ弱めの動き」に引き下げ、5月以来使用していた「回復」の文字を削除するに至った。内閣府は9月の景気動向指数が6か月連続で悪化し、景気の拡大期から後退期への転換点を示す「景気の山」が「数か月前にあり、景気が既に後退局面に入った可能性が高い」と分析する。

このように説明されれば、賃金水準の引き下げなど労働条件の悪化や、消費税増税及び社会保障費の抑制はやむを得ないと考える人が多いと思われる。けれども、そのために不安定な非正規雇用が増え、満足な医療・年金が受けられず、相次ぐ増税で格差と貧困が一層拡大しても「しかたない」と考える人は少ないであろう。大多数の国民が政府に対し、景気対策や社会保障の整備を期待するのは当然である。緊縮政策は日本を含む世界各国で広く行われ、

大多数の国民が「痛み」以上の犠牲を払っている。緊縮政策が経済を一層混乱に陥れ、国民生活を犠牲にして格差と貧困を広げ、景気をますます悪化させる事態は避けなければならない。

本書の目的は、格差と貧困の実態を世界的な見地から把握し、日本政府が進める「社会保障と税の一体改革」の誤謬を正確に認識することにある。格差と貧困から生じる様々な「閉塞状況」から「いかにすれば脱却できるか」、日本国民が「いかに考え行動すべきか」は、事象の把握と本質の理解なしには判断できない。先進諸国が進める緊縮政策の内容と、必然的に起こる国民的反対運動の理由を考究し、失敗の経験から学ぶことは極めて有意義である。その上で、日本政府が進める「社会保障と税の一体改革」の誤謬を明らかにし、国民が選択すべき変革への「道標」につなげたいと思う。

各章で考察する内容は次の通りである。第1章では、世界における格差と貧困及び失業の実態を扱おうと思う。まず「富裕」と「貧困」の定義付けを行い、世界の「富裕層」と「貧困層」の実情を紹介する（第1節）。次に、EU諸国をはじめ各国の失業者（率）の経年的推移を把握し、経済協力開発機構が日本政府に勧告した「不安定な雇用形態の是正」と、政府の法的対応を考察したい（第2節）。無視できない問題は世界的規模での若年失業者の増大である。緊縮政策を強めるEU諸国を事例に上げ、同問題を取り上げる（第3節）。

第2章は世界的な経済危機の中で、各国政府が進める緊縮政策に対する批判である。最初に欧州諸国の緊縮政策を紹介し、国民が反対する理由を具体的に考究する（第1節）。国民の反対運動が高まれば、政府は緊縮政策の後退あるいは修正を余儀なくされる。国民の反発を和らげるため、ドイツなどが採用した労働者に対する権利改善策を論じ、緊縮政策の限界を概括的に述べる（第2節）。欧州諸国は「緊縮政策一辺倒」から次第に経済成長政策を組み合わせた経済政策に転換しつつある。そこで、緊縮政策に一定の理解を示す国民が多いオランダを例に挙げ、各国政府の政策的変化を具体的に見る（第3節）。なお、国際通貨基金は緊縮政策の推進機関であり、日本政府に対

し様々な「勧告」を行っている。同基金が基本的に有する緊縮政策推進の姿勢を検討したい（第4節）。

第3章では、世界における格差問題とアメリカの格差と貧困を扱う。まずジニ係数に基づき、日本を含む世界の所得格差を明らかにする（第1節）。アメリカは典型的な「格差大国」であり、富裕層と貧困層の間には様々な不公平が存在する。両層の利益をめぐる共和党と民主党の対立を交え、格差の実情について詳細に検討を加えたい（第2節）。また2012年11月6日のアメリカ大統領選挙を取り上げ、オバマ候補とロムニー候補の政策、特に重要な貧困対策である医療保険に関する政策的相違を、裁判所の判断と絡めて考える（第3節）。

第4章は、アジア・アフリカにおける貧困問題に充てる。最初に同地域の多くの国が貧困状態にある中で、子供の貧困と政府のあるべき役割を考究する（第1節）。次に国別の食糧・医療問題を詳細に紹介しながら、軍事予算の平和的転用が格差と貧困是正にどの程度寄与するかを検討したい（第2節）。韓国は著しい経済成長を遂げたが、同時にアメリカに次ぐ格差と貧困が拡大した。その理由を究明すると共に、大統領選挙を意識した格差と貧困を是正すべき政治の動向を紹介する（第3節）。中国における格差と貧困は相当高まっている。けれども外需主導から内需主導の経済政策に変えれば相当の是正が期待できると思われる。今後の経済政策を展望したい（第4節）。

第5章からは日本の格差・貧困に関する考察に入る。本章では格差と貧困の実態を紹介し、様々な角度から諸課題を検討する。はじめに中小企業の倒産状況と倒産に至る原因を考える。特に東日本大震災に起因する倒産と経営再建は喫緊の重要問題であり、その現状と課題を詳細に見ていきたい（第1節）。次に失業状況を時系列的に捉え、貧困層と若年層の厳しい雇用環境を紹介する（第2節）。加えて、格差と貧困を是正する基本的な賃金保障である最低賃金制度の現状と問題点を検討（第3節）し、不安定な雇用形態に置かれた非正規雇用者の実情と諸問題を法律に照らして考察する（第4節）。少子高齢化社会の中で、女性に対する様々な差別は有害そのものである。女

性労働の役割と労働環境を通して格差問題を考えようと思う(第5節)。
　第6章では日本における「社会的弱者」(socially vulnerable)の実情と、制度上の問題を分析する。但し、本章で扱う「社会的弱者」とは育児・子育てに携わる若年層や、学資負担に苦しむ関係者並びに老年齢層並びに障害者などを指す。最初に出産・育児に関する実態と政府の対応を取り上げ(第1節)、教育の貧困と奨学金制度を先進国と比較しながら検討する(第2節)。国民健康保険や介護保険など各種保険制度と年金制度の劣化については、第180回通常国会の論戦を交えて述べる(第3節)。続けて生活保護に関する諸問題を詳細に検討(第4節)し、障害者支援に関する政府の政策に批判を加え(第5節)、格差と貧困が招いた悲劇的な「貧困死」の実情を明らかにする(第6節)。
　第7章は、「社会保障と税の一体改革」に対する批判である。本来あるべき租税の基本原則を紹介し、政府の対応を批判(第1節)した後、「社会保障・税一体改革大綱」の内容を分析する(第2節)。年金など社会保障制度の見直しを進めるに当たり、政府とマスコミは盛んに「世代間対立」を煽った。政府・マスコミの姿勢を韓国の事例と比較しつつ批判したい(第3節)。低年金や無年金は、貧困層にとって生活の維持に係わる切実な課題にほかならない。従って、それ等の改善について整理を試みることにする(第4節)。
　第8章は消費税増税に対する批判である。政府は消費税増税を「社会保障制度の維持に不可欠」と位置づけたが、同時に財政再建に要する財源増を期待している。しかし、過去の経験から見ても実際は減収に繋がった。それどころか、経済は「負のスパイラル」に陥って減速し、家計に重大な危機を与えたのである(第1節)。日本経済の土台を支えるのは中小企業である。政府は一定の措置を講ずるものの、中小企業は大企業の要求に逆らえず、消費税の価格「転嫁」は困難で、経営に多大の悪影響が生じる恐れがある(第2節)。本章ではそれ等の問題を詳細に論じる。
　最終章となる第9章では、第180回通常国会で成立または廃案・継続審査となった「社会保障と税の一体改革」関連法を検討する。民主・自民・公明

3党は、総じて関連法案に対する姿勢に相違がない。部分的な相違はいわゆる「3党合意」で解決するか、先送りされた。そこで「3党合意」の内容と意味について考察を加える（第1節）。消費税増税法案は関連法の中でも重要な法案であるが、税収が「社会保障制度の維持」だけでなく、大型公共事業推進の財源として使われる可能性が高い（第2節）。「3党合意」により修正された関連法案は、格差と貧困を拡大させる様々な問題点を孕んでいる（第3節）。2012年8月、関連法案の多くが成立した。しかし、参議院での問責決議や「近いうち解散」が絡み国会は混乱するに至る（第4節）。これ等の記述を踏まえ、格差と貧困の是正を広げかねない関連法の問題点と政府の姿勢を明確にする（第5節）。

　本書はすべて書き下ろしである。なお、本書で使用する年号は「引用部分」を除きすべて西暦で表示する。

　本書の出版に当たっては熊本学園大学付属産業経営研究所から2012年度出版助成を受けた。この場を借りて謝意を表したい。

　　2013年1月　　　　　　　　　　　　　　　　　　　　著　　者

世界と日本の格差と貧困

目　　次

目　次

はじめに …………………………………………………………………ⅰ

第1章　世界における格差・貧困と失業状態 ……………………3

　　第1節　世界の富裕層と貧困層　3
　　第2節　世界・EU諸国の失業者（率）とOECD対日勧告　9
　　第3節　EU諸国における若年層の失業　17

第2章　世界的な経済危機と緊縮政策 ……………………………23

　　第1節　欧州諸国の緊縮政策と国民の反発　23
　　第2節　労働者の権利保障と緊縮政策の限界　31
　　第3節　緊縮政策に対する国際機関の批判とEU諸国政府の変化　33
　　第4節　世界経済に関する国際通貨基金の分析と緊縮政策　38

第3章　世界における格差問題と「格差大国」アメリカ…………43

　　第1節　富裕層と貧困層の所得格差　43
　　第2節　格差大国アメリカ　45
　　第3節　大統領選挙とその争点　50

第4章　アジア・アフリカの貧困問題 ……………………………57

　　第1節　子供の貧困と政府の役割　57
　　第2節　食糧・医療問題及び軍事予算の転用　60
　　第3節　韓国の格差・貧困と政治的動向　66
　　第4節　中国の格差・貧困と政治姿勢　72

目　次

第5章　日本における格差と貧困の実態…………………………77

第1節　中小企業の倒産状況と東日本大震災　77
第2節　失業状況と雇用環境　84
第3節　最低賃金制度の現状と問題　92
第4節　正規雇用の削減と非正規雇用の増大　94
第5節　女性労働と様々な格差　102

第6章　「社会的弱者」の実情と制度的問題 …………………109

第1節　少子高齢化と育児　109
第2節　教育の貧困と奨学金制度　115
第3節　各種保険制度と年金制度の劣化　122
第4節　生活保護と貧困　129
第5節　障害者支援をめぐる諸問題　136
第6節　「貧困死」の実情　141

第7章　「社会保障と税の一体改革」に対する概括的批判 ……147

第1節　租税の基本原則と政府の対応　147
第2節　「社会保障・税一体改革大綱」と各党の評価及び財界の意向　152
第3節　世論操作とマスコミの姿勢　160
第4節　低年金と無年金状態の改善　164

第8章　政府の消費税増税に対する批判 ……………………169

第1節　消費税増税が政府税収、経済、家計に及ぼす影響　169
第2節　消費税増税が中小企業に及ぼす影響　176

第9章　「社会保障と税の一体改革」関連法 …………………183

第1節　「社会保障と税の一体改革」関連法案をめぐる3党合意　183
第2節　消費税増税法案と大型公共事業の推進　187

xi

第3節 「社会保障改革」関連法案の修正と社会保障制度改革推進法　190
　　第4節 「社会保障と税の一体改革」関連法案の成立過程　196
　　第5節 「社会保障と税の一体改革」関連法の問題点と政府の姿勢　202

おわりに …………………………………………………………209

参考文献……………………………………………………………213
索　引………………………………………………………………215

# 世界と日本の格差と貧困
——社会保障と税の一体改革——

第1章　世界における格差・貧困と失業状態

第1節　世界の富裕層と貧困層

　一般に「富裕」とは多くの財産を所有し生活が豊かな状態を指すが、世界中で格差と貧困が蔓延する現在では少し曖昧な言葉に思える。国際通貨基金（International Monetary Fund: IMF、以下、IMFとよぶ）は「World Economic Outlook Sep. 2011」の中で、過去20年の間に先進諸国で失業率の増大と所得格差が一層拡大したと書いている。メリルリンチ（Merrill Lynch & Co., Inc.）は富裕層を「主な居住用不動産、収集品、消費財及び耐久消費財を除き、100万ドル（筆者注：約8,000万円）以上の投資可能資産を所有する階層」と定義しており、HNWI（High-Net-Worth Individual）と表記する。2011年のIMF統計[1]によると世界の富裕層は約1,090万人で、富裕層が最も多く存在する国はアメリカの約310万人、2位は日本の約173万人である。また3,000万ドル（約24億円）以上の投資可能資産を所有する者は超富裕層（Ultra-HNWI）とよばれる。とりわけ11年11月現在の失業率が9.0％（2012年11月は7.7％）に達するアメリカは、5％の富裕層が国富の約81％を所有する最大の格差大国である。

　アメリカの経済誌フォーブス（Forbes）は2012年3月の「2012年版世界長者番付」[2]において、10億ドルを超える財産を持つ超富裕層は、世界で過去最多の1,226人（2011年は1,210人）に上ると発表した。3年連続首位のカルロス・スリム氏（メキシコ大手通信会社経営者）の保有資産額は690億ドル（約5兆6,000億円）、2位は610億ドルのビル・ゲイツ氏（マイクロソフト会長）、3位が440億ドルのウォーレン・バフェット氏（アメリカの投資家）、

3

4位が410億ドルのベルナール・アルノー氏（フランスの高級グループLVMH）と続き、175億ドルのマーク・ザッカーバーグ氏（フェイスブックCEO）は11年の52位から35位に浮上した。日本人では88位の柳井正氏（ファーストリティリング会長兼社長）が100億ドル、127位の孫正義氏（ソフトバンク社長）72億ドル、161位の三木谷浩史氏（楽天会長兼社長）62億ドルなど、24人が挙げられている。

　一方、日本の上場企業3,618社の2011年決算（1月期～12月期）有価証券報告書に開示された役員報酬1億円以上の会社・役員は226社・367人で、報酬総額は合計609億4,300万円に上る。主な内訳は基本報酬が378億4,900万円（構成比62.1％）[3]となっており、12年3月期決算の上場企業で役員報酬が1億円以上の主な人物は13億3,300万円の樫尾俊雄カシオ計算機元会長（故人）、9億8,700万円のゴーン日産自動車CEO、里見治セガサミーホールディングス社長の6億1,700万円などである。また、東京商工リサーチの調査[4]では役員報酬1億円以上を開示した企業は172社・295人で、総額は518億4,700万円と11年より18億8,700万円増加した。大日本印刷、エイベックス・グループ・ホールディングス（各4人）、バンダイナムコホールディングス、ソニー、セガサミーホールディングス（各3人）など21社は赤字決算（単体決算）にもかかわらず、複数の役員に1億円以上の役員報酬を支払っている。

　比較的高い経済成長を誇るBRICs（Brazil、Russia、India、China）の代表格である中国でも格差がますます拡大する傾向にある。同国で600万元（約7,890万円）以上の個人資産を保有する「高資産所有社会集団」とよばれる階層は2012年1月現在270万人、10億元（約13億1,000万円）以上の富裕層も6万3,500人存在する[5]。特徴は「高資産所有社会集団」の平均年齢が39歳、10億元以上の富裕層が41歳と非常に若いことである。

　これに対し「貧困」とは教育、職業、食糧、保健医療、飲料水、居住並びにエネルギーなど、人間が生活する上で最も基本的な物やサービスを享受できない状態をいう。国際連合開発計画（United Nations Development Programme：UNDP）では40歳未満の死亡率と医療サービスや安全な水へのアクセス率、5歳未満の低体重児比率、成人非識字率などを組み合わせた指標で貧困を測定している。また世界銀行（World Bank）は貧困者の定義を「1人当たり年間所得370ドル以下の者」とする。貧困は「絶対的貧困」（absolute poverty）と「相対的貧困」（relative poverty）に分類される。

「絶対的貧困」とは低所得、栄養不良、不健康並びに教育の欠如など、人間らしい生活から程遠い状態を指し、世界銀行は絶対的貧困者を「1日1ドル以下で生活する人々」と定義付ける。国際連合開発計画が委託した2000年「人間開発報告書」（Human Development Report：HDR）は、絶対的貧困層が95年の10億人から00年には12億人に増加し、世界人口の約半分に当たる30億人が1日2ドル未満で暮らしているとする。世界銀行は12年4月末、148か国の約15万人を対象とした銀行口座の所有実態を発表[6]した。同調査では世界の貧困層の70％が銀行口座を所有しておらず、推定で1日当たり2ドル以下の収入しかない大人の75％超に当たる25億人が正式な口座を所持しない。主に口座開設の手続きに要する高額な手数料や維持費用などを負担できないためであるが、口座を持たないため保険にも加入できず、様々な社会福祉サービスの提供を満足に受けられない状況である。絶対的貧困人口の多くは発展途上国に集中しており、約522万人が東南アジアに、アフリカには約290万人存在している。

経済協力開発機構（Organization for Economic Co-operation and Development：OECD、以下、OECDとよぶ）による「相対的貧困」の定義は、「世帯の可処分所得を世帯員数の平方根で割った等価可処分所得が、全国民の等価可処分所得の中央値の半分に満たない国民」であり、その割合は「相対的貧困率」（relative poverty rate）または「貧困率」（poverty rate）として表される。購買力よりも国内に限定した所得格差に注目するため先進国でも高い割合が示され、絶対的貧困率の高い途上国であっても相対的貧困率が低い場合[7]があり、往々にして当該国内の貧困層を測定する指数として用いられる。2009年における主要諸国の相対的貧困率を比較すれば、悪い順にメキシ

コ21.0％、アメリカ17.3％、日本15.7％、韓国15.0％、オーストラリア14.6％、スペイン13.7％、ギリシャ12.6％、イタリア11.4％、カナダ11.4％、イギリス11.3％、OECD平均11.1％、ドイツ8.9％、スウェーデン8.4％、フィンランド7.9％、ノルウェー7.8％、フランス7.2％、オランダ7.2％、デンマーク6.1％などで、総じてアメリカと日本、西欧諸国が高く北欧諸国は低い傾向にある。とはいえ、北欧諸国を含め各国の相対的貧困率は上昇の一途にある。

　子供の貧困は第4章1節でも紹介するが、国連児童基金（United Nations Children's Fund：UNICEF）の研究機関「イノチェンティ研究所」（Innocenti Pesearch Centre）は2012年5月29日、「先進工業国における子供の貧困の実態を示す報告」[8]を発表した。相対的貧困線（relative poverty line、それ以下の収入では最低生活も維持できないと考えられる統計上の境界線であり「貧困線」（poverty line）ともいう）以下の家庭で暮らす18歳未満の子供は先進35か国で約15％・3,400万人に達し、ルーマニア25.5％、アメリカ23.1％、ラトビア18.8％、ブルガリア17.8％、スペイン17.1％、ギリシャ16.0％、イタリア15.9％、リトアニア15.4％と続き、9番目の日本は14.9％の305万人（日本の2009年の等価可処分所得の中央値は年額224万円で、相対的貧困線は112万円）である。これに対し、北欧や西欧諸国の一部は相対的貧困率が低くアイスランド4.7％、フィンランド5.3％、キプロス6.1％、オランダ6.1％、ノルウェー6.1％、スロベニア6.3％、デンマーク6.5％、スウェーデン7.3％、オーストリア7.3％、チェコ7.4％、スイス8.1％、アイルランド8.4％、ドイツ8.5％、フランス8.8％などの順であった。所得格差の深刻さを示す「貧困ギャップ率」（Poverty Gap Ratio）はアメリカが37.5％で最も高く、31.1％の日本は格差の大きい順から7番目となっている。

　同報告はイギリスを例に挙げ、経済悪化の影響で子供の貧困改善に向けた施策が後退する危険性を警告する。イギリスは2010年制定の貧困対策法で貧困率を20年までに10％にまで引き下げる目標を設定した。しかし緊縮政策に基づく子供手当の3年間凍結など、社会保護計画が弱められ、10年まで減少傾向にあった貧困率が12.1％の横ばい状況となり13年には上昇すると予測し

ている。

　約1,120万人に達するアメリカの「不法移民」(illegal immigration) 問題も深刻である。アメリカ連邦最高裁判所は2012年6月25日、アリゾナ州が制定した不法移民に対する取締強化法について、一部を有効、その他を無効と判断した。無効とされたのは①犯罪が疑われる場合の移民に対する令状なしの逮捕、②滞在資格に関する公文書の常時携帯の義務付け、③不法移民による公園などでの求職活動禁止である。警察が別件で職務質問した者について、その滞在資格の調査を求める条項は有効とした。同州の人口640万人のうち、約200万人がヒスパニック系であるが、①〜③程度の取り締まり緩和を歓迎するほど不法移民への差別意識が強い。アリゾナ州では偏見に基づく恣意的な法律運用が問題視され、オバマ政権が連邦法に反するとして訴えていた。同様の法律はアラバマ、ジョージア、インディアナ、サウスカロライナ、ユタの各州でも制定されており違憲訴訟に発展する可能性もある。

　アメリカ連邦議会は2001年、若い不法移民に6年間の滞在許可を与え、その間に所定の基準を満たせば市民権獲得に道を拓く「ドリーム法」(The Dream Act) を制定した。不法移民に市民権を認めない保守派に配慮して奨学金給付の対象には含めなかったが、共和党の抵抗で同法は10年12月に上院で廃止された。オバマ政権は12年4月、一定の条件を満たす「不法移民」を受け入れる新たな「ドリーム法案」を議会に提出、法案は「不法移民は法律を順守せず国が乱れる」といった理由で不採択となった。けれども12年11月の大統領選挙に向け6月15日、同大統領は5年以上滞在し、高校在学中か卒業または退役軍人で犯罪歴がないことを条件に、16歳未満で両親などに連れられ移住した30歳以下の不法移民に対し、国外強制退去を2年間免除（更新可能）すると発表した。福祉や教育を受けられずパスポートの申請もできない状況に置かれ、貧困に苦しむ不法移民問題は政治的重要課題であり、特に不法移民が入国後に出産した子供に関しては、その子供に責任がないため効果的な対策が求められる。オバマ政権の新方針は不法移民取締りの運用を変更したに過ぎず、市民権も獲得不可能な一時的な措置である。それでも共和

党は「アメリカ市民の雇用に悪影響を及ぼす」として反対の意向を表明した。移民問題はフランスやドイツでも大きな政治課題であるが、移民の貧困が国民全般の貧困に連鎖することを忘れてはならない。

　極度の貧困問題は徐々にではあるが改善に向かいつつある。2012年7月2日、国連は極度の貧困の半減などを目指す国際的な誓約「ミレニアム開発目標」(Millennium Development Goals: MDGs) の達成期限を3年後に控え、世界のすべての地域で貧困の削減目標が達成できたとする「年次報告書」[9]を発表した。第1目標のうち、1日を1.25ドル未満で生活する「極度の貧困状態」に置かれた人々を15年までに90年水準の半分に減らすとの指標については、初めて世界の全地域で絶対数と比率の双方で減少が確認された。極度の貧困状態にある人は90年に全世界で20億人、総人口の47％であったが、08年には14億人・27％にまで減少したのである。報告書は10年後には08年の水準を半減する目標達成も可能としている。第7目標の「環境の持続可能性の確保」に定めた「安全な飲料水を利用できない人々の割合を半減させる」との指標は、94年の「利用できない人」24.0％が10年には11.0％に減少し、同指標は既に達成された。発展途上国の都市住民のうち、スラムに居住する人々の割合も00年の39％から12年には33％に改善され、2億人以上が改良水源や改良衛生施設（トイレ）の利用が可能になった。「20年までに最低1億人のスラム居住者の生活を大幅に改善する」との指標は超過達成している。けれども報告書は、途上国における雇用状況の悪化と、妊娠及び出産に関連した女性の死亡率が改善しないなどの障害を確認、第1目標のもう1つの重要な指標である飢餓半減も進んでいない。国連食糧農業機関（Food and Agriculture Organization: FAO）の最近の統計には、世界の飢餓人口が総人口の15.5％に当たる8億5,000万人存在するとある。

　中南米・カリブ海地域の国々は、人口の都市とりわけスラムへの集中と貧困問題を抱えている。都市化や居住問題などを扱う国連人間居住計画 (United Nations Human Settlements Programme) の中南米地域事務所が2012年8月21日に発表した報告書「中南米・カリブ海諸国の都市の状況」[10]は、

農村住民が都市に移動する傾向が長く続いた結果、人口の80％近くが都市特にスラムに集中しており、都市人口の割合は50年には90％になると予想する。同地域では近年、国民生活向上を重視する進歩的な政権が相次いで誕生したこともあり、貧困人口は90年時点の41％から10年の26％に大幅改善した。しかし報告書は各国の格差と貧困の是正政策を評価する一方で、不足住宅数が90年の3,800万戸から11年には推定で4,500万戸〜5,100万戸に増えたと指摘し、所得上位20％の富裕層が所得下位20％の20倍もの収入を得る深刻な不公平を克服する必要性を強調している。最も所得格差が小さい国は09年のジニ係数（Gini coefficient, Gini's coefficient）が0.41のベネズエラであるが、アメリカやユーロ圏で最も所得格差の大きいポルトガルのジニ係数0.38より高く、同地域の所得格差が大きいことを示す事例である。但し、同地域の国々は格差と貧困問題に一層重点的に取り組んでいる。

第2節　世界・EU諸国の失業者（率）とOECD対日勧告

　国際労働機関（International Labour Organization：ILO、以下、ILOとよぶ）の報告[11]によれば、2011年における世界の平均失業率は欧州債務危機による景気失速の影響もあり6.0％（2010年は6.2％）、推計1億9,720万人で、10年から若干改善したものの雇用状況は低水準のままで推移、潜在的失業者を含めれば6.9％に達する。主要先進国における失業率の推移は図1‐1に示す。特に15歳〜24歳の若年層は12.7％、中東や北アフリカは20％台後半に上る。同報告はこれ等の地域で失業を一因とした暴動が頻発する状況に「驚きはない」と指摘、世界経済が低成長を続ければ12年の世界の平均失業率は6.2％に悪化すると予測している。地域別平均失業率は日本やアメリカ及び欧州連合（European Union：EU、以下、EUとよぶ）を含む先進国が8.5％（2010年は8.8％）と高い。これに対し、比較的経済成長が見込める中国やインドをはじめ、アジア諸国の失業率は相対的に低く、南アジアは3.8％（同3.9％）、東アジア4.1％（同4.1％）である。同報告は、欧州債務問題の長期

図1-1 主要先進国における失業率の推移

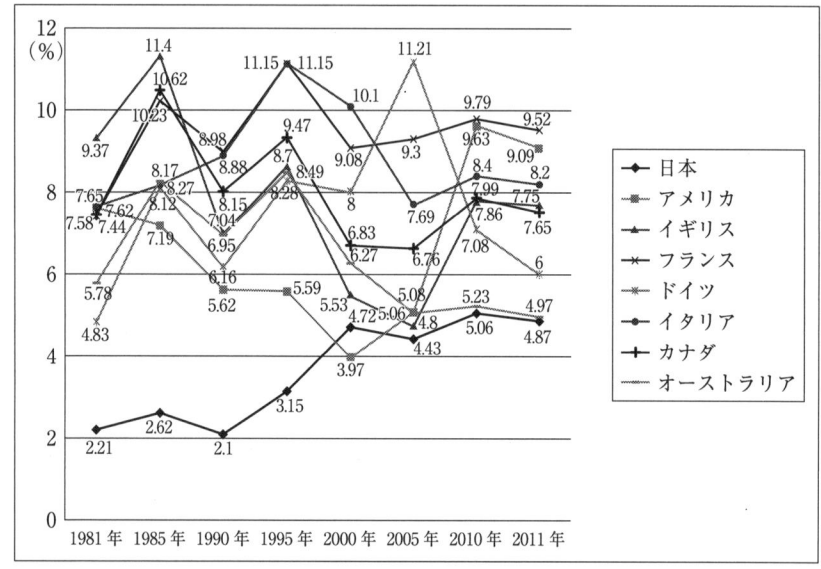

出所：IMF-World Economic Outlook（2012年9月版）より作成。

化やアメリカ経済の回復が遅れれば景気が2番底に陥る可能性が大きく、12年における先進国の平均失業率は9.0％に達すると警告した。

　EU統計局（Eurostat）が2012年8月14日に発表したユーロ圏17か国（通貨統合参加国）の12年4月〜6月期実質国内総生産（Gross Domestic Product：GDP、以下、GDPとよぶ）（季節調整済み）速報値[12]は、欧州債務危機の深刻化を受けて11年10月〜12月期以来半年ぶりマイナスの前期比0.2％減であった。「景気後退」の定義は「2四半期連続のマイナス」とされるが、12年1月〜3月期の成長率も0％に止まっており、欧州経済の後退局面の長期化が伺える。12年4月〜6月期のGDPを年率換算すれば0.7％の減であり、同時期のアメリカ1.5％増、日本の1.4％増に比べても不振が目立つ。経済活動が停滞する中で財政健全化に向け、各国が緊縮財政を推進したことが実体経済を大きく圧迫し、将来の不安を強める消費者や企業が消費や投資を控え

る「負の連鎖」(negative chain)に陥っているためである。EU27か国全体でも前期比GDPは0.2％の減で、欧州第2位の経済大国フランスは3期連続の0％、第1位のドイツも前期比0.5％増から0.3％増へ減速しており、欧州経済のけん引役不在の状況にある。国債利回りが高止まりし、市場からの資金調達が困難になったイタリアは0.7％減で4期連続のマイナス成長、スペインは0.4％減で3期連続のマイナス成長である。12年8月14日までに前期比のGDPを発表したユーロ圏17か国のうち、プラス成長を維持したのはドイツ、オランダ、オーストリア、スロバキア、エストニアの5か国に過ぎず、前期比を発表していないギリシャは11年8月比6.2％減と推測され、景気は一段と悪化した。

　2013年のEU経済は悪化の一途を辿る見通しである。EU欧州委員会(European Commission：EC)は2012年11月7日、ユーロ圏17か国における13年の実質GDPを前年比0.1％増と予測、1.0％増とした5月の見通しを事実上のゼロ成長に大幅下方修正している。域内の債務危機の深刻化と景気回復の道筋が不透明であることが要因で、12年も0.8％減から0.4％減となる。国別の12年・13年の実質GDPはスペインが各々1.4％減、ギリシャ6.0％減・4.2％減となっている。同委員会は緊縮政策の影響で雇用情勢が一層悪化すれば、景気の下ぶれリスクが拡大すると予想する。ユーロ圏17か国の失業率は12年が11.3％、13年には11.8％に達する見込みである。

　EU諸国の失業状況とその推移を詳細に見れば次の通りである。EU統計局は2012年6月1日、ユーロ圏17か国の4月の失業率（季節調整済み）は11.0％と発表[13]した。3月の失業率は10.9％から11.0％に修正され、3月・4月と連続で95年の統計開始以来最悪の水準を記録している。4月の失業率は大銀行の経営不振など、信用不安に直面するスペインが24.3％で3月比0.2％悪化、財政難に陥ったポルトガルは15.2％で高止まり、フランス、イタリアも10.2％と高水準を維持し、ドイツは5.4％と比較的低いがギリシャは2月時点で21.7％である。5月の失業率（季節調整済み）は11.1％で4月とほぼ変わらず、EU27か国の失業率も10.3％と4月の10.2％と大差ないが、99年の

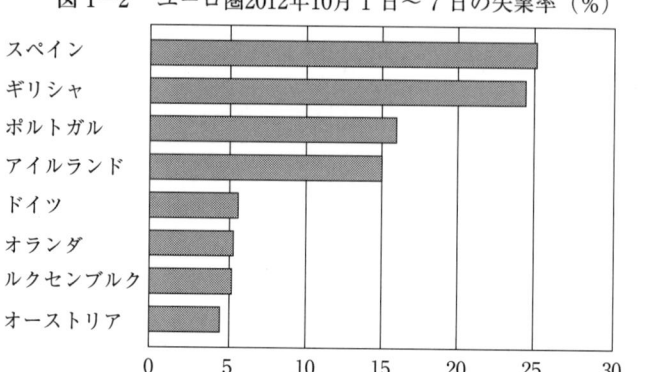

図 1-2 ユーロ圏2012年10月1日～7日の失業率（％）

出所：The Statistics Bureau, European Union; Unemployment Statistics Data up to Oct 2012.

単一通貨導入後の最悪水準を更新している。国別では信用不安が拡大するスペインが24.6％と若干悪化、債務危機に陥りEUに支援要請したポルトガルの15.2％、アイルランドは14.6％で4月と同率であった。一方、ドイツは5.6％、オーストリア4.1％（4月は3.9％）、オランダ5.1％（同5.2％）と低水準にある。失業率は高止まりの状態を続け、12年10月1日のEU統計局発表(14)では、8月の失業率（季節調整済み）は7月と同じ11.4％、スペインが25.1％（7月は25.0％）、ポルトガル15.9％（同15.7％）となっている。ドイツの失業率は5.5％、オーストリア4.5％、オランダは5.3％であった（図1-2を参照のこと）。

2012年9月のユーロ圏17か国の失業率（季節調整済み）は11.6％で8月に続き最悪の水準をさらに更新、EU27か国は10.6％である。国別の失業率はスペイン25.8％で、特に若年層が54.2％と異常な高さになっている。続いてポルトガル15.7％、アイルランド15.1％など債務危機に陥った国が高水準を維持した。一方、ドイツは5.4％、オーストリア4.4％、オランダ5.4％と、ユーロ圏北部の国々は低率のままである。

経済危機と失業率増加に伴い、EU諸国では短期間の内に格差と貧困が拡

大している。貧困・社会的排除のリスクを持つ階層は、2010年時点ではEU全体で総人口の23％に及ぶ1億1,500万人を数え、前年から100万人増加しており65歳以上の階層（22％）や、1人親（6％）とその児童（26％）の比率が高い。就労年齢層（18歳〜59歳）でリスクのある者のうち、就労も求職もしていない「非労働力人口」は40％で、失業者が20％弱、就労層が40％近くを占める。「就労貧困層」（Working poor）も18歳以上の就労人口の8％強で推移、臨時雇用や非正規雇用者に比較的多く見られる。これ等の貧困層は低学歴層で比率が高く、正規雇用者の場合は5.1％に止まるが臨時雇用では12.9％を占める。臨時雇用者は年齢・資格が同等の正規雇用者と比較して賃金水準が14％低く、1年後により安定した仕事を得る者は33.3％に過ぎない。また、就労年齢層のうち「就労者がいない世帯」の場合、貧困リスクが4倍（全員が働く場合は5％、半数の場合は20％）となる。さらに就労年齢層の就労割合が非常に低い世帯のうち、「子供を持つ世帯」は「子供のいない世帯」と比べ貧困リスクが2倍高まる。貧困リスクの緩和には、仕事と家庭の調和を可能とする柔軟な働き方の推進や教育・育児サービスの提供を通じた就労促進が有効と思われる。

　ユーロ圏外を見れば、2012年5月時点のアメリカの失業率は4月比0.1％悪化の8.2％で11か月ぶりに上昇した。特にヒスパニック系市民の失業率は11％で全米平均を上回り、貧困率も全米平均の15.2％に比べ26.7％とかなり高くなっている。アメリカ労働省（Department of Labor）の統計[15]によれば、景気動向を敏感に映す非農業部門における12年2月現在の就業者数（速報・季節調整済み）は3か月連続で20万人を超え、1月比22万7,000人へと大幅に拡大した。ところが失業率は前月から横ばいの8.3％で改善の兆候が見られなかった。新規就業者の大部分がパートや派遣労働など一時的雇用で占められ、時間当たりの賃金上昇も緩慢なためである。3月の失業率は2月比0.1％減の8.2％となり、オバマ政権が発足した09年1月以降3年2か月ぶりに若干回復した。けれども非農業部門の就業者数は2月比12万人と伸び悩んでおり、雇用創出の鈍化傾向を示している。特に若年層の雇用問題が深刻

で失業率は18歳～19歳が23.6％、20歳～24歳が14.2％である。

　アメリカ労働省が2012年8月3日発表した7月の雇用統計によれば、失業率は6月比0.1％悪化の8.3％に逆戻りし、非農業部門の就業者数は16万3,000人と6月と比較すれば上回るものの、失業率の安定的な改善に必要とされる月20万人増には届かない状態が続いている。9月7日発表の8月雇用統計（速報、季節調整済み）では、非農業部門の就業者は9万6,000人に止まり、失業率も8.1％台で高止まりの状況にある。加えて不安定雇用の増加も深刻度を増し、パート労働者などを合算した失業率は10年の平均16.7％から12年1月～8月までで14.8％に上る。一方、フルタイム労働者は08年前半には1億2,000万人を超えていたが、09年末には約1億1,000万人に激減、就業者に占めるパート労働者の割合は約20％に増加しており、賃金水準はフルタイムの50％程度で、非正規雇用の増大が格差と貧困を拡大している。

　2012年10月5日発表の9月雇用統計（速報、季節調整済み）によると、アメリカの失業率は8月から0.3％低下の7.8％と3年8か月ぶりに改善し、オバマ政権が発足した09年1月の水準に戻った。非農業部門の就業者数も8月比11万4,000人増であり、就業者数は3か月連続で10万人を超えている。労働省は失業率の改善について「求職をあきらめた人の増加も要因である」と分析する。労働参加率や時間当たり賃金の伸び率も緩慢であり、先行きに対する不安解消にはほど遠い状況にある。なお、12年10月の失業率は7.9％で9月比0.1％上昇したものの7％台を維持、非農業部門の就業者数も前月比17万1,000人増と、雇用改善の目安とされる10万人を上回った。

　各種調査によって統計上の誤差があるが、若年層の失業は世界的な課題である。ILOは2012年5月、「世界の若年層（15歳～24歳）の雇用情勢に関する報告書」[16]を公表した。11年における若年層の失業率と失業者数は12.6％の7,450万人である。報告書は欧州債務危機に伴う景気悪化もあり、12年の若年失業者は7,460万人・失業率12.7％と予測、年齢が高い層に比べ知識や経験不足が原因となり「失業者になる可能性が3倍近い」と分析する。各地域における12年の推定失業率は先進国・EUが18.0％（日本10.8％）、中東

26.9％、北アフリカ27.8％で11年に続き厳しい雇用状況にある。報告書はまた、いずれの地域もこれまで深刻な失業が社会不安を招き、中東の民主化運動「アラブの春」(Arab Spring) や世界的な反格差・反貧困運動に繋がったと指摘、12年並みの高い失業率が16年まで続くとしている。その上で失業の長期化は「経済的、社会的な悪影響に加え、将来の雇用や賃金に弊害をもたらす」と警告し、政策当局に職業訓練や税制優遇策などを通した若年層の就職支援を要請した。

　若年層の失業率は上昇の一途にある。ILOは2012年9月4日、15歳～24歳までの若年層の失業率が世界的に一層悪化するという新たな報告書を発表した。同報告書は求職中の若年層は7,500万人以上に達し、失業率が12年に12.9％へ上ると書いている。先進国では若年層の失業率が世界経済・金融危機前より高い水準にありながら、12年の17.5％から17年には15.7％に下がると見込む。労働市場の改善によるものではなく、若年層の多くが求職の意欲を失い失業統計の対象から除外されるためである。地域別に見れば北アフリカ、中東で25％を超える状態が続き、東アジアでは11年の9.5％から17年には10.4％に増えると指摘する。国連アジア・太平洋経済社会委員会 (Economic and Social Commission for Asia and the Pacific : ESCAP) の「2012年版調査報告」[17]は、アジア・太平洋地域の失業率は10年の4.3％から11年は4.2％に改善したものの、若年層の失業率が成人の2.4倍に達する深刻な状況に変化はないと推測している。全世界の若年失業者は10年の全失業者7,510万人の17.4％を占めた。11年には14.2％に減少し、東南アジア・太平洋地域の若年失業者は13.4％である。報告書は特に、途上国が「雇用なき成長」(jobless growth) という問題に直面しており、10年時点で約11億人が「立場の弱い雇用状態」(employment status weak position) に置かれていると強調する。なお、11年における世界の就労貧困層は1億5,000万人である。

　日本の被雇用者全体に占める2011年の非正規雇用者数は35.2％に上った。OECDは「2011年版対日審査報告書」[18]の中で日本政府に対し「正規労働者に対する実効的な雇用保護を措置する」と共に「短期的な派遣労働者の利用

を法的に是認することには慎重を要する」と勧告した。勧告に対し政府は雇用を「コスト」とみなす企業論理を優先し、製造業・登録型派遣の「原則禁止」規定を削除した「労働者派遣事業の適正な運営の確保及び派遣労働者の就業条件の整備等に関する法律等の一部を改正する法律」(平成24年3月28日、法律第60号)を成立させている。

　不安定な雇用形態を「正当化」する手段として同法は特筆に値する。2009年に作成された法案は①製造業派遣、②登録型派遣、③日雇い派遣という弊害の多い3類型の原則廃止、④違法派遣の際の派遣先による「雇用申込み義務」などを主な内容としていた。しかし11年11月に行われた民主、自民、公明3党協議により①と②の原則廃止規定を削除、④については3年後の施行とする修正を行い、法案成立に至った経緯がある。③の日雇い派遣の原則廃止について、派遣元は原則として日雇い労働者（日々雇用労働者または30日以内の短期雇用労働者）の派遣が許容された。専門26業務のうち清掃、設備管理、放送関係などを除く「政令で定める業務」に関しては「例外」を設け、世帯主でない家計補助的就労者であれば低賃金の日雇い派遣も可能という産業界の要請を受けた修正である。「政令で定める業務」とは正規雇用者が担当しなくとも外部委託が可能な業務を指す。当該業務の場合は規制がないため日雇い派遣が認められ、「原則禁止」が有名無実化したのである。

　2012年10月1日施行の同法は、製造業・登録型派遣をそれまでの「原則自由」と同様な扱いとした上で、不安定な日雇い派遣についても「2か月以内」の雇用契約を原則禁止する政府案を「30日以内」に後退させた。政省令は「事務用器具操作」など18業務を適用外とし、学生や年収500万円以上の世帯の者は禁止の例外と定めている。厚生労働省は「Q&A」を発表、就労が認められない場合を就労日数が「1日あるいは初日と最終日のみしかないとき」に限定した。違法派遣労働があれば、派遣先が直接雇用の申し込みを行ったものと見なす「みなし雇用」は、もともと正規雇用者になる保証がなかったが、最長3年の派遣可能期間の制限から除外する業務として新たに「非破壊検査の器具運転」や「水道・下水道施設、一般廃棄物処理施設の管

理」が加えられた。こうして日雇い労働者に係わる登録現場の規制はほぼ完全に「骨抜き」されたのである。格差と貧困を助長する非正規雇用の法的是認は、OECD勧告の趣旨に照らしても肯定されるべきではない。

第3節　EU諸国における若年層の失業

　世界における若年層の失業増大は第2節でも触れた。本節では欧州債務危機の影響をまともに受けるEU諸国の若年層失業問題に限定して詳細に扱う。
　欧州委員会は、EU域内で若年層の平均失業率が2007年10月の16％から、11年10月には22％まで拡大したことを公表[19]、OECDも11年12月13日、14日にパリで開催された「若者の雇用に関する会議」[20]において、各国政府が歳出削減を検討するに当たり、「若者の職能訓練は現在と未来への投資であることを心に刻んで、若者の労働市場への復帰を支援する必要がある」と強調した。EU域内の失業率はギリシャ、スペインの25％程度からオーストリア、オランダの4％〜5％前後まで幅があり、オランダやドイツでは見習い・社内教育制度などのセーフティ・ガード（safety guard）が一定程度整備されているため失業が比較的抑制される。
　EU統計局の調査[21]によれば、ユーロ圏17か国における2012年1月の完全失業率（季節調整済み）は10.7％で11年12月比0.1％悪化、11年5月以降9か月連続の10％台の高率を維持した。とりわけ25歳未満の若年失業率は21.6％と高く、若者の雇用が深刻な問題であることを示している。図1−3に示す通り、国別ではスペインの失業率が最も高く23.3％（2012年10月現在は25.0％）、12年1月時点における25歳未満の若年層の場合は49.9％が失業者である。次いでギリシャが19.9％で若年層が48.1％を占め、ポルトガル14.8％のうち若年層35.1％と続く。いずれも08年のリーマン・ショック（economic downturn precipitated by the Lehman Brothers bankruptcy in 2008）以降、急速に経済情勢が悪化し、政府債務危機に陥った国であり、若年失業率は全失業者の約2倍に上り失業が長期化する傾向にある。輸出主導で経済成長を図

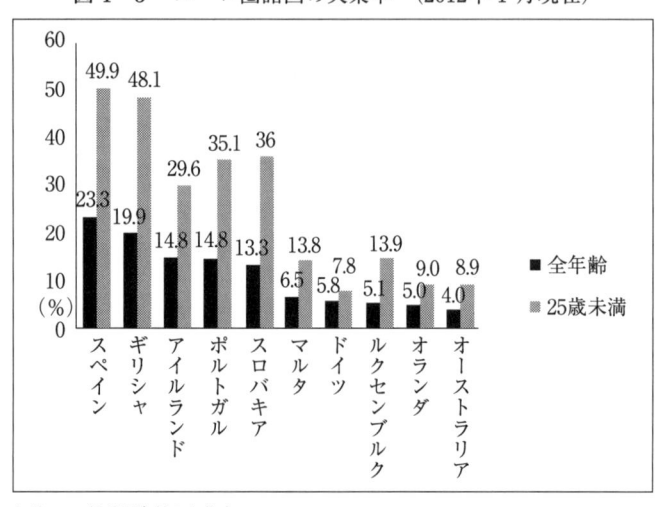

図1-3 ユーロ圏諸国の失業率 （2012年1月現在）

出所：EU統計局資料より作成。

るドイツ、オランダ、オーストリアなどの若年失業率は7％〜9％程度に止まる。ただ、程度の差はあるものの非正規雇用によって人件費削減を図る「雇用調整」の強化は日本と変わらない。

　EU全体では、金融危機に続く深刻な長期的不況に伴って新たに600万人分の雇用が喪失した。創出された雇用は150万人分に過ぎず、その多くを臨時雇用が占める。2011年の失業率は平均約9.5％前後で推移、失業者2,350万人に達する記録的な高水準で、特に若年失業者は20％・500万人に上る。また長期失業者（失業期間が1年以上の者）が失業者全体の40％を占める中で、預貯金の著しい減少や貧困のリスクに直面する者も増加している。

　2012年2月時点のユーロ圏17か国の失業率（季節調整値）は10.8％まで上昇し、1月の10.7％を上回った。特に南欧諸国の失業率上昇が目立ちギリシャは21.0％（2011年12月時点）、スペイン23.6％（2012年1月は23.3％）となり、ポルトガル15.0％とイタリアの9.3％も1月の水準を相当超えている。スペイン国家統計局は4月27日、12年第1四半期（1月〜3月）の失業率が現

在の統計方式となった96年以降最悪の24.4％に上昇したと発表した。失業者数は564万人で前期と比べ36万5,900人の増加である。失業率はEU諸国の中で最も高く、25歳未満の若年層では51.6％で厳しい雇用状況に置かれている。5月の若年失業率は52.1％の高水準を記録した。イタリアの失業率も04年1月以降最悪で、12年第1四半期における15歳～24歳の若年失業率は31.9％に上り、5月時点の失業率も大きな変化はない。

　ユーロ圏17か国の失業率はその後も悪化し続け、2012年6月には11.3％と99年のユーロ導入以来最悪の水準を更新、7月も11.4％のまま高止まりしている。特に緊縮政策を続けるスペインの失業率は6月が24.9％、7月が25.0％でEU27か国中最悪の状態で、25歳以下の失業率は52.7％と3か月連続で50％を上回った。8月の若年失業率は52.9％である。12年10月26日、スペイン国家統計局は12年第3四半期（7月～9月）の失業率が前期比0.38％上昇の25.02％に悪化と公表した。同期の失業率は現行方式の失業率統計が始まった96年以降最悪の水準を前期に続いて更新し、失業者数は577万8,100人（前期比8万5,000人増）に達する。16歳～24歳の若年失業率は52.34％（前期は53.27％）と依然高率で推移、主要労組を中心とする11月14日のゼネストに繋がった。しかも7月はユーロ圏全域で25歳以下の失業率が6月の22.5％から22.6％に上昇し、若年層の失業問題を一層深刻化させた。

　一方、比較的強い産業基盤を有する諸国の失業率は低水準を維持しており、ドイツの失業率は2012年6月、7月とも5.5％、オランダが5.1％と5.3％で、二極化がより鮮明になっている。なお、ギリシャ国家統計局は12年10月11日、7月の失業率は25.1％と6月（改定後）から0.3％上昇し、04年に現行統計を始めて以来、過去最悪を更新したと発表した。失業者数は126万1,600人で6月比2万3,255人増、うち15歳～24歳の若年層は54.2％と極めて高い水準を維持しており、スペインと共に2人に1人が失業状態という深刻な事態に陥っている。

　このように、EU諸国における若年層の失業は深刻化の一途にある。世界銀行は2012年10月1日、「世界開発報告」[22]において、欧州債務危機による

失業者が世界で約2億人に上り、うち約40％を25歳未満の若年層が占めると発表、就業率を一定に保つには05年と比較して20年までに約6億人分の雇用が不可欠とし、雇用創出に向けた環境整備を進めるよう各国政府に求めた。報告によると08年の金融危機で2,200万人が失業、雇用の伸びは同年以前の年間1.8％程度から09年には0.5％を下回り、10年末時点でも債務危機前の水準は回復していない。仕事をせず、求職活動も行わない若年層は世界に6億2,100万人以上も存在する。報告は南アフリカでは08年以降15歳〜24歳の失業率が40％を超えたと指摘した。なお、ユーロ圏全体の若年失業率は12年8月時点で22.8％（7月は22.9％）となっている。

注

(1) International Monetary Fund; *World Economic Outlook. 2011 International Monetary Fund Publication Services*; 26. 42. 78〜85 http://www.imf.org/external/pubs/ft/weo/2011/02/pdf/text.pdf を参照のこと。
(2) Forbes Magazine; *The World's Billionaires 2012*、http://www.forbes.com/billionaires/
(3) 東京証券リサーチ「2011年1〜12月期決算上場企業『役員報酬1億円開示企業』調査」、2012年4月13日。
(4) 東京商工リサーチ『2012年3月期決算（全上場企業）「役員報酬1億円以上開示企業」調査』、2012年7月9日。
(5) 興業銀行与胡潤研究院聯合発布『2012中国高净値人群消費 需求白皮书』、2012年3月27日。http://www.hurun.net/zhcn/NewsShow.aspx?nid=187
(6) 時事通信、2012年4月20日。
(7) 北朝鮮の相対的貧困率は日本より低い。
(8) UNICEF; Innocenti Pesearch Centre *Report Card 10/Measuring Child Poverty. 2012* http://www.unicef.or.jp/library/pdf/labo_rc10.pdf
(9) MDGs; *UN Global partnership key to achieving Millennium Development Goals by 2015-UN report*; July 2, 2012; http://www.un.org/apps/news/story.asp?NewsID=42372&Cr=mdg&Cr1
(10) HUFF POST WORLD; *Latin America is World' Most Urbanized Region,*

第1章　世界における格差・貧困と失業状態

U.N. Report ; http://www.huffingtonpost.com/2012/08/21/latin-america-most-urbanized-region_n_1819922.html

(11) International Labour Office.-Geneva ILO ; *Global Employment Trends 2011 : The challenge of a jobs recovery*/*January 2012*

(12) *eurostat Flash estimate for the Second quarter of 2012, 14 August 2012* ; http://epp.eurostat.ec.europa.eu/cache/ITY_PUBLIC/2-14082012-BP/EN/2-14082012-BP-EN.PDF

(13) Eurostat Newsrelease ; *euroindicators Euro area unemployment rate at 11.0％ ; 1 June 2012* ; http://epp.eurostat.ec.europa.eu/cache/ITY_PUBLIC/3-01062012-AP/EN/3-01062012-AP-EN.PDF

(14) Eurostat ; *August 2012 Euro area unemployment rate at 11.4％ 138/2012-1 October 2012* ; http://epp.eurostat.ec.europa.eu/cache/ITY_PUBLIC/3-01102012-AP/EN/3-01102012-AP-EN.PDF

(15) Department of Labor ; *THE EMPLOYMENT SITUATION − MARCH 2012* ; http://www.bls.gov/news.release/empsit.nr0.htm

(16) ILO ; *Global Employment Trends for Youth 2012*/ *International Labour Office. 22 May 2012* http://www.ilo.org/wcmsp5/groups/public/—dgreports/—dcomm/documents/publication/wcms_180976.pdf

(17) ESCAP ; *Briefing on Economic and Social Survey of Asia and Pacific 2012 May5. 2012* http://unic.or.jp/unic/news/2654/#entry-english

(18) OECD『OECD対日審査報告書2011年版』2011年 4 月。http://www.oecd.emb-japan.go.jp/Overview%20Japan%202011_JAP.pdf#search='OECD

(19) EC ; *EU Commissioner László Andor calls for stronger focus on jobs as Europe faces "turbulent and tough times" 14November2011* http://www.ilo.org/global/about-the-ilo/press-and-media-centre/news/WCMS_167954/lang--en/index.htm

(20) OECD ; *Youth employment conference* http://www.eurofound.europa.eu/events/2011/paris1312/index.htm

(21) The Statistics Bureau ; *European Union ; Unemployment Statistics Data up to January 2012* http://epp.eurostat.ec.europa.eu/statistics_explained/index.php/Unemployment_statistics

(22) THE WORLD BANK ; *World Development Report 2013 http://www.worldbank.org/en/news/2012/10/01/jobs-cornerstone-development-says-world-development-report*

第2章　世界的な経済危機と緊縮政策

第1節　欧州諸国の緊縮政策と国民の反発

　欧州債務危機[1]は2009年秋のギリシャ総選挙での政権交代に伴い、前政権による赤字財政粉飾の暴露を発端に始まった。ギリシャの赤字財政問題は財政が比較的脆弱な諸国へ急速に広がり、国債をヘッジファンド（hedge fund）などの国際投機資本が狙い撃ちしたため利回りが大幅に上昇、各国政府の債務返済能力が疑問視されるに至り、欧州全体に拡大した。そのためEU加盟国中17か国が参加する欧州単一通貨ユーロの存続危機が広がり、財政再建を目指す厳しい緊縮政策を競い合う事態を招いたのである。EUは11年10月、域内の主要銀行に対し、12年6月末までに財務内容の健全性を示す「中核的自己資本比率」（core equity capital ratio）を9％にまで引き上げることを義務付ける決定を行ったが、多くの銀行が経営破綻または政府からの資本注入を受けても目的を達成できない状況にある。

　2012年7月23日のEU統計局発表[2]によれば、12年3月末時点におけるユーロ圏17か国の公的債務残高は域内GDP比88.2％（2011年3月末比2.0％増）、EU全体では0.9％増の83.4％（同3.0％増）に悪化した。信用不安が拡大するスペインは3.6％増の72.1％、イタリアが3.2％増の123.3％、フランスは3.2％増の89.2％、ドイツも0.4％増の81.6％とそれぞれ悪化傾向にある。財政再建中のギリシャは30％超の大幅債務削減に成功したが、依然として132.4％と高水準の債務を抱えている。ユーロ圏でEUの財政規律「安定・成長協定」（Stability and Growth Pact）が定める債務上限GDP比60％を順守する国は、エストニアの6.6％やルクセンブルク20.9％など5か国に止まる。

なお、ギリシャ政府は12年10月1日、経済成長率マイナス3.8％を前提とする緊縮型の13年予算案を議会に提出した。13年の財政赤字削減目標はGDPの4.2％で12年の6.6％（見込み）から改善するとしており、国債などの利子と償還費を除いたプライマリーバランス（primary balance）に係る目標ではGDP比1.1％の黒字を見込む。

　2013年1月の発効を目指して批准段階（イギリスとチェコを除くEU加盟25か国が署名済み）に入った財政規律強化及び緊縮路線を主柱とする「新財政協定」は、自国の予算案を議会より先にEUへ提出し、原則として財政赤字をGDP比0.5％以下に抑制する基本法制定を各国に義務付け、違反すれば欧州裁判所が制裁金を科すという厳しい国際協定である。ドイツなどが主導する同協定は、持続可能な経済成長と雇用を確保するには安定した財政政策と強い競争力が必要との前提の下、ギリシャやスペインなどの債務危機解決及びEU全体への波及阻止並びに経済秩序の回復を目的とする。しかし同協定の本質は緊縮政策の強化にあるため、労働条件の抑制と国民生活の犠牲を強いるものである。12年3月、ヨーロッパ9か国の労組代表はメルケル首相との会談で、労働者の権利を擁護しつつ経済成長を促す「社会・成長協定」の締結を求め、EU諸国における「社会的救済基金」の設立を要求した。財政再建や持続可能な経済成長には内需を中心とする消費の拡大が求められ、それ等を支える労働者の賃金確保と権利保障が不可欠との主張である。各国政府が促進する諸々の緊縮政策は、生活を破壊するものとして広範な国民の猛反発を受けている。

　スペイン政府が2012年2月に決定した「聖域なき労働市場改革」は、企業が求める「競争力強化」に呼応して労働者の権利を抑制し、失業率を拡大するもので極めて問題といわざるを得ない。「改革」は労働者を解雇した際、企業が支払う一時金を引き下げ、産業別の団体交渉を経ずに労働者を解雇できる仕組みの導入を内容としている。11年11月の総選挙で緊縮政策を進めた社会労働党が敗北を喫し、7年半ぶりに政権を奪取した国民党のラホイ政権は「改革」によって労働市場の流動性が高まり、23％に達する失業率が低下、

競争力が強化されて財政危機にも対応できると説明した。けれども労働コストの低減で競争力が強化され、企業利益が労働者の生活改善に還元されるとの主張は既に破綻しており、成長の質に関する議論を軽視している。スペインでは生活苦からイギリスや南米に移住する高学歴の若年層が増え、11年のドイツ移住者は40％増加した。学校に通わず仕事もない34歳以下の若年層は09年時点で70万人存在する。解雇された場合、最低１年働いていれば解雇前の給料の70％に当たる失業保険を４か月受給できるものの、再就職は容易ではない。しかも通貨ペセタからユーロへの変更に伴う物価上昇は国民生活を一層悪化させ、貧困と格差が拡大の一途にある。政府が11年に公務員給与を５％削減し、各州も緊縮財政を進める中で、各企業が「聖域なき労働市場改革」を実施すれば、国民の購買力が失われて生産が縮小し、企業の「競争力」が削がれ、税収が減少する「負のスパイラル」（negative spiral）に陥るだけである。

　スペイン国民は世界中に拡大した「占拠」運動の先駆者であり、マドリードで運動が開始された2011年５月15日にちなんで「キンセエメ」（15M）とよばれる緊縮政策反対運動を展開した。財政再建策に基づく増税や医療・教育予算の削減、解雇手当の切り下げなどに対する国民的抗議運動である。また、政府は「移民が公的医療制度を破壊する」との反移民団体の主張を取り入れ、12年９月から非正規移民15万人に対する無料医療サービスを禁止する措置を決定したが、17自治州のうちカタルーニャ、アンダルシアなど５州は無料医療の継続を表明している。正規の医療を受けられない移民が増えれば緊急医療が増加して財政負担を拡大し、一般国民に対する無料医療制度の改変に繋がりかねないとの判断に基づく政府への対抗措置である。

　ラホイ政権は当初「絶対に実施しない」と宣言した所得税増税を実施した。その結果、国民の最多数を占める年収１万7,707ユーロまでの所得層は24％から24.74％の増税となり、所得が３万3,007ユーロの場合は２％増の30％に増税された。しかし富裕層の最高税率は７％に過ぎない。同政権は2012年５月９日、経営が悪化した大手銀行を公的資金の導入で救済する方針を発表し、

国民の反発を受けた。増税を伴う銀行救済方針は労働者・国民の猛烈な反対運動に発展している。政府は、12年度の財政赤字を270億ユーロ（約3兆円）削減する内容の「2012年度緊縮予算」（閣議決定、2012年3月30日）に係る付加価値税増税について、「消費と景気回復を損なう可能性がある」としてで標準税額18％（基本的食料や書籍などに関しては4％）への引き上げを一時断念せざるを得なくなった。国民負担の拡大による緊縮政策及び財政再建に反対する3月29日のゼネストに応えた措置である。しかしラホイ政権は12年9月1日、付加価値税の一般税率を21％に引き上げるに至った。パンや小麦粉などの基本的食料品目は最低税率4％を維持したものの、その他の食料品や交通料金などの軽減税率も8％から10％に上昇している。付加価値税増税は8月19日にスペイン議会を通過した緊縮政策に基づく施策であり、650億ユーロに及ぶ15年までの歳出削減と公共部門労働者の賃下げも含まれる。政府は増税で歳入増を見込むが、イギリスの世界的な会計事務所プライスウォーターハウスクーパース（Pricewaterhouse Coopers）は「増税により、1,000ユーロ（約10億円）近くの歳入減になる」との試算[3]を発表しており、歳入増に繋がるか疑問である。しかも政府はデモに参加する団体は公共の秩序を乱すとし、国民の反発を抑える規制方法の検討まで指示したのである。

　財政緊縮政策に伴う労働制度の改悪は欧州諸国に広がっている。政府債務がGDP比105％に達し、2011年5月にEUやIMFから780億ユーロ（約7兆8,000億円）の融資を受けたポルトガルのコエリョ政権（中道右派の社会民主党中心の連立政権）は、財政支援と引き換えに債務削減のための緊縮政策を進め12年1月、政労使代表が法定休日と有給休暇の削減及び解雇に関する規制緩和などの労働制度問題をめぐって協議を行い、「御用組合」の労働者連合が妥協案を受け入れた。しかし最大労組である労働総同盟は受け入れず、抗議活動を続行中である。一方4月中旬、ポルトガル議会は3月のEU首脳会議で合意した財政赤字がGDPの3％を超える国に制裁を課す「新財政協定」の批准案を採択した。これに対し、労働総同盟は「新財政協定」交渉からの離脱を要求してゼネストをよびかけ、9月29日にはマドリードをはじめ

各地で抗議活動を行った。また税収増を図る目的で11年11月に実施した付加価値税増税は、消費の低迷を招いた結果、12年8月の政府統計でも歳入増につながらず逆に税収減となっている。

　ドイツと共に緊縮政策を主導するイギリスでも、2010年発足の保守党主導の連立政権に対する国民の抗議活動が活発になり、反緊縮の流れが根強いことを伺わせる。キャメロン政権は4年間で各省平均20％の歳出削減を目指し、公務員賃金の凍結や福祉手当、年金、公的医療費の縮小を進めてきた。これに反発する労働組合会議は広汎な国民によびかけ11年3月にロンドンで約25万人の大規模デモが、12年10月20日には15万人が参加するデモが行われた。保守党は「労働党は歳出拡大で債務を拡大させる」と批判し、緊縮政策を正当化するが11年以降、労働党の支持率は保守党を上回る状況が続き、キャメロン政権への国民の支持は低下傾向にある。

　イタリアのモンティ政権は、緊縮財政の一環として2012年1月から年金支給年齢を65歳から67歳に引き上げた。制度変更で当面収入が途絶える退職者は35万人程度に上る。同政権は3月20日、①業績悪化を解雇の「正当な理由」と認める、②裁判で「不当解雇」の判決があっても企業側に再雇用を義務付けず、補償金支払いのみとする内容の「労働者憲章法」（Lo Statuto dei Lavoratori）第18条改正案の議会提出を閣議決定、580万人で組織するイタリア労働総同盟はもとより、世論調査では国民の約60％が反対を表明した。70年制定の「労働者憲章法」は労働者や労働組合の権利を明記している。同法第18条は15人以上の労働者を雇用する企業が労働者を解雇した場合、裁判所が不当解雇と判断すれば企業に当該労働者の再雇用を義務付ける規定で、業績悪化を理由とする解雇は認めていない。12年3月25日に実施された世論調査では「解雇規制を緩和し、熟練労働者の『特権』をなくせば労働市場の流動性が高まり、青年の高失業率を克服できる」との政府説明にもかかわらず、改正法案「賛成」29％に対し、「望ましくない」が67％で賛成を圧倒した。解雇規制の緩和を目的とする同法改正は以前から財界が要求しており、政府は財界に有利な労働制度改悪の強行を図ったのである。国民の反発を受

けたモンティ政権は4月4日、労働者憲章法改正案を修正、「企業が業績悪化を理由に労働者を解雇した場合、裁判所の判決次第では再雇用を義務付けることができる」と改めざるを得なくなった。さらに同政権は14年までの260億ユーロ（約2.6兆円）歳出削減を予定して国家公務員の10％削減などを断行するとし、12年9月28日の大規模抗議運動に発展した。同国の失業率は12年7月現在、04年以来最高の10.7％である。失業者の増加は、緊縮政策が家計支出を抑制して景気後退を進めた結果と考えられる。

　ベルギーの労働組合は2012年1月30日、11年12月のEU首脳会議で「新財政協定」締結に政府が合意したこと並びに政府が進める緊縮政策に反対し、93年以来20年ぶりとなるゼネストを決行した。政府は「新財政協定」締結の合意に基づき1,130億ユーロ（約11兆4,000億円）の財政削減措置や定年延長などの緊縮政策を取り纏めたが、労組側は富裕層への増税と賃上げによる内需拡大を通した財政再建を求めたのである。

　債務危機と緊縮政策の促進は、東欧諸国にも混乱を及ぼしている。東欧諸国では2009年頃以降、フランスやドイツの大銀行が相当の資金を引き揚げたため、株式市場が11年6月頃から10％前後下げており、ルーマニア、ハンガリー、スロベニアでは12年の成長率がマイナスになると予測された。このような状況の中でルーマニアは、IMFからの200億ユーロ（約2兆円）の財政支援と引き換えに厳しい予算削減を求められ、バセスク大統領と中道右派・民主自由党のボック政権は公務員の給与25％削減、年金凍結、付加価値税の19％から24％への引き上げ、社会保障の給付削減などの緊縮政策を実施した。一連の緊縮政策に反対する国民の反発を受け12年2月、ボック政権は総辞職を余儀なくされたが、後任のウングレアーヌ政権も「改革の継続」を掲げて緊縮政策を続けた。けれども上下両院総会は4月27日、同政権に対する世論の批判を受けて内閣不信任案を可決したため、大統領は中道左派・社会自由連合のポンタ党首を新首相に指名するなど政治的混乱状態にある。同国国民の平均月収はフランスにおける最低賃金の約25％に当たる350ユーロに過ぎず、EU内で2番目に貧しい国である。そのため緊縮政策の弊害が国民生活

を苦境に追い込み、全国各地で数万人単位の反対集会が頻発し、2人の首相辞任に至ったのである。

　ハンガリーではオルバン政権が政府に権限を集中させるため憲法裁判所の権限を縮小し、メディアの統制や中央銀行の権限制限を含む憲法改正を行い、2012年1月から新憲法が発効した。しかし中央銀行の権限制限は独立性を侵害するとしてIMFなどの批判を受け、通貨フォリントと国債価格が暴落するなど混乱が生じている。また同政権は公務員の年金削減と増税を進め、国民の反対運動を拡大させた。

　ユーロを採用するスロベニアでも年金支給開始年齢の引き上げなどの緊縮政策が行われ、2011年12月の選挙における与党敗北の原因となった。スロベニアは旧ユーゴスラビア諸国の中で最も早くEUに加盟し、07年にユーロを導入した頃からしばらくは経済成長が続いた。その後、リーマン・ショックの影響で09年に8％のマイナス成長となり、景気後退に陥ったまま現在に至っている。中道左派の社会民主党政権は11年に予算規模を6.4％削減する緊縮財政を実施したが、12月の総選挙で敗北を喫した。ところが12年2月に政権交代した中道右派のヤンシャ政権も公務員給与の削減や民間労働者の労働時間延長を強行、予算を3.5％削減するなど緊縮政策を継続したのである。その結果、約1万2,000社が倒産して12万人が失業し、失業率は08年の7％から12年2月には12.4％に上った。緊縮政策を推進するヤンシャ政権への国民の不満が高まり、12年4月28日には教師や医師、警察官をはじめ公務員約8万人が7.5％の大幅賃下げに反対するストライキを決行、5月1日には格差と貧困の是正や社会的弱者救済を訴える市民と合流した91年の独立以来最大規模の抗議行動に発展している。

　約1,000万人の人口を有するチェコでも2012年4月末、市民民主党と「TOP09」党及び「公共問題」党の右派3党連立政権が進める歳出削減や、増税に反対する旧体制崩壊後最大規模の抗議行動が行われた。10年の総選挙で発足した連立政権は、EUの財政規律に基づき緊縮政策を推進したため、12年4月の世論調査では支持率が急落、市民民主党は17.5％に止まり、ほか

の2党は微小に激減した。一方、富裕層と企業への増税並びに格差と貧困の解消を掲げる野党・社会民主党は37.0％まで支持率を上げ、第2党チェコ・モラビア共産党の20.0％と合わせ反緊縮派が57.0％の支持を得ている。3党連立政権は4月27日、ネチャス内閣に対する不信任案を小差で否決したが、与党は議席数でも野党と差がなく政権運営が一層厳しくなるのは間違いない。

　セルビアは2012年3月、EUの加盟候補国になった。12年5月20日の大統領選挙で現職の民主党タディッチ氏を小差で破り当選したセルビア進歩党のニコリッチ党首は、90年代の旧ユーゴスラビアで他民族を弾圧し、内戦の原因を作ったミロシェビッチ政権下で副首相を務めた「民族派」であり、バルカン半島の安定を求める各国に警戒感をもたらせた。同氏は親欧派ではないが「セルビアは欧州を目指す道から外れることはない」と述べ、EU諸国との協同を強調している。5月20日に行われた大統領選挙の争点はバルカン半島の安定やEU加盟問題ではなく、08年の金融危機以降の緊縮政策がもたらした24％の高い失業率と、多額の負債及び低賃金と所得格差をめぐる政策評価であった。ニコリッチ氏は選挙戦でタディッチ政権の緊縮政策を批判し、富裕税の創設と年金引き上げ及び農業への投資などを含む成長政策を掲げ当選したのである。同国では大統領選前の5月6日に行われた議会（250議席）選挙でも、セルビア進歩党が73議席を確保し第1党になっている。

　バルト三国の1つであるリトアニアの議会選挙（一院制、定数141、任期4年）は、比例代表70議席と小選挙区71議席に分けて2回行われる。2012年10月14日の比例代表選挙ではクビリウス首相の属する最大与党の祖国同盟・キリスト教民主党が第3党に転落、野党の労働党が第1党（4年前の選挙では得票5位）、最大野党の社会民主党が第2党となった。クビリウス政権は世界金融危機に対し、年金や公務員給与の削減などの緊縮政策で対応したが、メディアは選挙戦での敗北を「緊縮政策への批判の表れ」と報じている。緊縮政策に対し、労働党のウスパスキフ党首は最低賃金引き上げと企業減税を表明した。社会民主党のブトケビチュス党首は、最低賃金引き上げや富裕層への増税及びクビリウス政権が目標とする「14年ユーロ導入」の1年延長を

主張し、緊縮政策の緩和を訴えている。但し、社会民主党はEUの財政規律を堅持する意向と共に、投票日には緊縮政策の継続にも言及した。10月28日、全国67の小選挙区で実施された第2回投票の結果は祖国同盟・キリスト教民主党が第2党、社会民主党第1党となり、労働党も議席を伸ばした。第1回投票結果と合わせれば社会民主党が38議席、労働党29議席、「秩序と公正」が11議席を占める結果となっている。新政権は労働党と社会民主党及び「秩序と公正」で構成され11月22日、ブトケチェス氏が新首相に就任した。

　世界各国に拡大した緊縮政策は中米にも波及した。コスタリカ政府は財政赤字削減を理由に一連の緊縮政策を進め、2012年8月29日、公務員の賃金を全体的に見直す法案を発表、公立学校の教師に支払う一時金を「特権」とみなし廃止する条項も盛り込んだ。法案の目的は公共サービスを民間企業に移転する新自由主義的な施策の一部をなしている。教員労組「中等教育教師連合」は公務員労組と共闘して同法案の撤回を求める大規模ストを10月末に決行した。同国政府は大企業に対する税制優遇措置を強化したが、脱税取締りと汚職根絶及び景気浮揚並びに国民生活を優先する政策転換こそ求められる。

第2節　労働者の権利保障と緊縮政策の限界

　欧州における緊縮政策推進の主導権を握るドイツでは、財政出動の大幅削減を断行する一方で、被解雇者救済の新たな対策を制度化する新たな動きが生じている。集団解雇の場合、当該企業と従業員が協議して被解雇者の再就職に必要な技術習得・職業訓練などを施す「職業訓練会社」を一定期間設立し、期間終了後も新たな就職先がない被解雇者には政府と当該州がさらに1年間の失業保険を給付するなど、被解雇者の不利益を緩和する「社会計画」の取り決めが課せられる。ところが2012年1月の大手ドラッグストア・シュレッカーの倒産による約1万2,000人の解雇は、オーナー社長が個人破産を宣告したため「社会計画」の実施が不可能と見られた。これに対し、統一サービス産業労組と企業内の労働者代表組織である事業所評議会が2月から救

済運動を全国規模で展開、3月4日、フォンデアライエン労働大臣は労組側の要求を支持し、会社側と各州政府が経費負担して解雇予定者を6か月間受け入れる職業訓練会社を設立し、移籍した被解雇者に毎月シュレッカーで受け取った最後の月給の80％を支払うとの合意に達した。解雇に応じない従業員による労働裁判所への保護訴訟提訴も可能で、解雇予告期間の3か月間はそれまで通りの給与を受け取れる。同事案はドイツにおける今後の被解雇者保護のみならず、労働者の権利擁護の有効な手段となる可能性を有する。

ドイツ政府はまた、2013年1月から外国人を含む90万人〜100万人全ての派遣労働者に最低賃金制度を適用することを決定、12年11月1日以降、自動車・電機産業部門及び化学産業で働く派遣労働者の賃金を一斉に引き上げた。最低賃金制度の適用を容認しなかった企業側の主張を覆すものである。同国では03年の法改正で「同一労働同一賃金」の原則が条文化されたものの、労使が労働協約を締結した場合は例外とされてきた。決定は非正規労働者の待遇改善を促進するばかりか、「同一労働同一賃金」制度の全面的導入に繋がる動きとして注目される。ドイツの正規雇用者の最低賃金は1時間当たり旧西独地域で7.89ユーロ（約804円）、旧東独地域の場合は7.1ユーロである。ドイツ労働組合総同盟は引き続き全国一律の「同一労働同一賃金」実現と、全職種共通の法定賃金8.5ユーロを要求している。

スロバキアでは2011年10月、欧州の債務危機国に対する支援策となる「欧州金融安定化基金」（European Financial Stability Facility：EFSF）の機能強化策をめぐる議会採択において、ギリシャより貧しい国民の負担増に反対が続出し、4党連立のラディツォーバー中道右派政権が崩壊した。12年3月の繰り上げ総選挙では、中道左派政党スメルが定数150の国民議会で過半数の83議席を獲得するに至った。スメルのフィツォ政権は4月27日、GDP比で5％近い財政赤字を13年までにEU基準の3％以下に抑える財政赤字削減策を立案したが、同政権はEU基準の達成にではなく、自国の利益のための赤字削減を目指すとしており、財政再建に要する税収の中心を富裕層増税と法人税増税に求めている。

第 2 章　世界的な経済危機と緊縮政策

　中南米カリブ海地域の各国政府は緊縮政策を採用せず、雇用の確保と国民の所得増を目指した成長政策による失業率減少に成功している。同地域における主要24か国の平均失業率は2002年の11.2％から07年には 7 ％台に低下し、リーマン・ショック後の09年を除き毎年 7 ％台で推移したが、11年には90年に現在の統計方法を導入して以来過去最低の6.8％にまで改善した。また18か国で最低賃金が平均4.5％引き上げられ、労働者の基本的権利を尊重する解雇に関する規制が強化された。とりわけブラジルは主要な成功例で、03年に発足したルラ前政権時代から最低賃金を継続的に引き上げて国民の購買力を高め、「持続可能な経済成長」に道を開いたのである。貧困撲滅を最優先課題に掲げるルセフ大統領は、11年に行った演説において14年までに極貧層の解消を目標とする計画を発表、貧困世帯向けの家族手当の拡充や、若年層を対象とする教育費の融資制度及び職業訓練、小規模農家への支援を続けた。その結果、同国における11年末時点の正規雇用者は約230万人増となり、失業率も政府統計で02年以来最低の5.2％に改善された。マクロ経済の均衡と成長の活力を維持しながら、働き甲斐のある人間らしい仕事としての「ディーゼント・ワーク」（Decent work）実現目標を掲げた賃金引上げと、貧困是正政策の実施が企業の投資と経済成長並びに雇用創出を促したのである。先進諸国は緊縮政策と貿易自由化に執着するが、ブラジルのような経済成長政策に基づく内需拡大こそ求められる。

第 3 節　緊縮政策に対する国際機関の批判と EU 諸国政府の変化

　国際人権団体アムネスティ・インターナショナル（Amnesty International）は2012年 5 月24日、世界157か国の人権状況を纏めた「2012年版年次報告書」[4] を発表した。報告書の序文では、欧米で金融機関を優先した救済策が重視される一方、多くの国民が家や職を失う事態が生じたと判断、「政府は国民に無関心で、最悪の場合、権力の座にある者を守ることだけに関心を持っている」として格差と貧困の広がりを憂慮すると共に、権力の恩恵を受け

る大企業や銀行及び富裕層を断罪している。特に貧富の差の拡大を重視しており、「各国政府が国民の経済的社会的権利を保障する義務を果たしていない証拠」と断定する。欧州債務危機に関しても、各国政府の諸施策が「人権への悪影響を考慮せず決定」され、緊縮政策に反対する平和的な抗議行動を当局が過剰鎮圧した事例を挙げて批判を加えた。さらに、地元住民を犠牲に開発を進める多国籍企業の活動を放置する途上国政府の姿勢にも言及し、「今こそ企業より人々を、儲けより権利を優先する時」であると主張する。同報告書は緊縮政策の本質と、格差・貧困拡大の背景を適切に捉えたものといえる。

　一方、国連貿易開発会議（United Nations Conference on Trade and Development：UNCTAD）は2012年9月12日、「貿易開発報告2012」[5]と題する年次報告書を発表した。同報告は緊縮財政と賃金抑制が工業先進国の経済を脆弱化させ、財政赤字削減や雇用創出並びに金融市場の信頼回復に寄与していないと分析し、「より平等な所得分配が経済を活性化させる」と指摘する。さらに多くの発展途上国政府が景気循環型経済政策の促進で国内需要と成長を支えているのに対し、緊縮財政をとる先進国経済の減速は回避できず、各国政府は景気の悪化が続くことに無防備であると批判している。報告書は11年の世界経済成長が10年の4.1％から2.7％に低下し、12年には2.5％以下に悪化するが、中でも先進国の成長率は1.1％に過ぎず、途上国と新興国の成長が各々4％と5％を占めると推測した。とりわけ所得格差に焦点を当て、財産と所得格差の縮小が社会的利益を増大させ経済成長に繋がると強調しており、途上国の成長は先進国への依存度を下げ、国内需要拡大に依拠した諸政策の成果であると評価している。報告書が指摘する通り、多くの先進国では経済刺激策から緊縮政策に基づく政府予算削減への転換がなされた結果、低迷する需要に十分な政府資金が支出されず、経済の停滞と悪化が深まったのである。また06年から12年にかけて世界の成長の74％が途上国によるもので、先進国の寄与はわずか22％に過ぎないと分析し、80年代から90年代にかけては世界の成長の75％が先進国の寄与であったことと対比している。

第2章　世界的な経済危機と緊縮政策

　アメリカ政府の緊縮政策に対しても懸念が示された。OECDは2012年6月26日、10年9月に続く「対米経済審査報告」[6]を発表、12年末から13年初めに期限切れとなる減税措置と、強制的な歳出削減の実施が急激な緊縮財政を招き「経済回復を妨げる」として法的措置を伴う経済的混乱の回避を要請する。同報告は12年に入り、アメリカ経済は個人消費や企業投資に一定の回復傾向が見られるものの十分ではなく、GDPは13年にかけて穏やかな伸びに止まり、消費の伸びも現状をほぼ維持すると予測している。また、高失業率や所得格差が一層拡大する恐れが強いため、教育による人材育成や研究開発を重視するよう求めると共に、失業の長期化が構造的問題に発展する恐れがあると警告、再就職支援や職業訓練の支援策と経済成長政策の必要性を指摘するのである。

　欧州諸国は緊縮政策に対する各国国民の大きな批判を受け、次第に緊縮政策の後退または見直しの動きが見られるようになった。以下、フランス大統領選挙そのほか劇的な政権交代が行われた諸国ではなく、緊縮政策に一定の理解を示す国民が多いオランダと、成長政策を一定程度重視する傾向にあるイタリアを取り上げ、緊縮政策に対する国民と政府の対応の変化を見たい。

　オランダでは2010年10月以降、中道右派の自由民主党党首であるルッテ首相が連立政権を発足させ、極右の自由党が閣外協力する形で政権を運営してきた。しかし、政府が進める財政赤字削減策に自由党が反対して協議が決裂したため12年4月23日、ルッテ首相は内閣総辞職を決定、9月12日に下院（定数150、比例代表制、任期4年）で総選挙が実施された。オランダはユーロ圏17か国の中で最上級の国債格付けを維持する4か国の1つであり、経済が比較的安定した国である。但し、政府債務総額はGDP比65％程度でユーロ圏の平均を下回るものの、緊縮政策に伴って経済がマイナス成長に陥った結果、12年の財政赤字は対GDP比4.6％（2011年は4.7％）に悪化すると推測された。同国の財政規律不安に対してデャール財務大臣は「引き続き健全な財政政策を維持すると共に……（中略）……財政赤字をGDP比3％引き下げる13年の目標は依然として達成可能」[7]との見解を示し、経済的混乱の回

避並びに緊縮政策の継続を仄めかした。とはいえ財政赤字が大きければEUの財政規律が定める３％未満を上回る可能性がある。ドイツのメルケル首相と共に財政規律の厳格化を主張し、ギリシャなどに財政再建努力を要求してきたルッテ首相の退陣は、フランス大統領選挙でのサルコジ氏の敗北や各国国民の緊縮政策に対する批判の高揚と相俟って欧州諸国の緊縮政策に否定的な影響を及ぼした。

　オランダの総選挙は、緊縮政策を維持したい自由民主党と、財政緊縮に反対する野党第２党の社会党との争いになると予想された。2012年８月19日の世論調査では国民の48％が「緊縮政策で経済が悪化する」と答え、EU加盟支持率も10年の78％から58％に下がっている。社会党のルーマー党首は「危機の時代に必要なのは経済刺激策であって、愚かな緊縮ではない」と訴え、EU首脳会議が決めた新たな財政規律強化の批准に対する国民投票の実施と富裕層への増税を主張した。社会党は中道左派の労働党や環境政党のグリーン・レフトなどと連携した政権樹立を目指したが、総選挙の結果は緊縮推進派の自由民主党が41議席を獲得して第１党に、緊縮に批判的な最大野党の労働党が39議席となり、両党ともに過去10年間で最多議席を獲得するに至った。これに対し、反緊縮派の社会党は失速して前回と同じ15議席に止まり、反移民を主張して議席を伸ばした極右の自由党は９議席減の15議席で大敗している。欧州のメディアは債務危機国に対するEUの融資枠組みへの資金拠出に関する各党の態度を重視したが、賛成の自由民主党と批判的な労働党が前進し、反対の社会党が予想外の停滞に止まり、EU脱退を唱える自由党が大敗したことを踏まえ「中道の親欧州派の勝利」と報じた。

　ルッテ政権はギリシャをはじめ、南欧の債務危機諸国に対する年金削減などの厳しい緊縮政策を要求し、それを条件にEUによる融資の枠組みに出資するというドイツと同じ立場を堅持していた。有権者の中にはオランダが緊縮政策を採っているのにギリシャ、ポルトガル、スペインなどは「何をしているのか」といった反発が強く、自由民主党の健闘に結びついたと思われる。労働党は富裕層増税と共に財政赤字削減目標に関し、「ギリシャにもオラン

ダにも猶予を与え、経済刺激策を実施すべき」と主張、「社会福祉の充実した欧州」を訴えた。そのためフランスのオランド政権と比較され、緊縮政策に批判的な世論の支持を得て議席を伸ばしたと考えられる。社会党は反緊縮政策や富裕層増税だけでなく「EUは銀行と多国籍企業に支配され、そのサービス機関化した」と決めつけ、南欧への資金援助も大銀行を助けるだけとして反対したことが有権者に理解されず、「反欧州派」と批判されて議席を増やせなかった。EU脱退・ユーロ離脱まで主張した極右の自由党が大敗したのは当然である。総選挙は欧州債務危機に対する対応をめぐり、緊縮政策賛成派と批判派が票を分け合う形で収斂したのである。

緊縮政策に一定の理解を示す国民が多いオランダで緊縮政策への不満が高まった事実は、欧州債務危機の解決に当たり、緊縮一辺倒への反感が欧州全域に波及するだけでなく、各国政府が緊縮政策を見直さざるを得なくなる可能性を示唆している。ベルギーの元首相は「我々は財政規律の路線を敷いた。これは良いことでなければならないが第2の路線、つまり成長・結束・投資の路線がどうしても必要」と述べ経済成長政策の必要性に触れた。EU統計局によれば、ユーロ圏17か国の政府債務は1999年のユーロ導入後最大の計8兆2,000億ユーロに拡大している。緊縮政策支持者の論拠ともなろうが、緊縮政策への傾倒が経済成長を拒み、一層の景気悪化を通して政府債務を拡大し、ユーロ圏諸国の経済を後退させた結果である。

イタリアのモンティ政権は2012年4月18日、13年の財政収支均衡目標を1年先送りし、財政再建より成長支援を優先する方針修正を閣議決定した。12年〜14年の財政赤字削減目標に関していえば12年は従来のGDP比1.6%から1.7%に、13年は0.1%から0.5%に修正するものの、14年には0.1%に抑えるとある。一方、12年の予想成長率は従来のマイナス0.4%からマイナス1.2%（IMF予想はマイナス1.9%）に下方修正したが、13年は従来のプラス0.3%をプラス0.5%に引き上げた。政府は13年の南欧諸国の経済状況及び景気変動の影響を除外した構造的財政収支がGDP比0.6%の黒字となり、14年には財政収支がほぼ均衡状態になると試算している。また公的債務の対GDP比

率は11年12月の120.1％から12年は123.4％に上昇するが、13年には121.6％への低下が可能とされる。モンティ首相は閣議後の会見で「我々の取り組みはすべて成長支援に向けられたもの」(8)と述べた。同方針は緊縮政策を促進する「新財政協定」の枠を出るものではない。けれども緊縮財政が一層の景気悪化を招く悪循環からの脱却を目指し、成長支援を優先する政策は評価できる。このように緊縮政策をとる欧州諸国でも次第に経済成長を重視する方向に変化しつつある。

　欧州では2011年以降、債務危機に対するEUやIMFの支援を受けたアイルランドなど11か国の政権が交代、ギリシャやイタリアでは選挙で選ばれた政治家が首相に就任できなかった。成長と雇用政策を掲げたフランスのオランド氏の大統領当選や、債務危機の震源地ギリシャにおける総選挙での与党の苦戦など、厳格な緊縮政策は国民の支持を失うのみならず逆に債務危機を一層高めるものであり、各国政府は緊縮政策一辺倒の姿勢を改めなければならない。

第4節　世界経済に関する国際通貨基金の分析と緊縮政策

　欧州金融安定化基金の強化及び欧州安定機構（European Stability Mechanism：ESM）の設立など、深刻な債務危機に陥ったEU域内諸国を支援する仕組みは次第に整備されつつある。2012年4月、日米欧の先進国に中国やブラジルなどの新興国を加えた20か国・地域（Group of Twenty、以下G20とよぶ）財政大臣・中央銀行総裁会議は、欧州債務危機の拡大を防止するため、IMFが貸し付ける資金について、それまでの3,800億ドルに加え新たに4,300億ドル（約35兆円）を超える額を確保した。さらに中国が430億ドル、ブラジル・インド・ロシアが各100億ドルなど、12か国が拠出を表明し、IMFは計37か国の拠出金を得ることができた。12年6月18日時点の融資枠は約4,560億ドル（約36兆円）に達し、融資能力は従来に比べほぼ倍増するに至ったのである。

第 2 章　世界的な経済危機と緊縮政策

　日本は IMF に600億ドルという最大の拠出を表明した。欧州の経済的不安が為替や株式市場に直結するとの判断によるものである。但し G20の声明は「銀行の債務圧縮による消費と投資の伸びの抑制や、欧州金融市場の緊張などで、経済の下方リスクはなお根強」く、「さらなる措置を講ずる用意」の必要性を記しており、IMF の諮問機関である国際通貨金融委員会（International Monetary and Financial Committee：IMFC）も「世界経済はリスクが高止まりしている」と強調する。IMF は2012年10月 9 日、日本で開催された年次総会で最新の「世界経済見通し」[9]を発表、12年の世界全体の実質 GDP 伸び率を 7 月時点の予想より0.2％下げ3.3％（2013年は3.6％）に下方修正した。主要国・地域の12年成長率予想は、アメリカが2.2％（同2.1％）上方修正された以外は全面的に下方修正され、ユーロ圏内全域はマイナス0.4％（同0.2％）、うちドイツが0.9％（同0.9％）、スペインはマイナス1.5％（同マイナス1.3％）である。ロシアは3.7％（同3.8％）、ブラジルは1.5％（同4.0％）と推計された。一方、アジア・太平洋地域は 4 月時点の予想より約0.5％低い5.5％（同6.6％）、うち日本は0.2％マイナスの2.2％（同1.2％）、インド4.9％（同6.0％）、世界経済を牽引する中国も7.8％（同8.2％）に下方修正され、13年ぶりに通年で 8 ％を割り込む見通しになっている。

　世界の経済成長率は2013年も緩慢で、特に景気動向と東日本大震災の復興需要が芳しくない日本は12年より一層低下する。IMF の「見通し」には「欧米経済をめぐる不確実性が、世界全体の成長見通しを圧迫している」とあり、欧州諸国には銀行同盟など欧州の「統合深化」への取り組み加速を求め、アメリカには「財政の崖」（Fiscal Cliff）と呼称される急激な財政緊縮回避への行動を要請した。IMF は緊縮政策を各国に迫っており、日本に対しても公的債務の削減こそ「優先事項」であるとして、消費税の一層の引き上げと社会保障費の支出抑制を求めた。欧州の景気後退はギリシャやスペインなど南欧から欧州全域に拡大する様相を見せ、域内への輸出が停滞するドイツ経済にも異変が出ている。アメリカでは13年 1 月からの増税と強制的な歳出削減実施で経済の一層の悪化が懸念される。中間所得層は平均2,000ド

ル（約15万8,000円）の増税となり、歳出削減が各分野一律で行われ、国民向けの予算も大幅に縮小するのである。

アメリカの景気は月ごとに乱高下しており、アメリカ商務省が2012年10月26日に公表した12年7月～9月の実質GDP（季節調整済み）速報値は、年率換算で前期比2.0％増となった。1.3％増の4月～6月期からやや持ち直したが、3期連続2％以下の低成長となり景気回復の鈍化が伺える。輸入は0.2％減少である。一方、12年9月における日本の自動車主要8社の国内生産台数は、前年同月比12.2％減の73万4,341台[10]であった。エコカー補助金の終了に加え、円高や欧州債務危機により自動車輸出は21.1％減少している。欧米中心の輸出依存型経済構造を内需依存型に見直す時期であると考える。

IMFのシャフィク副専務理事は2012年10月10日のセミナーで所得の再配分の適正化、格差の拡大及び緊縮に伴う国民生活の圧迫に言及し、「財政再建は短期的には成長にマイナスの影響を及ぼす。継続的にバランスを見て必要があれば正すべき」と述べた。しかし、公的債務の削減を優先課題と捉え、日本政府に消費税引き上げと社会保償費の抑制を求めたように、IMFの本質的な経済政策は緊縮政策の推進であり、注意を払わざるを得ない。IMFの在り方や運営に対する途上国の発言力は相当高まっているが、アメリカを中心とする先進国の支配下にある。欧州債務危機は金融がすべての経済活動を支配する「金融資本主義」的な構造問題であり、IMFや欧州安定機構の経済政策では問題の解消に繋がらない。根本的解決には経済を成長軌道に乗せ雇用を増大する必要がある。財政赤字削減のためにEUやIMF及び各国が採用する緊縮政策は景気を冷え込ませるだけである。

注

(1) 債務残高の多いユーロ圏諸国の国債利回りが一時急上昇、ギリシャ、アイルランド、ポルトガルがEUに支援要請を行ったが、ギリシャ国債を大量に保有していた金融大手デクシアが11年秋に経営破綻し、スペインなど欧州の銀行経営を揺るがす金融危機に発展、貿易や金融を通して世界経済に悪影響が波及した。

(2) Eurostat newsrelease euroindicatours 111/*Euro area government dept up to 88.2% of GDP EU27 up to 83.4%* 2012-23 july 2012 *http://epp.eurostat.ec.europa.eu/cache/ITY_PUBLIC/2-23072012-AP/EN/2-23072012-AP-EN.PDF*
(3) reuters ; *http://jp.reuters.com/news/globalcoverage/antigovernment*
(4) Amnesty International Report 2012 ; *http://www.amnesty.org/en/annual-report/2012*
(5) UNCTAD ; *Trade development report 2012 September 12, 2012 http://unctad.org/en/pages/PublicationWebflyer.aspx?publicationid=210*
(6) OECD ; Economic Survey of the United States 2012 http://www.wilsoncenter.org/issue/economics-and-globalization
(7) LEURERS ; *http://jp.reuters.com/article/marketsNews/idJPJT813502120120418*
(8) LEURERS ; *http://jp.reuters.com/article/marketsNews/idJPJT813502120120418*
(9) 国際通貨基金『世界経済見通し2012年10月――総括と要旨』、2012年10月9日。http://www.imf.org/external/japanese/index.htm
(10) 共同通信、2012年10月26日。

第3章　世界における格差問題と「格差大国」アメリカ

第1節　富裕層と貧困層の所得格差

　ジニ係数は、社会における所得分配の不公平などを測る標準係数であり、係数が高いほど格差が大きくなる。ジニ係数の範囲は0から1までで、係数の値が0に近いほど格差が小さく、1に近いほど格差が大きい状態である。0の場合は完全な「平等」すなわち全国民が同じ所得を得ている状態を示す。OECD加盟国における生産年齢者の平均ジニ係数は1980年代半ば時点で0.29であったが、00年代後半には0.316に高まった。09年は悪い順にチリ0.50、メキシコ0.48、アメリカ0.38、ポルトガル0.36、イギリス0.34、イタリア0.34、オーストラリア0.34、ニュージーランド0.33、日本0.33、ギリシャ0.32、カナダ0.32、韓国0.32、スペイン0.31、ドイツ0.30、オランダ0.29、スウェーデン0.26、フィンランド0.26、ノルウェー0.25、デンマーク0.25などであり、中南米諸国とアメリカ及び日本が高く北欧諸国はかなり低い。社会的騒乱が多発する警戒ラインが0.4であることに鑑みれば、アメリカや日本では相当の格差が存在する。中国は00年にジニ係数0.412と発表して以降公表しておらず、11年12月に中国国家統計局が「10年のジニ係数は00年より多少高い」と発表したに止まる。高額所得者の正確な収入把握が困難なためとされるが、世界銀行は09年の中国のジニ係数を0.47と試算、北京師範大学は07年0.48[1]と分析している。また00年における成人1人当たり純資産のジニ係数は、アメリカ0.801、日本は0.547と相当高率である。
　OECDは2011年12月5日、加盟国の格差が過去30年間で最高に達したとの

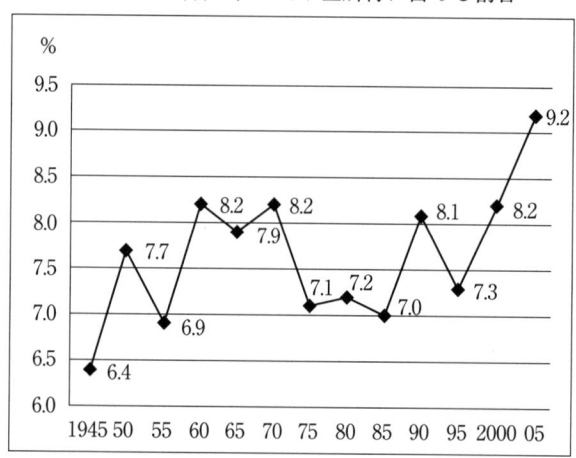

図3-1 所得上位1％が全所得に占める割合

(注)「世界所得高位データベース」資料から作成。
出所：しんぶん赤旗、2011年12月13日。

報告書[2]を公表し、格差是正のため富裕層に対する増税を各国政府に提言した。報告書によると加盟国全体で上位10％の平均所得が下位10％の9倍に達しており、伝統的に貧富の格差が少ないドイツ、デンマーク、スウェーデンでも80年代の5倍から10年は6倍に拡大、日本の上位10％の平均所得は下位10％の10倍で90年代の8倍より広がった。加盟国における富裕層の所得占有率は80年代から10年までの30年間で上昇を続け、アメリカでは上位1％の占有率が79年の8％から10年には17％に増大している。

図3-1は日本の所得上位1％が全所得に占める割合の推移である。戦後における日本の上位1％の所得占有率は6％から8％台前半で推移し、1980年は7.2％であった。ところが02年以降は8％台後半を記録し、04年は9.0％、05年には9.2％と急激に上昇している。注意を要することは、格差が拡大した時期が規制緩和や社会保障費の削減及び労働法制の改悪を含む「構造改革」を進めた小泉政権（2001年4月〜2006年9月）の時期と重なることであり、新自由主義の誤謬が格差の拡大という形で現れたと考えられる。とはいえ、上位1％の富裕層が国民総所得の20％近くを占めるアメリカと比べれば

格差はまだ少ない。

　2011年における日本の「資産偏在状況」[3]を見ると、0.8％に過ぎない所得5,000万円以上の富裕層が、所得全体の16.97％を占める。これに対し、2人以上の世帯で貯金や株などの金融資産を持たない「貯蓄なし世帯」が、90年代半ばの10％程度から過去最悪の28.6％（前年比6.3％増）に急増した。01年以降の「構造改革路線」に伴う非正規雇用者の拡大や、社会保障制度の劣化並びに不況の深化と所得減少で、預貯金を使い果たした世帯が増えた結果である。「定期的に収入が減り、金融資産を取り崩した」世帯は43.3％となっている。一方、「金融資産を所有する世帯」の平均資産保有額は、10年比117万円増の1,659万円で過去最高を記録、「7,000万円以上の金融資産を保有する世帯」は、04年から11年までに倍増した。土地資産などを加味すれば資産格差は所得格差以上に拡大する。日本を含む多数の先進国政府が、最高限界所得税率を60％～70％から40％程度に低下させ、富裕層と貧困層との格差を一層拡大している。

　日本ではGDPに占める保健医療、教育並びに介護など公共サービスに要する歳出は12％で、OECD加盟国平均の13％より低水準にあるが、上位20％の所得層の租税負担率は24％とOECD平均の37％より低い。上述のOECD報告書は「所得に占める最富裕層の割合の増加は、この集団がより大きな租税負担能力を持つことを示している」と指摘、加盟国政府に対し、「富裕層に公正な比率の税を負担させるため、所得再配分における租税の役割を再検討すべきだ」との提言を行った。

第2節　格差大国アメリカ

　アメリカにおける格差問題は深刻である。同国は人口の2％に過ぎない富裕層に対する税制上の優遇措置のため、約1兆ドルの予算を費やしている。アメリカ国勢調査局（US Census Bureau）の発表[4]によれば、公式基準に基づく2010年の貧困人口は、統計を開始して以来最多の人口比15.1％・約

4,634万3,000人に及ぶ。人種別では黒人27.4％、ヒスパニック系26.6％、アジア系12.1％、白人9.9％である。公式基準より実態に近い高齢者向け医療保険（Medicare）に要する保険料や自己負担分の医療費支払い額及び所得税の影響などを加味した計算では、両親と子供2人の4人世帯で年収2万4,343ドル（約190万円）以下が貧困層とされ、貧困人口は09年比約260万人増加し4,910万人（人口比15.9％）にも達する。アメリカの貧困人口は、日本における10年度平均就業者数の82％に匹敵するのである。

さらに同局が2012年9月12日に発表した11年の「所得・貧困・医療保険加入に関する統計」[5]では、11年の貧困率は15.0％で10年とほぼ変わらないが、世帯当たりの年間所得の中央値は5万54ドル（約395万4,000円）で10年比1.5％減となっており、引き続き厳しい家計状況を反映している。11年の貧困線は4人家族の年収2万3,021ドル（約181万9,000円）とされた。これを下回る貧困層は4,624万7,000人を数え、過去最多となった10年の数値をわずかに下回る。貧困層の減少は、オバマ政権が09年に打ち出した景気刺激策に伴う雇用保険の支給期間延長に起因する。しかしジニ係数は10年の0.456から11年は0.463に上り、貧困状態の改善傾向は見られなかった。ただ、医療保険に加入していない11年の「無保険者」は、オバマ政権の医療保険改革法施行により、26歳以下の子供が親の医療保険に加入できるようになった結果、4,861万3,000人と10年比133万7,000人減少している。

一方、アメリカ議会予算局（Congressional Budget Office：CBO）は、1979年から07年までの所得配分状況を時系列的に分析した報告書[6]を発表した。同報告書によれば、所得上位1％の実質平均所得の伸びは他階層を大きく上回る278％の増加である。これに対し、所得が下から20％までの低所得層は18％の伸びに過ぎず、国民の21％〜80％を占める中間層も40％しか増えていない。79年と07年の所得格差をジニ係数で比較すると、所得再配分前の水準が23％上昇したのに対し、所得再配分後では29％、不公平な税制を加味すれば33％の上昇である。格差拡大に政策効果が追いつかず、むしろ格差を助長する所得分配構造が定着しているのである。内閣府が12年6月に発表した12

年上半期の「世界経済の潮流」[7]によると、アメリカにおけるジニ係数は60年代〜70年代の最も低かった時期と比べ20％程度上昇した。最多数の所得水準である中位所得と平均所得の差も90年代半ばから拡大、中位所得は平均所得の70％程度しかなく、高所得者層が一層所得を増やして平均値を引き上げている。所得水準を階層別に見れば、上位20％の所得者層が総所得の50％を占める。資産保有を所得階層別に見ると、金融資産の72％を所得階層上位10％の富裕層が有し、それ以下の層は28％に過ぎず、不動産などの実物資産も所得上位10％が61％を保有する。所得上位20％の平均年間支出は全世帯平均の1.9倍で支出全体の39％に達し、一般の人々の消費が伸び悩む中で、高額所得者の消費が増加する格差社会の弊害が伺える。

　最近の約30年間は、低賃金で雇用者負担の健康保険と年金を持たない劣悪な雇用形態が増加した。アメリカの研究機関・経済政策調査センター（Center for Economic and Policy Research）の報告書[8]は、①年収3万7,000ドル（約296万円）または時給18.5ドル以下で、②雇用者負担の健康保険と③雇用者負担の年金がない3指標が当てはまる雇用をバッド・ジョブ（Bad Job）と定義する。全労働者に占めるバッド・ジョブの割合は1979年の18％から10年に24％へ増加したが、この傾向は08年秋のリーマン・ショック後の景気後退期以前から始まり、07年に22％へ拡大した。指標別に見ると年収3万7,000ドル以下の割合は97年の59％から10年の53％に減少、雇用者負担の健康保険を持たない労働者は79年の30％から10年には47％に、雇用者負担年金を保有しない割合も48％から55％に増加している。バッド・ジョブはすべての学歴階層で増え、低学歴ほど増加率が高く、4年制大学卒以上の場合は79年の8％から10年の9.6％、高校卒業未満は25％から55％に急増する。年齢別では55歳〜64歳が14.2％から14.7％、18歳〜34歳では22.4％への増加である。報告書はバッド・ジョブが増えた背景として、実質最低賃金と労働組合組織率及びマクロ経済政策による労働市場再編に伴う労働者の交渉力低下、民営化と規制緩和、企業本位の貿易協定、移民制度の機能不全があると指摘している。

飢餓の常態化と共にホームレスの世帯数も増加傾向にある。農務省は低所得者向けの食糧援助制度「フードスタンプ」(Food Stamp) の受給者が、2012年6月時点で過去最高の2,244万2,251世帯・4,667万373人になったと発表した。5月比0.4％の増、11年同月比3.3％の増加で支給総額は約62億537万ドル（約4,898億円）に達するが、受給者の約47％が子供で8％が高齢者となっている。「フードスタンプ」受給者は08年の金融危機後の景気後退と失業増を受けて増え続け、支給総額も09年会計年度（2008年10月〜2009年9月）の約503億ドルから11年会計年度は約718億ドルにまで膨張、12年9月には今後10年間、毎年度330億ドルを計上する予算案が下院予算委員会で可決された。予算は共和党の反対で削減されたが、貧困人口の激増を考えれば歳出費の絶対的不足は明白である。

　ホームレスの激増は深刻な都市問題に発展する。人口3万人を超える約1,300都市の市長で構成する全米市長会議（The United States Confrnce of Mayors：USCM）は2011年の年次報告[9]の中で、低所得者向け「緊急食糧支援」申請件数が25都市で過去1年間に平均15％増加、うち51％が家族のある者、26％が不安定雇用者、19％が高齢者、11％がホームレスとの調査結果を公表した。食糧不足の原因は「失業」が最も多く、「貧困」、「低賃金」、「住居費の高騰」の順である。ホームレスは12都市で平均7％増加したが、中でも失業期間1年以上の長期失業者が問題で、全失業者に占める割合は08年末の23.0％から11年末には42.5％に急増、全失業者の平均失業期間も19.9週間から40.8週間に倍増している。

　アメリカは、貧困と格差を是正すべき議会の政治的環境が整っていない。住宅資産を除く国民1人当たり純資産の中央値が1984年の2万600ドルから09年には2万500ドルと微減傾向にあるのに対し、下院議員1人当たりの純資産の中央値は28万ドルから72万5,000ドルに上昇、特に「テイー・パーティ」(Tea Party movement) の支持を得る共和党議員は09年時点で76万6,000ドルに上り「議員の約半分が百万長者」[10]という状態である。大富豪である共和党のロムニー前大統領候補は12年9月21日、同夫妻の11年分確定申告書を

第 3 章　世界における格差問題と「格差大国」アメリカ

公開した。申告書によれば夫妻の収入は1,370万ドル（約10億7,000万円）で実効税率は14.1％に過ぎない。同時に公表した監査法人の証明書では、90年代から09年まで20年間に支払った所得税の平均実効税率は20.2％となっている。夫妻の所得の大部分は給与所得に比べて減税率の高い株式配当であり、中間所得層の平均税率20％～25％程度より相当優遇されるのである。ロムニー氏は12年1月、10年の納税記録を公開したが、それ以前の分は発表を拒否した。こうした人物や富裕層を代表する共和党に、格差と貧困に関する是正を求めるのは困難であろう。

　2012年3月29日の下院本会議は、法人税と所得税の最高税率を25％に引き下げ、福祉分野の歳出を大幅に削減する野党・共和党提出の13年会計年度予算案を賛成多数で可決し、オバマ大統領の「富裕層への優遇税制を、高齢者など一般国民の負担で行うもの」との批判に繋がった。共和党は国防予算の削減を避ける目的で、低所得者向けの公的医療扶助制度（medicaid）や食糧援助制度「フードスタンプ」並びに消費者を保護する金融規制機関への予算を大幅に削減する法案を12年5月10日に可決している。公的医療扶助制度に係る予算の削減規模は227億ドル、「フードスタンプ」は360億ドルに上り、いずれも低所得者の生活を直撃する。これ等の法案は民主党議員が多数を占める上院で否決されたが、11月の大統領選挙の焦点とされた財政赤字削減のための財源をめぐり、富裕層増税を主張する民主党と福祉関連の歳出削減を主張する共和党の対立は激化の一途にあった。

　富裕層に対する税負担の適正化に関し、2012年4月に行われたニューヨークタイムズの世論調査は「富裕層の所得税は軽すぎる」55％、「富裕層への増税を支持する」が52％を占めており、中長期的に見れば多少の変化も期待できる。オバマ政権の富裕層に対する増税案は、12年会計年度（2011年10月～2012年9月）だけで1兆790億ドルに達する。但し、総計4兆ドルに上る財政赤字削減のため、国民に負担増を求めながら不足部分を富裕層増税で賄うとの方針が基本である。同政権は富裕層を対象とする個人所得税の最高税率を35％から40％に引き上げたが、28％まで引き下げたレーガン政権時代以

前の50％に届かない極めて不十分な増税であった。オバマ政権はブッシュ政権が導入した所得税や配当課税などの減税措置は「富裕層に有利」と判断、減税の打ち切りを目指した。ところが12年11月9日、与野党が対立する富裕層への減税延長をめぐる議論を「先送り」とし、見返りに12年末で期限切れとなる中間所得層の各種減税措置を年収25万ドル（約2,000万円）未満の世帯に限定し、1年間延長する減税法案の可決を議会に要請した。これに対し、共和党は富裕層を含む減税延長法案を同党が多数を占める下院で可決する方針を固めている。

第3節　大統領選挙とその争点

　2012年11月6日投開票の大統領選挙（11月6日は一般有権者による大統領選挙人選定の投開票、12月17日は大統領選挙人による投票）を控えた8月28日、共和党全国大会においてオバマ大統領の対立候補として候補者指名を受けたロムニー・マサチューセッツ州知事は、富裕層への減税や規制緩和及び自由貿易の促進による経済回復を主張した。ロムニー氏は新自由主義の破綻を全く理解していない。ロムニー候補とライアン副大統領候補は対外政策ではイラン、北朝鮮、ベネズエラ、キューバを「ならず者国家」（RogueState, RogueRegime）と位置づけ、体制転覆を視野に入れた軍事力行使を含む強硬姿勢を掲げる超保守派で、ブッシュ政権に大きな影響力を及ぼしたネオコン（Neo Conservatism＝新保守主義者）の支持を受けていた。ネオコンはイラクやアフガニスタン戦争など、対外政策の失敗やリーマン・ショック後の経済的混迷を列挙してアメリカの「衰退」と捉えるのは、民主主義や自由市場経済を否定し「世界秩序の混乱」を引き起こす誤った見解と決め付け、「強いアメリカ」と新自由主義の促進を強調する。指名当日、イランや北朝鮮及び中国の脅威を強調して国防予算の確保と戦略核の維持を求める共和党の新綱領も採択された。経済政策ではブッシュ政権の法人・富裕層減税の延長とオバマ政権が強化した金融・環境規制の廃止を含む規制緩和策を進め、経済

第3章　世界における格差問題と「格差大国」アメリカ

回復を目指すとする内容が盛り込まれている。公務員の団体交渉権制限や高齢者医療保険・低所得者医療保険の縮小を図る医療保険改革法の廃止も掲げられた。

　ロムニー候補は30日の指名受諾演説において1,200万人の雇用創出を公約、主要政策として①エネルギー自給体制の確立、②就業支援拡充、③環太平洋戦略的経済連携協定（Trans-pacific Strategic Economic Partnership Agreement, Trans-Pacific Partnership：TPP）と自由貿易協定（Free Trade Agreement：FTA）推進による輸出促進、④中国を念頭に置いた不公正貿易の摘発強化を強調した。これ等はいずれも「弱肉強食」を本質とする新自由主義の再構築に繋がる超保守派の主張にほかならない。規制緩和の促進と社会保障の縮小で格差と貧困を拡大しながら、1,200万人の雇用を創出するのは不可能である。

　一方、民主党全国大会で2012年9月5日、大統領候補に指名されたオバマ候補とバイデン副大統領候補は、対外政策で14年までのアフガニスタン戦争終結方針を強調、ロシアとの間で戦略核兵器の削減を定めた新条約を成果として挙げ、射程の短い戦略核などの削減交渉を進める姿勢を改めて表明した。但し、4日に採択された民主党の政策指針となる党の新綱領には、日本と韓国に駐留する「強い米軍のプレゼンス」を維持するとあり、「強いアメリカ」を求める点では共和党と同様である。しかし、経済政策の分野では富裕層減税や規制緩和を主張する共和党の政策を「わずかな富裕層を潤し、経済と中間層をつぶす方策」と批判、「小さな政府」路線はアメリカがとるべき道ではなく、医療、教育、社会基盤整備などへの投資で「中間層の強化」を図るとしている。必要な財源に関しては富裕層への増税を強調、法人税は軽減するが、海外に雇用を移す企業への優遇措置は廃止とある。日本市場を席巻しかねない環太平洋戦略的経済連携協定と自由貿易協定推進による輸出促進政策については共和党と変わりない。オバマ候補は6日の指名受諾演説で①16年までに製造業で100万人の雇用創出を図る、②10年間で教員10万人を新規雇用する、③14年までに輸出を倍加する、④大学学費の高騰を抑制する、⑤

今後10年間で財政赤字を4兆ドル（約315兆円）以上削減する、⑥20年までに原油輸入量を半減するなどの主要政策を発表した。なお、大統領選挙には「正義党」（The Justice Party）のアンダーソン元ソルトレイクシティ市長、「憲法党」（The Constitution Party）のグード元下院議員、「リバタリアン党」（The Libertarian Party）のジョンソン元ニューメキシコ州知事、「緑の党」（The Green Party of the United States）のスタイン医師の4候補が立候補し、全国規模で選挙戦に臨んだが、二大政党制に圧倒的に有利な選挙制度に阻まれ、ジョンソン候補が48州とワシントンで大統領候補に認定されたほかは、スタイン候補が29州とワシントン、ジョンソン候補26州、アンダーソン候補は15州でしか大統領候補として認められていない。

　オバマ候補と民主党が公表した集計では、2012年8月に集めた選挙資金は1億1,400万ドル、9月は1億8,100万ドルで、うち98％が250ドル以下の小口献金となっており寄付者総数は182万人に上る。ロムニー候補は8月に1億1,100万ドルの資金を得た。但し、大富豪や経済界など「独立」した外部団体からの資金は含まれておらず、不透明な部分が多い。「独立」した外部団体とは選挙陣営と別個の外部団体を指し、「独自に選挙宣伝に要する資金を拠出できる」とした10年1月の最高裁判決を受けた資金収集組織である。選挙資金とは別に両陣営は、ネガティブ・キャンペーンをはじめテレビ宣伝を増やすため、過去の選挙と比べ異常なほどの規模で資金の獲得競争を行った。ワシントンポストは12年9月までに選挙宣伝に支出された金額は3億9,500万ドル（約310億円）に上り、08年大統領選挙の同期比1億8,300万ドルから倍増したと報じている。11月1日までに投じた宣伝費は約6億6,500万ドル（約525億3,500万円、うちオバマ陣営3億1,700万ドル、ロムニー陣営3億4,800万ドル）に達する。

　共和党は大企業と富裕層優先の基本姿勢を保持するが、オバマ大統領は2012年4月下旬、同党の税制・予算政策を「ほぼむき出しの社会進化論」だと批判した。「社会進化論」（Social Darwinism）とは19世紀から20世紀にかけて大起業家などの間に流行した「百万長者は自然淘汰の産物」とする弱肉

第3章　世界における格差問題と「格差大国」アメリカ

強食の市場万能論を意味する。大統領選において民主党は、格差拡大の中で打撃を受ける中間層からの支持・集票を不可欠としてきた。中間層は比較的適正な所得再分配が進められた40年代〜70年代に拡大したが、その後は減少に転じている。共和党の歴代政権は新自由主義に基づく規制緩和政策で企業を優遇すると共に累進税制を抑制、78％に達した個人所得税の最高税率を一時28％まで引き下げて大富豪を優遇した。加えて年金・医療保険負担を打ち切る企業が続出するなど社会保障と福祉の縮小が相次ぎ、中間層の減少に繋がったのである。オバマ大統領は「私の立場は20年前なら中道と言われたであろう。変わったのは共和党だ」と批判するが、オバマ大統領の発言が過激に映るほど共和党の政策は中間層や低所得者層の利益に反している。ちなみに二大政党制が崩壊したイギリスでは、保守党と連立を組む自由民主党の提案に基づき低所得者層に対する所得税免除範囲が拡大され、財源措置として15年を目途に高級住宅を所有する富裕層への増税と脱税取締り強化策を検討中である。

　医療保険未加入者数を減らすため、国民に加入を義務付けた2010年3月制定の「医療保険改革法」が12年6月28日、連邦最高裁判所で合憲と判断された意味は大きい。アメリカの医療保険には①企業が従業員に提供する民間保険、②自営業者が個人で加入する民間保険、③高齢者を対象とする公的保険、④低所得者向け公的助成の4種類がある。国民皆保険制度はなく、3億人超の人口のうち約4,600万人が無保険者と推定される。08年11月4日の大統領選挙で医療保険改革を公約に掲げ当選したオバマ大統領は、公的皆保険制度の導入は断念したが、民間保険の購入拡大によって無保険者縮小を目指す方策を打ち出し、「医療保険改革法」を制定した。同法は保険購入を義務付け、十分な所得がありながら加入しない者に年収の1％に当たる「罰金」を科すと共に、低所得者には政府補助による低価格保険を提供し、保険企業に対する既往症による保険金支払い拒否の禁止など消費者保護の規制強化策が盛り込まれた。既に一部は施行済みであるが大半の条項は14年に実施され、新たに3,000万人の保険加入が見込まれる。しかし共和党は同法を問題視し、同

党知事を中心に26州が保険購入の義務付けを違憲とする訴訟を提起したのである。

　連邦最高裁判所の判断は、保険加入の義務付けは「税の一種」とみなすことが可能で、憲法が定める連邦議会の立法権限に属するため合憲とし、低所得者向けの低価格保険の提供や対象者の大幅拡大を条件付きで容認した。アメリカ人の保険加入率は約83％であり、高齢者と低所得者を対象とする公的医療保障を除けば、企業が提供する民間保険が一般的である。とはいえ失業で無保険状態に陥る人々が後を絶たない。同法が合憲と判断されたことで政府は、2021年末までに加入率を95％に引き上げて1人当たりの保険料を抑制し、赤字削減を図る計画である。アメリカの医療費は世界でも相当高い水準にあり、低所得者は病気になっても病院に行けない実態がある。それだけに評価できる判決といえる。

　共和党が過半数を占めるアメリカ下院は2012年7月11日、2年間で33回目となる「医療保険改革法」廃止法案を可決した。上院では与党・民主党が多数のため成立しなかったが、共和党は連邦最高裁判所が保険未加入者への罰金を「税」と解釈したため「オバマ増税」とよび、政権批判の攻勢を強めている。ロムニー氏は7月11日、テキサス州ヒューストンで開かれた全米黒人地位向上協会（National Association for the Advancement of Colored People：NAACP）の総会で同法の廃止を訴えたが、逆に聴衆からブーイングを受けた。同法に対する国民世論は賛否が二分しており、6月24日のロイター通信による世論調査では賛成44％、反対56％であった。また連邦最高裁判所の判決に対しても賛成46％、反対46％と拮抗している。格差と貧困を「自己責任」とみなす国民が多いことを伺わせる。

　2012年11月6日の大統領選挙は接戦の末、オバマ大統領の勝利に終わった。大統領選挙人538人中、オバマ候補が獲得した数は332人、ロムニー候補は206人であるが、得票数で見れば6,171万8,420票（50％）対5,851万3,463票（49％）の差でしかない。ただ、共和党が公約した「医療保険改革法」の廃止は、ロムニー候補の敗北で不可能となり、同法は本格的に実施されること

になった。ロムニー候補を支持したのは富裕層と大企業であり、アメリカが伝統的価値観とする「小さな政府」を守りたいと考える人々及び保守主義者であった。オバマ大統領の再選は社会保障の充実のほか、格差と貧困の拡大というアメリカ社会の閉塞状況を打破したいと願う人々である。失業率は10月時点で7.9％、世帯所得は90年代中期のレベルに落ち込み、4人家族で年収2万3,000ドル（約180万円）以下の貧困層が国民全体の15％を占めていた。財政赤字が4年連続1兆ドルを超える中、財政再建のため13年1月に歳出の強制的削減が開始され、同会計年度の削減額は5,600億ドル（約45兆円）に上り、所得減税をはじめ大型減税が失効する。アメリカ議会予算局が8月に行った試算では「財政の崖」による弊害が発生すれば13年にも深刻な景気後退に突入する。同国の抱える問題は、自由競争や市場原理では解決できない段階にある。大統領選挙と同時に行われた連邦議会選挙は上院が民主党、下院は共和党が多数派を握る「ねじれ状態」が続く結果になった。政権運営にはかなりの困難があろうが、「財政の崖」に適切に対応し、内需拡大を通じた財政再建及び格差と貧困の是正が必須の課題である。

注

(1) 中国網日本語版2012年1月。 *http://japanese.china.org.cn/business/txt/2012-01/18/content_24437854.htm*

(2) OECD ; *Governments must tackle record gap between rich and poor http://www.oecd.org/newsroom/societygovernmentsmusttacklerecordgapbetweenrichandpoorsaysoecd.htm*

(3) 金融広報中央委員会「家計の金融行動に関する世論調査」、2012年2月。

(4) US Census Bureau ; *Current Population Survey（CPS）- Definitions and Explanations　Source : U.S. Census Bureau, Housing and Household Economic Statistics Division, Fertility & Family Statistics Branch Source : U.S. Census Bureau, Housing and Household Economic Statistics Division, Fertility & Family Statistics Branch* Last Revised: November 7, 2011 http://www.census.gov/population/www/cps/cpsdef.html

(5) US Census Bureau ; *Income, Poverty, and Health Insurance Coverage in the United States : 2011 ; United States Census Bureau 2012* http://www.census.gov/prod/2012pubs/p60-243.pdf
(6) CBO ; *Trends in the Distribution of Household Income Between 1979 and 2007 October2011* http://www.cbo.gov/doc.cfm?index=12485
(7) 内閣府『世界経済の潮流2012』、平成24年6月3日。
(8) Center for Economic and Policy Research ; *Bad Job to Increase 2012* http://www.cepr.net/
(9) The United States Confernce of Mayors ; *Joblessness Leads to More Hungry, Homeless Families in U.S. Cities, 12. 19. Dec. 2011* http://www.usmayors.org/usmayornewspaper/documents/12_19_11/121911USMayor.pdf
(10) The Washington Post、2012年12月27日。

第4章　アジア・アフリカの貧困問題

第1節　子供の貧困と政府の役割

　国連経済社会局（UN Department of Economic and Social Affairs）は2012年4月の「2011年版世界都市化予測」[1]において、世界の都市部で爆発的な人口増が見込まれると予測した。今後40年間に増加する都市人口の86％までをアフリカとアジアが占め、アフリカは50年までに4億1,400万人から12億人に、アジアが19億人から33億人に拡大する見通しである。「予測」は特にインド、中国、ナイジェリア、インドネシアを列挙しており、中国は3億4,100万人、ナイジェリアでは2億人増加する。都市人口の増大に対応するには雇用の確保や住宅・インフラ整備をはじめ、スラム・都市環境の改善が課題になるが、格差と貧困から生じる諸矛盾を最も敏感に反映する事柄は、予防可能な疾病による子供の死亡数であろう。

　国連児童基金（United Nations Children's Fund : UNICEF）は「2012年次報告」[2]の中で、世界における5歳未満児の死亡数が過去21年間で出生1,000人当たり88人から2011年には51人にまで下がったと記している。年間1,200万人からほぼ半分に当たる690万人への大幅な減少である。しかし、予防可能な疾病で死亡する子供の数は1日約1万9,000人に上るとされ、15年までに90年の水準から3分の2を削減する国連「ミレニアム開発目標」の達成には不十分である。5歳未満児の死亡抑制に成功した上位5か国の死亡減少率（90年比）はラオスが71.6％、東ティモール69.9％、リベリア67.5％、バングラデシュ66.9％及びルワンダ65.4％であった。これに対し、死亡率が高い5か国は出生1,000人当たり185人のシエラレオネ、180人のソマリア、176人の

マリ、169人のチャド及び168人のコンゴ民主共和国である。これ等の国々では予防可能な疾病で死亡する子供が多く、紛争などで不安定な状況にあるサハラ以南のアフリカ諸国に集中している。

　都市部における子供の貧困に関する具体的な状況は、国連児童基金の「2012年版世界子供白書」[3]に見ることができる。都市で生活する子供は世界で10億人を超える。同白書は世界の都市人口が毎年約6,000万人ずつ増加する中で「数百万人もの子供が欠乏と剥奪の中で成長」しており「清潔な水、電気及び保健ケアなど必須サービスを受けられない子供や、学校に通う代わりに危険で搾取的な労働を強いられる子供が圧倒的に多い」と指摘、格差と貧困を軽減する各種施策の必要性を強調した。さらに都市スラムに注目して「2020年までに約14億人がインフォーマルな居住地やスラムで暮らすようになる」との推計を行い、貧困と不公平に苦しむ子供の割合が多く、都市部に居住する33％以上の子供が出生時に登録されず、飢餓や低水準の住宅、水や衛生施設の利用、不十分な教育や非保護などの困難に直面し、貧困の集中化で子供の死亡率が上昇すると予測している。貧しく栄養不足の子供は農村部より都市部で急速な増加傾向にあり、汚染された屋内の空気が5歳未満児約200万人の死因になっている。このように子供の貧困は都市部でも深刻である。子供の成長と権利を守るには①都市部住民の貧困拡大に対する理解を深め、②社会的周辺部に追いやられた子供とその家族への法的保護と市民権を保証し、③都市計画、開発、保険サービスの提供を通し、子供に特有なニーズを重視する政策が不可欠といえる。

　格差と貧困の是正には政府の役割が欠かせない。アメリカの民間研究所「平和基金」（The Fund for Peace）の「2012年度版破綻国家指数」[4]によれば、国家の状態が最良の北欧諸国に比べ、アフリカ諸国の多くが破綻状態にある。機能を喪失し、内戦などにより国民への適切な行政サービスの提供が不可能な「破綻国家指数」（Failed State Index）第1位のソマリアは、5年連続で最も問題を抱えた国にランクされた。無法状態の拡大に伴う実効支配が困難な政府に加えテロ、軍事衝突、犯罪の横行及び外国船舶に対する海賊行為の

頻発が理由である。内戦が長引く第2位のコンゴ民主共和国、2011年7月の南スーダン独立に起因する国内武力衝突と、石油収入の激減及び輸入外貨不足による経済的混乱（2012年5月のインフレ率は30.4％）が常態化した第3位のスーダンと続く。スーダンから独立した「破綻国家指数」第4位の南スーダンは、社会的基盤の脆弱性と貧困が破綻の理由とされる。特徴的な事柄は第5位のチャドなど、アフリカ諸国が上位を占めることである。一方、最も安定した国はフィンランド、スウェーデン、デンマーク、スイス、ノルウェーの順となっており、北欧諸国とアフリカ諸国の状況は対照的である。ちなみに日本は最も安定した上位7％の国に位置するものの、順位の変動が世界で過去2番目に大きい。著しい政権交代が理由と思われる。

　途上国に対する先進国の援助は不可欠であるが、決して十分ではない。2012年6月20日〜22日まで開かれた「国連持続可能な開発会議」（World Summit on Sustainable Development：WSSD）は、貧困撲滅や地球温暖化防止への取り組みなど、持続可能な開発への課題と決意を記した成果文書を採択して閉幕した。成果文書には「貧困の撲滅は世界が直面する最大の地球的規模の課題である」とあり、「公正、平等な世界に向けて努力」し、「持続可能で包括的な経済成長を促進するため力を合わせる」と宣言している。しかし資金援助をめぐる先進国と途上国の対立が激しく具体的目標を示せなかった。

　国連開発計画は2012年5月15日、初の「アフリカ人間開発報告」[5]を公表した。報告書はアフリカ大陸の国々が現在の経済成長を維持するには、農業生産を高め人口の27％に影響を与える飢餓問題に真剣に取り組まなければならないと記している。アフリカ諸国はサービス、建設、農業部門の発展で過去10年間、年平均5％を上回る成長を遂げた。しかし同報告は、成長が極度の貧困や飢餓の縮小に役立っておらず、アフリカの子供の40％以上が栄養不足の状態にあると分析する。国富が一部の富裕層と大企業並びに先進国の多国籍企業に偏って分配される状況が伺える。08年における世界の貧困率は、東アジア・太平洋地域の14％に比べアフリカは48％に上る。報告は「食料安

全保障に取り組まなければ成長を維持」できず、「農業生産力強化を目指した投資は飢餓問題の解決のみならず、急激に人口が増加するアフリカの雇用創出にも重要」と指摘する。飢餓や貧困の撲滅に関し、当該国家は多国籍企業や一部の大企業及び大富豪の利益を優先するのではなく、国民生活を重視した国富の適正な分配と雇用の創出を図らなければならない。

　子供に対する人権迫害と貧困はアジア諸国でも多く存在する。2012年5月20日に独立10周年を迎えた東ティモールは、民主主義が次第に定着しつつあり治安も安定してきたが、依然として貧困が蔓延しており、インフラ整備や学校、病院などの建設を国際社会の支援に依存せざるを得ない状況にある。同国では74年に旧宗主国のポルトガルが撤退を決定した後、独立派とインドネシア併合派の対立で内戦が勃発し、76年にインドネシアが併合を宣言、99年の住民投票を経て02年5月に独立を達成した。しかし子供を含む人口の41％が1日0.88ドル（約70円）以下の生活を強いられ、改善の見通しは示されていない。

　インドは児童労働と人身売買が深刻である。東部のビハール州、西ベンガル州などの「貧困州」及びネパールの貧しい農村部に居住する貧困層の子供たちが売買されて工場棟に送り込まれ、安価な労働力を求める雇い主に「奴隷状態」で酷使されている。仲介業者はニューデリーだけで2,000以上存在し、人身売買の手数料は1人当たり2,000ルピー〜4,000ルピー（約3,000円〜6,000円）といわれる。子供たちの多くは1日20ルピー（約30円）未満の収入で暮らす貧困家庭の出身であるが、首都圏の非熟練労働者の法定最低賃金1日256ルピーと比べ、ニューデリーの衣料品製造工場で毎日12時間近い労働を課される子供の1週間分の賃金は50ルピーに過ぎない。

第2節　食糧・医療問題及び軍事予算の転用

　国連食糧農業機関が2012年10月9日に公表した「2012年版世界食糧不安白書」[6]によれば、世界人口の8人に1人に当たる約8億6,800万人が栄養不

足状態にある。うち慢性的な栄養不足の人々は90年〜92年の18.6％から10年〜12年には12.5％・1億3,200万人に減少、発展途上国でも90年〜92年の23.2％から10年〜12年に14.9％へ下がった。とはいえ途上国では依然として高い水準にあり、当該人口が減少を続けても15年は12.5％に止まると推測している。白書は世界の飢餓人口を15年までに90年比50％削減する「国連ミレニアム開発目標」の達成には11.6％までの削減が不可欠で、「2007年以降、飢餓減少率が鈍化しており、諸国が適切な措置を講ずる必要がある」と勧告した。特徴的な事柄は栄養不足人口の8億5,200万人までを発展途上国が占めることである。アジア・太平洋地域では過去20年間で約30％減少したが、アフリカのサハラ以南諸国は1億7,500万人から2億3,900万人に増加したのである。栄養不足が原因で5歳未満児の1億人以上が低体重児になり人間的、社会経済的能力の発揮が妨げられ、毎年250万人が死亡する状況もある。飢餓の克服方策について白書は「農業生産の拡大のみならず、弱者の社会的な保護が不可欠」と強調している。

　食糧問題の解決には世界各国の支援が重要である。世界約40か国の関係閣僚・政府高官と非政府組織代表を集め、2012年3月12日〜16日までハノイで開催された「国連食糧農業機関第31回アジア・太平洋地域総会」[7]は、アジア・太平洋地域に限らず世界で食糧安全保障の確立と貧困解消が難航し、15年をめどに世界の貧困層を半減する目標達成に支障を来たしている状況を認め、これを打破すべく当事国政府と各国政府間の役割をめぐる議論を行った。総会は食糧生産の持続可能性の強化と貧困層の食糧入手支援を「問題解決の大きな戦略」と位置づけ、食糧需要を満たすには50年までに生産量を2倍にする必要があるとした。ベトナムのカオ・ドク・ファット農業・地方開発大臣は「多国間の取り組みが欠かせず、……（中略）……各国は農業への投資を増やすことが不可欠」と演説している。

　一方、国連人道問題調整事務所（UN Office for Coordination of Humanitarian Affairs: OCHA）は2012年6月19日、西アフリカのサハラ砂漠南縁に位置するサヘル地方9か国の1,870万人が、食糧や医療・衛生面での緊急援助

が必要な状況にあると報告[8]し、総額16億ドル（約1,264億円）の資金提供を世界各国によびかけた。チャド、ニジェールへの支援要請は以前から行われているが、ブルキナファソ、マリ、モーリタニアに対する要請は初めてで、カメルーン、ガンビア、ナイジェリア、セネガルについても人命救助のための人道的支援が必要とされる。同事務所によれば、サヘル地方は12年に入り干ばつや少雨、不作、食糧価格の上昇、避難民の発生や治安悪化によって穀物収穫量が11年の27％に減少、マリではトウモロコシなど主食の価格が過去5年間平均価格の2倍以上に上昇するなど状況が極度に悪化しており、ニジェールでは1月～4月の間に食糧不足の人々が18.5％増の640万人に上る。チャドは11年比125％増の360万人が食糧不足に陥った。国連児童基金は12万7,000人の子供が重度の急性栄養不足状態に陥り、生命が危険な状況にあると警告している。

　北アフリカ諸国も貧困に伴う子供の人権並びに食糧問題が切迫状態にある。チュニジアでは2010年12月からベンアリ独裁政権に抗議する大規模デモが相次ぎ、11年1月の同大統領亡命と12月のマルズーキ新政権の誕生に繋がった。約20％の失業率や混迷を極める経済情勢はそれほど改善されていないが、政府は失業問題を重要課題と位置づけ諸改革を実施中である。一方、東アフリカ内陸部のブルンジは子供の「無権利状態」改善が遅滞した国である。「子供の権利条約」（Convention on the Rights of the Child）第7条は「出生後直ちに登録される権利」を保障し、「出生の時から氏名を有する権利及び国籍を取得する権利」を定めている。しかし、同国では5歳未満児の5人に3人に当たる約150万人が出生時に登録されておらず、医療や教育、居住、移動及び結婚など、将来にわたる不利益を被っている。権利意識の希薄と地方の慣習にも起因するが、最大の要因は貧困である。

　2011年に未曾有の干ばつ被害を被ったソマリア、ケニア、エチオピアなど東アフリカ東端の「アフリカの角」（Horn of Africa）地帯は、12年5月までの降雨量が予測を下回った結果、1,300万人に及ぶ食料不安が高まる恐れがある。アメリカ独立政府機関「国際開発局」（United States Agency for International Development：USAID)の「飢饉早期警戒システム」(Famine Early Warning System)による「東アフリカ特別報告」(9)はケニア北部、エチオピア、ソマリアの牧畜・農業地域を中心に雨季の降雨量が平年の60％〜85％か、それ未満に止まり「食料不安が深刻化する恐れ」を警告した。「アフリカの角」地帯の干ばつ被害は12年も続き、解決には長期間の援助が必要である。

とりわけ1991年以来の内戦で政府と経済が壊滅し、11年の大規模な飢饉で人口約940万人のうち370万人が緊急人道援助対象となった世界最貧国の1つ、ソマリアの飢餓と貧困問題は深刻である。同国が「破綻国家指数」第1位であることは前節で触れた通りである。主産業はバナナを中心とする農業と飼育数世界一のラクダ・羊、ヤギなどの畜産業で、GDPの40％に当たり輸出収入の65％を占める。また農産品の加工を中心とする小規模な軽工業がGDPの10％となっている。同国は長期にわたって全土を実効支配する政府が存在せず、国連やアフリカ連合(African Union：AU)の圧力を受けた政治勢力間協議で12年8月1日に暫定憲法が採択され、正式政府樹立に向けた新議会の宣誓式が行われた。しかし氏族による社会の分断と政治指導者の汚職・腐敗のため、大統領選出が9月へ延期されたように、イスラム強硬派武装勢力の活動と相まって秩序回復の大きな障害になっている。そのため石油・ボーキサイトなどの豊富な資源を持ちながら未開発のままで、近年では1隻当たり100万ドルといわれる海賊業が主要な外貨獲得源になった。12年4月の国際商業会議所国際海事局(International Maritime Bureau of International Chamber of Commerce)の発表では、12年9月までに確認された世界の海賊事件は233件(未遂の58件を含む)に上り、船員6人が殺害され448人が人質にとられた。うち、ソマリア人による海賊事件は70件で、船舶11隻と船員167人が海賊の拘束下(10)にある。

最大の要因はやはり貧困である。2012年9月10日、ソマリア議会(定数275議席)は正式政府の大統領選出投票を行い、決選投票で学識経験者のモハムド氏が190対79の大差で大統領に選出され、直後に就任宣誓が行われた。9月29日、イスラム武装勢力はアフリカ連合部隊の攻撃を受け最後の拠点都

市であった南部キスマユから撤退するに至るが、直後に氏族武装勢力が再編を開始して再び無法地帯化するなど、内戦終結にはほど遠い状況にある。約21年間無政府状態の続いたソマリアにおいて、正式政府が内戦を克服し、飢餓と貧困問題に対する有効な施策を打ち出せるか注目される。

食糧問題は1人当たりGDP800ドル、失業率40％と、アラブ諸国の中でも貧困が著しいイエメンでも顕著である。国連世界食糧計画（United Nations World Food Programme：WFP）がイエメン統計局並びに国連児童基金と協力し、2011年11月～12月にかけて行った調査[11]によれば、09年時の食糧不足水準を上回る人口の22％・約500万人が必要な食糧を生産または購入できず、国民の25％が緊急の食糧援助を必要としている。軽度の食糧不足者は500万人存在し、内戦の影響を最も受ける都市部は治安悪化のため、全世帯の25％以上が食糧の購買を困難にされた。食糧と燃料価格の高騰及び治安悪化に伴い、イエメン国民は今後一層深刻な食糧危機に直面する危険がある。

医療問題も看過できない。発展途上国の農村地帯は出産施設が劣悪なため、破傷風が原因で毎年10万人の妊産婦・新生児が死亡している。パプアニューギニアは、世界で38か国を数える流行国の1つである。2000年の国勢調査では農村人口が総人口の90％を占めるが、06年に行われた全国調査の結果、熟練の助産婦が立ち会った出産は全体の53％に過ぎない。保健省は妊娠・出産可能年齢15歳～45歳の女性180万人を対象に、12年4月～5月にかけて破傷風の撲滅を目指した大規模な予防接種を実施した。08年における妊産婦死亡率は10万人当たり250人であるが、09年に政府対策委員会を設置し、妊産婦死亡率を抑える取り組みを進めている。

妊産婦死亡の99％は発展途上国で起きており、ほとんどが予防可能である。また死亡率の高い世界40か国のうちサハラ以南のアフリカ諸国が36か国を占める。国別に見れば妊産婦死亡者の33.3％がインドとナイジェリアで、インドでは死亡者全体の約20％に相当する5万6,000人が破傷風で死亡、ナイジェリアでは約14％に当たる4万人が同様の死因で死亡した。国連人口基金（United Nations Population Fund：UNFPA）は、妊娠や出産に伴う合併症で

第4章　アジア・アフリカの貧困問題

死亡する女性が過去20年間で半減したものの、75％の削減を掲げる「ミレニアム開発目標」の達成には一層の努力が必要とする。死亡した妊産婦は1990年の54万3,000人から10年には28万7,000人と47％減少、特にアフリカのサハラ以南を含む世界の全地域で実質的な進展が見られたが、同基金は、90年を基準に15年までに妊産婦死亡を75％削減する目標を世界全体で達成することは困難と予想している。

　「アメリカの戦争」が破壊のみならず失業と貧困を拡大し、経済、生活、教育などが悪化した国もある。イラクを例にとれば、最近における経済悪化の直接的原因は「政府職員の汚職と無策」にあるといわれる。しかし、開戦から9年経過した2012年4月の失業率は33％、文盲者は600万人に達する。駐留部隊の撤退を機に国際援助の激減が予想されるアフガニスタンは貧困と格差が一層増大する傾向にある。アフガニスタンにおける10年のGDPは8.2％に伸びたものの、その大部分は多額の国際援助とアメリカ中心の多国籍軍による軍事関係の歳出で占められた。レンガ工場労働者の46％は子供で、その過半数が14歳以下の児童であり、教育を受ける環境に置かれていない。しかも雇用主から借金をして働く「債務労働」が横行、賃金が非常に少ないため期限内に返済できず、借金を繰り返す悪循環から脱却できないでいる。アメリカ軍の全面撤退と14年末までのアフガニスタン政府への権限移譲が迫る中、タリバンが次第に勢力を盛り返しつつあるが、その背景にも新たな格差と貧困の拡大が存在する。

　格差是正と貧困撲滅を考える際、重要な事柄は軍事予算の平和的転用である。国連のアンジェラ・ケイン軍縮担当上級代表は2012年4月末、軍事費を経済開発に充てるよう求める声明を発表した。同声明とストックホルム国際平和研究所（Stockholm International Peace Research Institute：SIPRI）の報告書[12]によれば、11年における世界の軍事費は、国連加盟国中66か国の報告総額だけで1兆2,200億ドル（約99兆円）に達する。伸び率は01年から09年までは年平均4.5％であったが10年は1.3％に止まった。11年は金融危機に伴い財政再建を進めるアメリカや欧州諸国が国防予算を縮小したため、98年

以来13年ぶりに前年比ほぼ横ばい状態にある。膨大な軍事費に関してケイン氏は、その5％弱を転用すれば、極度な貧困の半減を目指す00年9月の「国連ミレニアム・サミット」で採択された「ミレニアム開発目標」が達成できると主張するのである。ちなみに11年の軍事費歳出はアメリカが世界の41.0％を占め、中国8.2％、ロシア4.1％、イギリスとフランスが各々3.6％となっており、日本は6位の3.4％であった。

第3節　韓国の格差・貧困と政治的動向

　アジア諸国の中で、韓国は相当な「格差と貧困」大国である。OECDが2012年2月26日までに纏めた「加盟国の生活の質に関する報告書」中、韓国に関する調査[13]を見れば、1人当たりの所得は加盟国中22位であるが、生活の質は32加盟国のうち31位と最低レベルを記録した。調査はアメリカのミシガン大学の世界価値観調査チーム（World Values Survey：WVS）が81年から08年にかけて実施した5回の調査を基礎に、OECDが32加盟国の「幸福度指数」[14]を算出したもので、韓国は10点満点中6点台前半に止まった。生活の質が最も高い国は8点台を獲得したデンマーク、スイス、アイスランド、オーストリアの順である。OECDは「韓国はチェコやエストニアなどと並び、社会構成員の間の信頼が非常に低い」との分析を加え、信頼などの社会的資本をより強固にすべきだと勧告した。また生活の質が低い国は所得格差が大きく、構成員の間で剥奪感が生じたり、社会全体的に競争圧力が強すぎたりするケースが多かった[15]と指摘している。

　韓国の経済成長は著しく、自動車などの製造業や電子製品をはじめ輸出の好調に支えられ発展してきた。けれども経済成長の原動力は、政府の集中的支援・援助を受ける財閥の国家独占資本主義的な経済構造と安価な労働力にあり、中小零細企業はそれほどの技術力を有していない。朴正熙軍事独裁政権下、韓国経済は財閥系企業を中心に日本からの無償資金と借款援助約11億ドル（当時の韓国国家予算は3.5億ドル）や、ベトナム戦争参戦の見返りと

第 4 章　アジア・アフリカの貧困問題

してアメリカの援助を受けて成長し、「漢江の奇跡」とも呼ばれた。金大中政権は1997年のアジア通貨危機（the Asian Financial Crisis）に際してIMFの要求を受け入れ、国民生活を犠牲にする解雇規制の緩和や金融市場の開放、公営企業の民営化を推進し、盧武鉉政権は「左派新自由主義」を標榜してアメリカやEUとの自由貿易協定交渉を進めた。08年に保守政党・旧ハンナラ党の李明博政権に交代した後は新自由主義に基づく経済政策が加速し、韓国経済は輸出大企業を中心に急速に成長したのである。12年3月末時点における韓国の雇用状態はG20の中で最も良好で、失業率は3.7％と低い水準にあり、新規雇用も10年55万人、11年は54万人に達した。韓国企画財政部は「政府の雇用対策等で雇用環境が迅速に改善されたため」[16]と発表している。欧州系大手格付け会社のフィッチ・レーティングス（Fitch Ratings Ltd.）は12年9月6日、世界経済が不安定な中で経済・金融が比較的安定しており、持続的な財政規律と堅実なマクロ経済政策が行われているとして、韓国国債の格付けを「シングルAプラス」から日本より上位の「ダブルAマイナス」に引き上げた。しかし、政府と財閥による国家独占資本優先の新自由主義成長路線を選択した韓国経済は、構造的な格差と貧困問題をより深刻化させたのである。

　韓国銀行は2012年3月、13年の経済見通しについてGDP 4.2％、新規就業者32万人増、失業率は3.3％と想定した。ところが世界的不況、特に中国の消費減速などの影響で輸出の不振が顕著になり、内需も停滞状況に陥ったため同銀行は12年10月11日、12年のGDP伸び率の見通しを2.4％に、13年も3.2％に下方修正[17]するに至った。韓国統計局は12年3月時点の雇用動向について、15歳～29歳の若年層の失業率が8.3％と高く、全失業者数は94万5,000人と発表した。相対的貧困率も97年の8.7％から10年には14.9％まで上昇しており、格差と貧困が拡大傾向にある。

　韓国ではサムスン電子、現代自動車、LG電子など財閥系大企業が産業別に台頭し、世界シェア第1位や第2位を争う勢いで業績を上げてきた。しかし、当該企業の利益は海外投資や内部留保に回され、労働者や一般家庭へ適

正に再配分されておらず、諸分配が堰き止められる実態がある。韓国銀行によると2009年末現在、各企業の総貯蓄は215兆797億ウォンで、08年末の177兆3,364億ウォンより37兆7,433億ウォン・21.3％増加するなど、史上最大の上げ幅を記録した。財閥系大企業が業績を挙げる中で、多くの中小・零細企業は景気減速の影響で経営困難に陥っている。富裕層と貧困層の所得格差も激しい。12年4月22日、韓国租税研究院は、約18万人と推定される上位1％の年間所得は38兆4,790億ウォン（約2兆8,000億円）で、所得総額231兆9,560億ウォンの11.6％を占めると発表した。OECD加盟国のうちアメリカの33万5,861ドル・17.7％に次ぐ格差を示している。OECD加盟主要19か国において上位1％が所得全体に占める割合は平均9.7％である。第3位はイギリス14.3％、第4位はカナダの13.3％と続く。ちなみに日本は9.2％、オーストラリアは8.8％となっている。

多額の財産を保有する富裕層に対し、所得が平均の半分未満しかない貧困層は急増の一途にある。韓国統計庁は、2009年に貧困世帯が初めて300万を突破し、全世帯の18％に達したと発表した。OECDの基準に基づく09年の貧困世帯は08年比13万5,000世帯増の305万8,000世帯で、07年～08年の2倍近くに拡大したのである。

韓国の総人口は約4,800万人であるが、扶養家族を含む貧困人口は推定で約700万人に上り、学費や住宅購入費負担などを理由に会社員の70％が自らを「貧しい」と考えている。税金と利息を除いた可処分所得のうち、生活費やローンの支払い後に残る2012年の家計貯蓄率は、史上最悪の水準を記録した08年の2.5％と比べても一段と減少した。所得再分配の一環である年金・社会福祉については、グリアOECD事務局長が11年6月20日、ソウルで開催された「グローバルグリーン成長サミット2011」（Global Green Growth Summit 2011）に提出した「韓国における成長と社会政策に関する報告書」[18]で理解できる。韓国国民が政府から受ける国民年金や老齢基礎年金は家計所得の4％程度に過ぎず、OECDの平均水準22％に比べ大きく下回る。社会福祉制度と税制を通した所得格差の改善効果もOECD加盟国中最下位

第4章　アジア・アフリカの貧困問題

にあり、国民生活を軽視する政府の姿勢が伺える。12年10月時点における「家庭に就労者がいない」世帯の貧困率はOECD加盟国中で最も高い55％で、65歳以上の貧困率はOECD加盟国平均の3.4倍に当たる48.5％、老年層の貧困率は70％を上回っている。

　御手洗元経団連会長は「韓国は人件費など製造コストが日本より安く、大量生産して値下げ攻勢をかければ日本勢は押されてしまう」のは当然で「日本が見習うべきなのは、韓国企業が合併などで思い切った業界再編成を断行し、競争力を強化したことだ。韓国の電機産業は……（中略）……ほぼ集約され、……（中略）……日本の高い法人税や国による研究・開発投資が少ないことも韓国の追い上げを許した。政府の独占禁止政策の見直しを含め、製造業の競争力強化に向けた産学官一体となった戦力の再構築が必要」[19]と述べた。この発言は「人件費」というコスト削減に加え、国家独占資本主義の復活を願う主張にさえ思える。格差と貧困を拡大する韓国政府の自由貿易推進政策、国民を犠牲にした財閥系大企業及び富裕層の利益擁護など、李明博政権の経済政策は12年4月に行われた総選挙において有権者が最も関心を持つ事柄となり、常に争点となる北朝鮮問題はほとんど扱われなかった。日本が韓国に「見習う」べき事柄は、財閥系大企業優先の新自由主義成長路線の誤りと、構造的な格差と貧困問題の発生要因である。

　李明博政権下で拡大した格差と貧困を是正する「経済民主化」と米韓自由貿易協定（U.S.-Korea Free Trade Agreement：KORUS FTA、以下、米韓FTAとよぶ）問題は、2012年4月の韓国総選挙における明確な争点になった。韓国国会の定足数は小選挙区246、比例54の計300であり、日本と同じく民意を正確に反映しない小選挙区中心の歪んだ選挙制度を採用している。4年前に過半数（165議席）を獲得したセヌリ党は選挙期間中、現有議席の維持が困難と予想された。セヌリ党という党名は李明博大統領を支えた97年結成の与党「ハンナラ党」の改称で、経済成長の代償に格差と貧困を拡大させた同大統領に対する国民の反発をかわすため12年2月13日、朴槿恵非常対策委員会委員長が決めた名称である。朴槿恵氏は60年代〜70年代の軍事独裁政

69

権下における朴正煕元大統領の長女であり、右翼的思想の持ち主である。選挙戦でセヌリ党は国民の不満が強い李明博大統領と距離を置き、信頼される政権党への「変化」を強調、福祉の充実や分配の公正を重視する「経済民主化の実現」を公約に掲げざるを得なくなった。これに対し、80議席を有する最大野党の民主統合党は7議席を持つ左派政党の統合進歩党と選挙連合を組み、経済的規制の強化を重視する「経済民主化」と米韓FTAの再交渉を主張、統合進歩党は「財閥解体」と米韓FTA破棄を公約に掲げた。筆者は本質的に国家独占資本主義路線を進めるか、「経済民主化」を進めて貧困と格差を是正するかの選択であったと考える。開票結果はセヌリ党が単独過半数の152議席を獲得、民主統合党は47議席増の127、統合進歩党は6議席増の13議席であった。予想外の選挙結果は、次期大統領選挙の有力候補である朴槿恵氏が無党派層と浮動層集票のためセヌリ党を「中道的で庶民寄りの方向に導き、かつてのハンナラ党とは異なる」[20] よう見せかけ、野党側との政策上の相違を曖昧にしたことにある。

しかし、得票合計では野党が小選挙区で12万票、比例代表で84万票上回り、仮に大統領選挙であれば与党側の敗北であった。しかも野党側は、有権者の50%が集中し、浮動層が多い首都圏112選挙区のうち、約60%を占める65選挙区で勝利を収め、セヌリ党の地盤である釜山市で当選する躍進を遂げた。総選挙は格差と貧困を是正せず、新自由主義に基づく経済成長政策を促進してきた李明博政権の国政運営に対する評価と共に、12年12月の大統領選挙[21] の行方に影響を及ぼす結果になったのである。

セヌリ党は2012年8月20日の党大会において、12月19日に投開票される大統領選挙の公認候補に朴槿恵氏を選出した。前日の8月19日、全国250か所で投開票された予備選挙の結果は朴槿恵氏が8万6,589票・得票率83.9%を獲得し、5人の立候補者の中で圧倒的な支持を集めた。他党候補を含めた世論調査でも40%前後と支持率トップである。けれども9月19日に出馬表明を行った無党派層の人気が高い無所属の大統領候補・安哲秀ソウル大学教授との一騎打ちを想定した調査では競り合っており、選挙戦の行方は混沌として

いる。朴槿恵氏は公認候補受諾演説で、李明博政権は「不正腐敗疑惑に包まれている」と批判、不人気政権と距離を置くと共に「ビジネスフレンドリー」から「福祉国家」への政策転換を図るため、公正な市場秩序の確立と経済の民主化及び雇用創出と福祉の拡充を図り、庶民生活を立て直すと宣言した。保守派が嫌う「大きな政府」志向を打ち出した所得分配重視の「経済民主化」政策である。ただ、朴正熙元大統領時代の高度経済成長に追憶を抱く伝統的保守層の利益を軽視して貧困層の生活改善に政策の重点を移すとは考えられず、格差と貧困の是正には限界があると思われる。朴正熙軍事独裁政治に対しても「被害者には申し訳ない」としながらクーデターは「当時最善の選択であった」と評価するなど、財閥優先の恐怖政治を事実上正当化している。

　これに対し、民主統合党は2012年9月16日、盧武鉉大統領の秘書室長を務めた文在寅氏を大統領候補に指名した。予備選の得票率は56.5％である。同氏は李明博政権下で「格差と貧困が進んだ」として雇用創出や福祉の充実を訴えたが、盧武鉉政権当時は新自由主義を推進、格差と貧困を拡大しており、文在寅候補にもそれほどの期待はできない。韓国国民は二大政党に対する失望感が高く、安哲秀氏への期待が無党派層の間に高まるのである。安哲秀氏は政治の刷新を掲げ、国民の民意を反映しない政治システム、貧富の格差の深化、雇用を創出できない経済システム、公正な機会が与えられない既得権保護構造などの改革を強調するものの、具体的政策については「選挙戦で明らかにする」とした。10月に入り、朴槿恵候補の陣営ではセヌリ党のポストと「経済民主化」政策をめぐる激しい内紛が顕在化し、同候補の支持率も9月中旬までの40％台から30％台後半に後退した。民間調査会社リアルメーター（Realmeter）が10月1日に発表した支持率調査は朴槿恵氏36.8％、文在寅氏21.8％、安哲秀氏31.5％である。11月6日、文在寅氏と安哲秀氏の候補一本化に関する合意がなされ、23日に安哲秀氏が立候補を断念し、文在寅候補が野党統一候補に決まった。リアルメーターが12月7日に実施した支持率調査によれば朴槿恵候補は49.5％、文在寅候補が45.3％となりほぼ拮抗して

いる。

　2012年12月19日に投開票された選挙結果は、朴槿恵候補が僅差で文在寅候補を破り韓国初の女性大統領に当選した。投票率は過去最低の07年の63.0%より12.8%、02年比5％高い75.8%で国民の関心の高さが伺える。最大の争点は李明博政権下で一層拡大した格差と貧困の是正にあった。文在寅候補は急速な格差是正を訴え、朴槿恵補も穏健な財閥規制の強化と雇用拡大及び中小企業の保護などを約束せざるを得なかった。13年2月25日の朴槿恵大統領就任後、新政権が雇用確保など具体的な成果を出せなければ再び格差と貧困是正並びに財閥改革の圧力が強まると思われる。

第4節　中国の格差・貧困と政治姿勢

　中国における格差・貧困問題は、同国政府と中国共産党の最も懸念する重要問題の1つであり、本来であれば詳細に記述すべきであるが、既に筆者が出版した書籍[22]で既に考察しており、ここでは簡単に触れることにする。
　全国人民代表大会代表を務める人民大学の紀宝成学長は2011年3月7日、中国における貧富の格差に関する調査結果を発表[23]した。紀宝成学長は、これまでの所得再配分の不備は主に農村部と都市部の間で生じたが、政府による農村への優遇政策が新たに都市内の所得格差を押し広げた結果、都市部でのジニ係数を加速度的に上昇させたと説明する。同氏は長期的な所得再分配の不平等に伴う「負の蓄積」が貧富の差を拡大する新たな要素となって都市内の格差拡大を加速させたため、04年に約32倍であった所得格差が09年には約40倍にまで拡大したと指摘、格差是正には高所得者を対象とする財産税、遺産相続税、所得税の引き上げなどの措置が不可欠としている。また、企業による巨額の収益が「政府と企業に吸収」され、周辺住民の所得に反映しない結果、GDPに占める労働者給与所得の比率が11%と相対的に低い反面、政府税収や企業の利潤が占める比率は20%強を維持、これ等が都市住民間における所得格差の拡大に直結する構造的欠陥に繋がったと主張するのである。

第4章　アジア・アフリカの貧困問題

　筆者は、都市部と農村部の格差・都市内の格差拡大並びに「企業による巨額の収益吸収」には異論はないが、政府が収益を吸収して周辺住民の所得に反映しないとの説明には同意できない。中国政府は巨額の税収を格差と貧困に喘ぐ中国西部の開発や、農村部の福祉充実に費やしているからである。
　2012年3月14日閉会の第11期全国人民代表大会第5回会議において温家宝首相は、就任後9年間を振り返り、改めて「分配の不公平、誠実さの欠如、汚職・腐敗などの問題も生じた。問題を解決するためには経済体制改革だけでなく、政治体制改革、特に党と国家の指導制度の改革を行う必要がある。政治体制の改革がなければ、経済体制改革を徹底的に進めることはできず、既に得た成果が失われる恐れがある」[24]と述べた。適正な所得再分配と格差是正はなかなか進まないものの、中長期的に見れば、実効性のある政策の促進は期待できる。
　世界銀行と中国国務院発展研究中心は、中国経済が今後20年間で労働人口の減少や貧富の格差などの危機に直面すると警告、危機回避には特定業界で市場を独占する国有企業の役割を見直す必要があるとした。中国は世界的不況のあおりを受けた景気悪化に伴う経済的転換期を迎えており、近く予想される「1人子政策」の廃止と少子高齢化の進展に対処するためにも、所得再分配に係わる戦略的な経済・社会の再構築が求められる。政治協商会議に属する中国民主建国会、中国農工民主党及び中華全国工商連合会の3会派が2012年3月に提案した「暴利税」の新設は、実現可能性はともかく独占的な利益を上げる業界に課税する一方、中小民営企業への減税を通して国民の所得格差を縮小する目的を有しており、画期的な提案と考える。実体経済と投機的・虚無的経済の差が激しい中国経済を変革し、投機を抑制しながら過度の競争に苦しむ中小企業との「二極分化」を改めるだけでなく、貿易依存型経済から所得是正による内需中心の経済に転換する可能性を持つからである。
　これまで中国政府の経済政策は、アメリカや日本、欧州を中心とする貿易に重点を置いたため世界経済の減速を受け、2012年のGDP成長率は国内の政治・経済的安定の目安となる8％を下回る可能性が高い。中国国家統計局

が12年10月18日に発表した12年1月～9月のGDP伸び率は7.7％、7月～9月期はリーマン・ショックの影響を受けた09年以来3年ぶりの低水準となる7.4％であった。中国共産党と中国政府は13億人中8億人を占める農村部に対する投資を促進し、社会保障制度の創設・改善に努めてきた。8億人の農村市場は内需拡大に大きく貢献する。12年11月8日～14日開催の中国共産党第18回全国大会と、15日の第1回中央委員会総会は新指導部と新たな経済方針を決定したが、格差と貧困の是正が最大の課題とされた。胡錦濤政権は格差是正と経済の持続的成長の実現に取り組んだ。しかし、格差と貧困という社会的矛盾の一層の拡大に国民の不満は頂点に達しつつある。同党と習近平政権は適切な所得再配分と雇用の確保に力を注ぐべきである。

注

(1) UN Department of Economic and Social Affairs; *April, 2012 2011 edition world city-size prediction http://www.un.org/esa/population/unpop.htm*

(2) United Nations Children's Fund; *UNICEF2012 Progress Report Committing to Child Survival : A Promise Renewed ; http://www.unicef.org/media/files/APR_Progress_Report_2012_final.pdf#search='United%20Nations%20Children&039;s%20Fund:%20UNICEF%202012%20annual%20report*

(3) United Nations Children's Fund; *THE STATE OF THE WORLD'S CHILDREN 2012 http://globalbiscue.blogspot.jp/2012/02/2012.html*

(4) The Fund for Peace; *2012 Failed States Index ; June 18, 2012 http://www.fundforpeace.org/global/*

(5) United Nations Development Programme; *Africa Human Development Report 2012 http://www.undp.org/content/dam/undp/library/corporate/HDR/Africa%20HDR/UNDP-Africa%20HDR-2012-EN.pdf*

(6) FAO/*STATE OF FOOD INSECURITY 2012 REPORT : October 9,2012 http://www.unmultimedia.org/tv/unifeed/2012/10/fao-state-of-food-insecurity-2012-report/*

(7) Hanoi VOV5; *http://vovworld.vn/ja-JP/%E3%83%8B%E3%83%A5%*

第4章　アジア・アフリカの貧困問題

 E3%83%BC%E3%82%B9/FAO%E3%81%AE%E7%AC%AC31%E5% 9B%9E%E3%82%A2%E3%82%B8%E3%82%A2%E5%A4%AA%E5% B9%B3%E6%B4%8B%E7%B7%8F%E4%BC%9A%E3%81%8C%E9% 96%8B%E5%B9%95/73873.vov

(8) UN official Appeals ; *for urgent funds to assist millions across Africas Sahel region http://article.wn.com/view/2012/05/06/UN_official_appeals_ for_urgent_funds_to_assist_millions_acro/*

(9) the United States Agency for International Development or the United States Government ; *SPECIAL REPORT : East Africa. April 3, 2012 http:// www.fews.net/docs/Publications/SR_EA_MarchMay_Forecasts3_040312.pdf# search='United States Agency for International Development East Africa special report April, 2012'*

(10) 国際商業会議所・国際海事局と The One Earth Future Foundation の報告では、ソマリア人海賊による人質は2010年の645人から11年には555人に減少したが、人質の死者数は35人で過去最高、人質の年数は少なくても１年以上が149人、２年以上が26人となっている。一方、11年における海賊側の死者は111人以上で70％が外国海軍艦隊との衝突が原因とされる。

(11) United Nations Children's Fund ; *Silent Threat of Hunger Gravest to Yemen2012 http://www.wfp.orh/*

(12) Stockholm International Peace Research Institute ; *SIPRI Military Expenditure Report for 2011 ; April19. 2012*

(13) OECD ; *Better Life Index Korea http://www.oecdbetterlifeindex.org/countries/korea/*

(14) 幸福度指数は仕事や生活への満足度、社会的信頼、政治的安定、包容性、環境、所得など10項目の変数を総合して算出する。

(15) 朝鮮日報、2012年２月27日。*http://www.chosunonline.com/site/data/html _dir/2012/02/27/2012022700502.html*

(16) 聯合ニュース、2012年４月19日。*http://japanese.yonhapnews.co.kr/*

(17) 朝鮮日報、2012年10月12日。

(18) OECD ; *A framework for growth and social cohesion in Korea, 2012 http://www.oecd.org/korea/48225033.pdf*

(19)　共同通信、2012年3月30日。
(20)　朝鮮日報日本語版、2012年4月12日。*http://www.chosunonline.com/site/data/html_dir/2012/04/12/2012041201163.html*
(21)　韓国の大統領選挙は1987年の憲法改正以後、間接選挙から満19歳以上の有権者による直接選挙に改められ、大統領の任期も5年とされ再選が禁じられた。1度の選挙で最多得票者が当選する。
(22)　拙著『中国共産党と政治・行政・社会改革——貧困・格差・腐敗・人権』御茶の水書房、2008年9月。
(23)　紀宝成稿「中国における富裕層と貧困家庭の所得格差は約40倍」、「中国通信」中国新聞社、2011年3月8日。
(24)　人民日報、2012年3月15日。

第5章　日本における格差と貧困の実態

第1節　中小企業の倒産状況と東日本大震災

　2011年度の全国企業倒産件数（負債額1,000万円以上）は10年度比2.7％減の1万2,707件、負債総額は3兆9,906億4,000万円で20年ぶりの低水準に抑制された。負債総額も90年度以来21年ぶりに4兆円以下の15.5％減・3兆9,906億円に収まり、倒産件数と負債総額は共に3年連続の減少[(1)]となった。12年3月の企業倒産件数は11年同月比1.8％減の1,161件、負債総額は23.5％増の3,339億円である。特に10億円以上の大型倒産が23.0％減の424件（前年度551件）と、年度としては90年度の332件以来の低水準に止まる。但し、原因別では販売不振などの「不況型」が82.0％を占めており、油断できない状況に変わりはない。しかも東日本大震災が影響した震災関連倒産が682件発生している。11年度における企業倒産のうち、中小企業の倒産は負債1億円未満が全体の69.3％を占める。従業員数5人未満の倒産が年度としては過去20年間で最高の67.7％であり、規模の小さな企業ほど倒産件数が多い。ただ、金融機関に貸し付け条件の緩和を求める「中小企業者等に対する金融の円滑化を図るための臨時措置に関する法律」（平成21年12月3日、法律第96号）の政策効果が表れ、倒産は一定程度抑制された。

　2012年度上半期（4月～9月）の全国企業倒産件数（負債額1,000万円以上）は6,051件、負債総額が1兆8,084億7,800万円[(2)]である。倒産件数は前年同期比5.7％減で上半期としては4年連続で前年同期を下回り、05年度の6,388件より減少した。過去20年間で最少件数となる戦後33番目の低水準である。負債10億円以上の大型倒産は186件（前年度217件）と、90年度の105

件以来22年ぶりに200件を下回った。原因別で見れば円高関連倒産が年度上半期で累計29件、東日本大震災が影響した震災関連倒産が累計224件である。「中小企業法」(昭和38年7月20日、法律第154号)の規定に基づく中小企業の倒産は6,028件(前年同期比5.8％減)で負債額は全体の69.4％に当たる。従業員数5人未満の倒産は68.1％と、上半期としては過去20年間で最高を記録した。中小企業の倒産は12年度上半期も一定程度抑制された。11年度と同様「中小企業者等に対する金融の円滑化を図るための臨時措置に関する法律」と、「東日本大震災復興緊急保証」などによる政策効果が表れ、中小企業の資金繰りが一時的に緩和したと考えられる。

　中小企業の倒産には様々な理由があるが、大企業を中心とする海外事業展開は、中小企業の事業環境を厳しくする大きな要因である。大企業は海外事業に熱心な反面、国内での事業展開に消極的な姿勢が多く見られ、日本経済を停滞させる大きな要因になっている。国際協力銀行 (Japan Bank For International Cooperation : JBIC) の「わが国製造企業の海外事業展開に関する調査報告2011年度版」[3]に含まれるアンケートでは、今後3年程度の期間において「海外事業を強化・拡大する」とする企業の割合が10年度比4.4％増の87.2％に上り、1989年のアンケート開始以来最高値を記録した。一方、「国内事業を強化・拡大する」と回答した割合は25.9％に止まり最低値を更新、「国内事業を縮小する」との回答は08年度3.1％の2倍に当たる6.2％まで上昇している。業種別に見ると「海外事業を拡大・強化する」とした割合は非鉄金属94.4％、鉄鋼93.3％、化学92.1％、自動車91.6％などで高い。「通商白書2012年版」[4]は、円高局面と震災を契機として、海外調達の増加と引き換えに国内調達が減少すれば、国内で部品製造を行う中小企業が大手メーカーの調達網から外れ、国内産業への負の側面が顕在化する懸念もあり得ると指摘する。「産業の空洞化」に繋がる事柄であるが、日本企業の99.7％を占める約430万社の中小企業は、雇用の約70％を支える日本経済の「屋台骨」にほかならず、内需拡大を通した各種支援策が求められる。

　しかも中小企業に対する銀行の「貸し渋り」が収まっていない。「貸し渋

第5章　日本における格差と貧困の実態

り」は先進国共通の問題である。ILOが発表した報告書「ユーロ圏の雇用危機」(5)は、実効性のある雇用対策には実需部門、特に中小企業への資金貸し出し増加が必要とする。報告書は2009年から10年にかけて欧州の銀行が貸出資金を引き揚げており、非金融部門への貸し出しが2,000億ユーロ（約20兆円）減少した結果、中小企業の資金難が深刻な状況に陥ったと分析する。欧州中央銀行（European Central Bank：ECB）の調査でも、銀行から障害なく融資を受けられると答えた中小企業はギリシャ8％、ポルトガル15％、スペイン16％と低く、比較的経済状況が良いドイツも58％に止まる。報告書は「銀行が民間資本市場で資金を調達し、実需部門の企業に貸し出すことが死活的に重要」と指摘し、「金融の経路が回復し、投資の国内再生産比が危機前に戻るなら、危機後に失われた職の3分の2は復活する」と記している。ちなみに雇用対策に要する予算は210億ユーロ（約2兆円）とされ、財源について「資産や有価証券譲渡益への課税であればより多くの税収を得られ、労働者や中小企業に負担をかけることはない」と述べてある。

　日本の銀行は、中小企業に対する資金貸し出しに極めて慎重である。中小企業庁がみずほ総合研究所に委託した調査(6)では、中小企業の金融機関による経営支援に対する満足度に関し「金融機関の経営支援に満足」と答えた中小企業は30％程度に過ぎない。政府の監督・指導の強化が求められるが、同時に経営革新支援として融資の際の保証枠拡大、固定金利による低利融資、税制面での優遇措置及び補助金交付を定める「中小企業の新たな事業活動の促進に関する法律」（平成11年3月31日、法律第18号）に基づく支援体制の整備・拡充を進める必要がある。

　加えて金融支援を受けた後に倒産する中小企業が急増している。前述の「中小企業者等に対する金融の円滑化を図るための臨時措置に関する法律」の制度を利用して金融機関から返済負担を軽減された中小企業は30万社〜40万社に上り、返済猶予額は2012年3月までの累計で約80兆円に上る。同法に定める支援を受けるには、金融機関に半年または1年を期間とする経営改善計画を提出しなければならない。しかし、長引くデフレで再建が進まず、資

金繰りに余裕がある間に事業環境が好転せず、抜本的な経営改善ができない事例が多く、支援が打ち切られるのである。制度利用後に倒産した件数は10年度上半期（4月～9月）8件、11年度同期90件、12年度同期には184件と11年同期の90件と比べ104.4％の大幅増加となった。12年7月と8月の倒産件数は集計開始以来2か月連続で最多を更新したが、9月には852件となり8月を0.1％、11年同月比0.6％上回る。支援の大半は地方銀行や信用金庫などの地域金融機関が行っており、不良債権が増加すれば当該金融機関はもとより地域経済にも悪影響を及ぼす恐れがある。同法が13年3月末で失効するのはほぼ確実であり、倒産件数が大幅に拡大する可能性が大きい。制度利用後の倒産は同法失効まで続くと考えられ、経営改善計画が策定できていない企業あるいは計画は策定したものの、経営実態が計画と著しく乖離する企業を中心に高水準で推移するであろう。復興需要を除けば内外需共に回復の兆しが見られず、各種原燃料・材料価格の高騰、円高と世界的な経済危機、不安定感が拭えない政治情勢など、中小企業を取り巻く環境は一向に改善しておらず、14年の消費税増税を視野に入れればむしろ経営環境は悪化の一途にある。本節の最初で述べたように12年度上半期の企業倒産は前年同期比で減少したが、経営環境の更なる悪化が中小企業の倒産を増大させると思われる。

　2012年11月現在、内閣府と金融庁は「中小企業者等に対する金融の円滑化を図るための臨時措置に関する法律」に換えて、自治体や地域金融機関が主導する企業再生ファンドの設立を促し、有用な経営資源を有しながら過大な債務を持つ中小企業者その他の事業者の事業再生を支援する「株式会社企業再生支援機構法」（平成21年6月26日、法律第63号）第6条に基づく官民出資の「企業再生支援機構」と、同ファンドの活用を通して中小企業の債権を買い取り、経営再建に導く支援を継続させる方針である。とはいえ地域経済が低迷する中でファンドに十分な資金が集まるか疑問である。リーマン・ショック後の09年に施行された「中小企業者等に対する金融の円滑化を図るための臨時措置に関する法律」は元来、世界的な景気後退による急激な需要減に対し、中小企業にセーフティ・ネットを提供する時限立法として成立した。

第5章　日本における格差と貧困の実態

長期化するデフレや東日本大震災の発生で施行期間を2回延長したが、借入金の返済猶予という応急措置的な対処療法に過ぎない同法の欠陥は改善されず、地域金融機関にも大きな負担を与えた。大企業と異なり中小企業の債権は流動性が低く、ファンドを設立してもリスクが大きい。けれども中小企業の存在は地域の再活性化に不可欠である。政府は中小企業の支援に資する恒久的な法律を制定すべきである。

　東日本大震災に伴う企業倒産対策は喫緊の要請である。2012年2月現在、「被害甚大地域」（津波被害の特に大きい地域と原発の警戒区域・計画的避難区域）に本社を置く企業5,004社の約30％が営業不能状態[7]に陥った。うち事業再開企業数は70.1％の3,507社で、休廃業企業が25.3％・1,268社、実態が判明しない企業が4.6％・229社となっており、実質的な営業不能状態にある企業は1,497社・29.9％に上る。震災に関連した企業倒産件数（負債額1,000万円以上）[8]も12年3月9日までの累計で644件（2011年度で見れば682件）に達している。阪神・淡路大震災発生後1年間の152件と比べれば約1.4倍に相当する。取引先や仕入れ先被災による販路の縮小、製品や原材料の入手不足に起因する「間接被害型」倒産を中心とする関連倒産は40都道府県に及ぶ。各商工団体に対する調査では、被災3県（岩手、宮城、福島）で少なくても5,039の中小零細商工業者が休業に追い込まれ、廃業は11年9月の1,216業者から12年3月には67％増の2,035業者[9]に上った。

　2012年7月単月の倒産件数は最小の32件であるが累計では846件、類型別に見れば「間接被害型」倒産が93.0％の788件を占めており、震災以外の円高や景気低迷など複合的な要因が重なって、震災前の業績に回復しないまま息切れする倒産が後を絶たない。災害関連倒産は12年8月7日時点で852件[10]となり、事業停止や法的手続きの準備を進めている「実質破綻」が28件存在する。12年8月の関連倒産（速報値）は29件、事業停止や法的手続き準備中の「実質破綻」が26件である。さらに震災関連の経営破綻（倒産＋実質破綻）は8月31日現在の累計で880件・負債総額1兆1,938億円[11]に達する。

東日本大震災の影響を受けた企業倒産は、1年7か月余り経過した2012年10月26日時点で1,000件[12]を超え、依然として全国に広がっている。291件の倒産を数えた阪神・淡路大震災と比べ約3.4倍、負債総額は1兆2,295億7,800万円を上回り、倒産企業の従業員数は1万6,010人の正規雇用者と非正規雇用者を合わせ約2万4,000人と推定される。業種別倒産件数は製造業215件、卸売業206件、サービス業205件、建設業173件、地域別では関東477件、東北158件、中部101件、九州69件の順であった。震災の影響は長期間続き、倒産は今後も増加すると思われる。

　被災住民の生活安定及び地域復興並びに雇用の確保には、被災地企業の倒産防止と事業再開に資する支援策の拡大が求められる。その際、地場産業の回復が基調とされなければならない。「2012年度版中小企業白書」[13]は、震災後に事業を継続または再開できた中小企業は65.6％に当たる2,882社しかなく、特に大きな被害を受けた基盤産業である水産加工業の事業再開率は49.8％に止まると記している。2012年度4月期～9月期における全国の水産関連企業倒産（負債額1,000万円以上、法的整理のみ）は過去10年間で最多の92件となり、リーマン・ショックの08年度10月期～3月期の90件[14]を上回った。倒産増加の原因は急激な円高と、東日本大震災による流通の混乱及び消費の低迷である。円高関連倒産は08年以降で累計18件に及び、15件が水産卸売業、東日本大震災関連の倒産は水産関連企業で累計31件に達する。ところが「東日本大震災復興基本法」（平成23年6月24日、法律第76号）第2条には「単なる災害復旧にとどまらない活力ある日本の再生を視野に入れた抜本的な対策」を実施するとあり、被災地を置き去りにした事業が被災地外で広汎に行われ、国民と被災地住民の批判を浴びている。

　震災を契機とする産業空洞化防止対策の一環であり、2011年度第3次補正予算で措置した経済産業省の「国内立地推進事業費補助金」が大企業に2,356億円が交付されたが、中小企業には全体の21％に当たる645億円しか交付されていない。被災した中小企業の施設・設備整備を支援する「中小企業等グループ施設等復旧整備補助金」も、申請したグループの60％程度までが

第5章　日本における格差と貧困の実態

不採択になった。政府は12年10月26日の閣議において、東日本大震災と九州などで発生した豪雨・土砂災害の復旧対策を中心とする「緊急経済対策」（平成24年10月26日、閣議決定）[15]を決定した。財源は経済危機や地域活性化のため準備した12年度予算予備費9,100億円と、復興特別会計予備費4,000億円の一部2,000億円である。これに伴い「中小企業等グループ施設等復旧整備補助金」は801億円、中小企業基盤整備機構の「仮設工場・仮設店舗等復旧整備事業」関連予算も最大400億円増額された。政府は地場企業が置かれた困難な実情に合わせ、各種補助金の適正化を図ると共に被災中小企業の早期事業再開に全力を傾注する必要がある。

但し、復旧・復興に要する財源に関する増税には大きな問題がある。政府の「東日本大震災からの復興の基本方針」（平成23年8月15日、閣議決定）[16]は復興期間を10年とし、復興需要が高まる2015年末までの5年間を「集中復興期間」と定め、国と地方が支出する復旧・復興事業の規模を5年間で19兆円程度、10年間で23兆円程度と見積もった。復旧・復興対策費は11年度第1次補正予算～第3次補正予算及び12年度予算に盛り込まれたが、「集中復興期間」に要する予算のうち16兆2,000億円の事業費を確保するため「復興債」発行と共に法人税、住民税、所得税、地方税の増税を実施または実施予定である。

政府は財源を増税で賄うため「東日本大震災からの復興のための施策を実施するために必要な財源の確保に関する特別措置法」（平成23年12月2日、法律第117号）第9条に基づき、財源の一部に充てる「復興特別所得税」と「復興特別法人税」を創設した。「復興特別所得税」は利子所得や事業所所得などすべての所得を対象とし、所得税額の2.1％を37年12月まで25年間徴収するもので、給与所得者の場合は13年1月から徴収される。個人住民税は14年度から10年間、均等割部分が年間1,000円（都道府県500円、市町村500円）の増税となる。これに対し、12年4月から企業に課した「復興特別法人税」は課税期間を3年とし、法人税額の10％を徴収している。しかし同時に、11年度税制改正に伴う「経済社会の構造の変化に対応した税制の構築を図るた

めの所得税法等の一部を改正する法律」(平成23年12月2日、法律第114号)に基づき、法人実効税率が恒久的に5％引き下げられた結果、3年間の企業負担は余り変わらず、3年後からは減税の恩恵を全面的に受ける。「復興特別所得税」が課税される25年間で見ると、個人には8兆1,000億円の増税となる反面、企業は20兆円の減税、3年間の「復興特別法人税」2兆4,000億円を差し引いても17兆6,000億円の負担減となるのである。東日本大震災からの復旧・復興は国民全体の祈願であり、負担を惜しむ国民はいない。けれども負担を一般国民にのみ求め、法人税減税を続ければ「税の不公平」に繋がり合理性を有しない。

第2節　失業状況と雇用環境

　厚生労働省が定義する「完全失業者」とは①就労せず調査期間中に少しも仕事をしなかった、②仕事があればすぐ就くことが可能、③調査期間中に求職活動や事業を始める準備をしていた、の3要件を満たす者を指し、「完全失業率」は完全失業者が全労働力人口に占める割合をいう。そのため調査期間中に少しでもアルバイトなどを行った者は完全失業者から除外され、完全失業率も減少する。従って完全失業者数や完全失業率は格差や貧困の程度を正確に表さないが、1つの指標とはなり得る。以下、最近の完全失業率と失業者数を時系列的に検討する。

　2010年度平均の完全失業率は5.0％・312万人、潜在的失業率は14.0％・837万人であった[17]が、富裕層と貧困層の資産格差が拡大し、95年時点で8％に満たない「貯蓄なし世帯」数は10年に22.3％と3倍近く増加している。とりわけ小泉「構造改革」が進められた02年から03年にかけて資産格差が急激に拡大し、10年には4,000万円以上の貯蓄を有する10.2％の世帯が全貯蓄額の40％以上を占めた。11年度平均の完全失業率（季節調整値）は、10年度比0.5％改善の4.5％[18]で、平均求人倍率（季節調整値）は0.68倍となり10年度比0.12％上昇[19]した。しかし12年3月時点で就職先が決まらないまま卒業

し、就職活動を続ける学卒未就職者数が10年同月比2万人増の23万人に達しており、15歳〜24歳の完全失業率も10.8％と0.3％悪化している。

2011年10月時点の就業者人口は6,246万人であった。完全失業率（季節調整値）は4.5％（男性4.8％、女性4.0％。共に前月比0.4％悪化）に当たる292万人で前月比25万人も急増、非労働力人口は22万人減少した。非労働力人口の減少は、就職を諦めていた人々が生活苦のため求職活動を始めた結果と考えられる。特に15歳から24歳までの若年層の失業が深刻で9月比の男女合計は1.4％上昇の8.2％、男性は前月比2％上昇の10.1％に上った。被災3県の完全失業率は岩手県が3.9％（9月は4.1％）、福島県が4.5％（同4.7％）とやや改善したものの、宮城県では9月の5.5％から10月には7.5％と大幅に悪化[20]している。災害復旧関連短期労働の契約切れと「雇い止め」が主な原因と思われる。しかも宮城県庁は、災害復旧関連工事や被災県民に対する仮設住宅建設などの生活支援事業を大手建設業界に一括発注する方式を導入、地元住民の雇用を妨げた。11年10月時点の全国有効求人倍率（季節調整値）は、9月と同水準の0.67倍[21]で3人に2人分の求人に過ぎず、正規雇用が10年同月比0.08％増の0.43倍に上昇したが、2人に1人分の求人もない。

2012年の雇用環境も基本的に変化が見られない。2月の完全失業率（季節調整値）は前月比0.1％減の4.5％・298万人で5か月ぶりに低下、就業者数も1月比29万人増の6,288万人[22]となった。供給が少ない求職中の女性が医療、福祉関係を中心に就職したことが要因と見られる。しかし、完全失業率を年齢別に見れば15歳〜24歳の若年層は11年同月比を1.1％上回る9.0％（原数値）に悪化しており、特に男性は10.0％（同）と他の世代に比べ依然として高水準で推移している。3月の完全失業率は2月と同じ4.5％（男性4.9％、女性4.1％）・307万人である。これに対し、2月の有効求人倍率（季節調整値）は0.75倍で1月比0.02％増[23]、3月は2月比0.01％増の0.76％と10か月連続で改善したものの、正規雇用の場合は0.49倍であり厳しい状況が続いている。総務省の「労働力調査詳細集計」[24]では、12年1月〜3月平均で失業期間が2年以上の完全失業者は約70万人と、02年の調査開始以来最悪となった。う

ち80％が男性で女性は14万人を占める。リーマン・ショック後の景気悪化によって職を失った人が、現在も就職できずにいる実態を示す数字である。しかも派遣・契約社員などの非正規雇用者は1,805万人、内訳は男性563万人、女性1,242万人で、パート・アルバイトが1,250万人と調査開始以来最も多い。雇用者総数に占める非正規雇用者は男性19.6％、女性54.6％の計35.1％であった。4月の完全失業率（季節調整値）[25]は3月比0.1％上昇の4.6％で3か月ぶりに悪化した。製造業（11年同月比25万人減の992万人）や卸売業・小売業（同21万人減の917万人）などで就業者数が減少しており、中高年労働者を中心に失業者が増加したためと思われるが、就業者数は3月比6,255万人、完全失業者数は3月比2万人増の299万人である。大震災復興事業の本格化に伴い建設業を中心に求人も若干増加し、有効求人倍率（季節調整値）は0.03％増の0.79倍と11か月連続で改善した。正規雇用の求人は3月比0.02％悪化の0.44倍で2人に1人分もない状況が続く。男女別失業率は男性が3月比0.1％増の4.8％、女性が0.1％悪化の4.2％、年代別に見れば15歳〜24歳の若年層が11年同月比0.4％悪化の9.9％である。5月の完全失業率は4.4％（季節調整値）で若干改善したものの、高止まりの状態で、15歳〜24歳の若年層の完全失業率は8.5％（原数値）となお深刻な状況である。

2012年6月の完全失業率（季節調整値）[26]は、5月比0.1％低下の4.3％と2か月連続改善した。総務省は「景気持ち直しの動きが続く中、雇用情勢に改善の動きが見られる」と分析するが、「雇用のミスマッチ」による就職件数の伸び悩みや海外経済の減速など懸念材料が多く、先行きには不透明感が残る。雇用者数は11年同月比4万人増の5,528万人で11年12月以来6か月ぶりに増加、完全失業者数は5月比8万人減少の281万人である。男女別の失業率は男性が5月と同じ4.5％、女性が0.3％改善の4.0％となっている。正規雇用の有効求人倍率は5月比0.02％上昇したものの、0.45倍の低率に変化はない。7月の完全失業率（季節調整値）[27]も6月と同じ4.3％、完全失業者数は6月比1万人増の282万人、年代別では15歳〜24歳の若年層が0.2％悪化の8.3％（男性9.2％、女性7.5％）と高水準で推移している。有効求人倍率

（季節調整値）は0.01％上昇の0.83倍であるが、正規雇用の場合は0.47倍で6月とほとんど同水準に止まった。8月には完全失業率（季節調整値）[28]が7月比0.1％低下して2か月ぶりに4.2％となり、完全失業者も10万人減少の272万人へ改善した。けれども新たに求職活動を行った人は11万人減少し、就業者や失業者にも入らない非労働力人口が20万人増加するなど、失業率低下の背景には求職活動を断念した人の増加がある。9月の有効求人倍率（季節調整値）は前月比0.02％低下の0.81倍で、09年7月以来3年2か月ぶりに悪化した。完全失業率（季節調整値）は8月と同じ4.2％という状況である。

　失業期間が1年以上の長期失業者は世界的に見ても相当数に上る。ILOとOECDが20か国・地域（G20）雇用・労働大臣会合に提出するため、2012年5月に纏めた「短期的労働市場の見通し・G20諸国の主な問題」[29]と題する報告書には、11年10月～12月期の全失業者に占める長期失業者の割合が含まれている。長期失業者が最も多い国は南アフリカの67.9％、イタリア51.2％、ドイツ47.2％、日本は第4位の44.2％で、特に増加傾向にある国として日本、南アフリカ、スペイン、イギリス、アメリカが挙げられた。長期失業の増加は景気変動による一時的な要因ではなく経済の構造的問題である。正規雇用を非正規雇用に置き換え、賃下げや過酷な労働条件を強いる企業論理の中で、労働紛争相談件数は過去最高を更新した。日本における11年度の民事上の個別労働紛争相談件数は10年度比3.8％増の25万6,343件[30]に達し、統計を開始した02年度以降最高になっている。「解雇」に関する相談件数は3.9％減の5万7,785件、「労働条件の引き下げ」が1.0％減の3万6,849件と若干減少したものの相変わらず多数を占め、新たに「いじめ・嫌がらせ」が16.6％増加の4万5,939件に増加した。「いじめ・嫌がらせ」にはパワーハラスメントも含まれるが、「自己都合による退職」に追い込む常套手段である。なお、総合労働相談件数は4年連続で100万件を超えている。

　雇用環境の悪化や非正規雇用の拡大による国民生活の窮乏は、世帯平均所得の激減に顕著に見られる。2011年の1世帯当たり平均所得は10年より13万2,000円減の538万円[31]で、22年前とほぼ同じ低水準となり、所得が最も高

かった94年の664万2,000円と比べれば126万2,000円の減少である。生活が苦しいと感じる世帯の割合は61.5％と86年の調査開始以来過去最高を記録した。中でも子供のいる世帯の所得減少が目立ち、平均所得は10年比38万5,000円減の658万1,000円に止まった。「子ども手当」（児童手当支給のため2012年3月廃止）の復活で現金収入が増えた反面、賃金減のため全体の所得が押し下げられ、子育て世代の生活を直撃するのである。65歳以上の高齢者世帯[32]は2万円減の307万2,000円で、全世代を通じ厳しい生活状態が伺える。

　1995年度〜10年度の15年間で大企業の1人当たり役員報酬が増加する反面、全労働者の平均賃金は減少し、所得格差が拡大している。財務省の「法人企業統計調査」[33]によれば、資本金10億円以上の大企業の1人当たり役員報酬は95年度1,433万円、05年度には約2倍の2,811万円に増加した。その後、リーマン・ショックなどの影響で減少し、10年度には1,709万円に低下するが、95年度比1.2倍の水準を維持している。これに対し、非正規雇用者を含む全労働者の平均賃金は95年度388万円、97年度に391万円へ増加した後、05年度の352万円まで減少を続け、10年度は持ち直すものの95年度比27万円低い361万円と0.93倍に止まった。高額な役員報酬は全労働者との収入格差に直結しており、同報酬は労働者の平均賃金が最も低い05年度には約8倍まで拡大した。役員報酬は10年度に縮小するが、それでも全労働者の平均賃金と比べ4.73倍もの格差が生じている。

　新卒者の雇用形態にも多くの問題が存在する。2012年4月1日現在の大卒者の就職内定率は11年同期比2.6％増の93.6％で4年ぶりに改善[34]した。職を得られず卒業した学生は10年の約3万4,000人から9,000人減少している。高校卒業者の就職率も3月末時点で1.6％増の94.8％と93年度以来18年ぶりの高水準である。中小企業への就職が多かったこともあるが、雇用環境が改善した結果ではなく実態を正確に反映したものでもない。「内定率」は各年度の卒業予定者の「就職希望者に占める内定者の割合」を示す。「就職率」も「就職希望者に占める就職者の割合」であり、就職留年や「諦め組」及び大学院への迂回的進学などが内定率や就職率を高める原因となる。調査対象も

国公私立大学の10％に満たない62校でのみ行われるため地域格差や大学間格差を考慮していない。就職率を「卒業者に占める就職者の割合」で見れば11年の大卒者約55万人の60％程度に止まる。

もう少し実態に近い文部科学省の「学校基本調査速報」[35]では2012年5月1日現在、大卒者55万9,030人のうち「就職者（筆者注：非正規雇用者を含む）」は35万7,285人、卒業生全体に占める割合は11年比2.3％増の63.9％で2年連続上昇した。しかし正規雇用の60.0％に対し「安定的な雇用に就いていない者」が12万8,224人・22.9％を占める。契約社員などの非正規雇用者は「就職者」の6.2％に当たる2万1,990人で卒業者全体の3.9％、アルバイトなどが11年比489人増の1万9,596人・3.5％となっており、不安定な雇用の拡大が伺える。13.8％の「進学者」には多くの「就職浪人」が含まれ、「進学も就職もしていない者」が8万6,638人（2011年比1,369人減）・15.5％に上り、就職準備をしない大卒者が3万3,584人存在する。このように非正規雇用の拡大をはじめ就職を取り巻く環境はかなり厳しい。「雇用のミスマッチ」に加え、労働条件の劣悪さを理由として3年以内に離職する割合が大卒者の約30％、高卒者の約40％に上るという調査結果もある。

全労働者の雇用形態を厚生労働省の「職業安定業務統計」[36]に見れば、不安定雇用の実情が一層明確に理解できる。雇用形態別の就職件数の推移は2005年を1とした場合、パートタイムは07年に0.99に減少するが、その後増加して11年は05年の1.29倍に上っている。派遣労働、請負労働、契約労働など、非正規雇用の大部分を占める「正規雇用とパートタイムを除く常用雇用」は、07年と08年に減少したものの11年は05年の1.15倍に増加している。なお、ここでいう「常用雇用」とは一定の期間が定められた労働者や、日々雇用契約が更新される労働者であっても1年以上の期間雇用され続けるか、採用時から1年以上の継続が見込まれる不安定な雇用を含む。正規雇用者は06年をピークに減少を続け、リーマン・ショック後の09年に0.83倍、11年は0.88倍に止まる。総務省の労働力調査を基本に、内閣府が東日本大震災前後の雇用動向を月平均で比べたレポート[37]では、震災後4か月間の月平均失

図5-1　年齢層別の完全失業者と長期失業者の推移

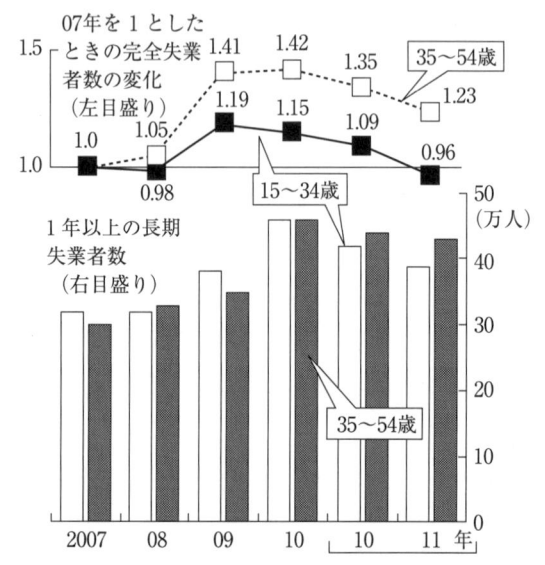

07年を1としたときの完全失業者数の変化（左目盛り）
1年以上の長期失業者数（右目盛り）
35～54歳
15～34歳

(注) 2010（右側）年、2011年は岩手・宮城・福島3県を除く。
出所：総務省統計局『労働力調査（詳細集計）』より作成。

業者は震災前の6か月より約39万人減少し、調査期間中1時間以上働いた従業者及び仕事を持ちながら働かなかった休業者の合計を指す「就業者」も約19万人減少、このため労働力人口（失業者と就業者）は約58万人縮小した。リポートは原因について「経済情勢の悪化で一部の失業者の求職意欲が低下し、非労働力化した可能性が考えられる」とする。就業者にも失業者にも入らない「非労働力人口」は47万人の増加となり、年齢層別では15歳～24歳の若年層に多い。

　2008年のリーマン・ショックとその後の景気悪化に伴い、非正規雇用を中心に大量の労働者が解雇（2008年10月から1年間の非正規雇用者解雇数は23万人）されたが、その後も完全失業者と1年以上の長期失業者は拡大の一途にある。年齢層ごとの推移[38]は図5-1の通りである（但し、15歳～54歳のみ）。15歳～34歳の完全失業者は、07年の117万人から09年には139万人・

1.19倍へ拡大した。11年には07年の0.96倍に当たる112万人に改善している。35歳〜54歳の中堅層は07年の86万人から09年は1.41倍の121万人、10年は1.42倍の122万人に増え、11年も1.23倍の106万人に上る。一方、完全失業者に占める長期失業者の割合は07年の32.3％から10年には36.2％へ上昇、11年には38.4％となっている。15歳〜34歳の長期失業者が07年の32万人から10年には46万人、11年も39万人存在するなど若年層の場合は特に深刻で、職業訓練・能力開発や社会経験が未熟なため失業状態が一層長期化する事態も生じかねない。

就職が難しく、就職できても不安定雇用が続けば自分を卑下し、人生に希望が持てず自殺者が増大するのも当然かも知れない。内閣府の「2012年版自殺対策白書」[39]によれば、2011年中に1日80人以上に当たる3万651人が自殺に追い込まれた。人口10万人当たりの自殺者を示す「自殺死亡率」は世界第8位の24.4％に上り、アメリカの2倍、イギリスの3倍と突出、年間3万人を超えるのは14年連続である。特に若年層の自殺は急激な増加傾向にあり、15歳〜34歳の死因の第1位が自殺となっている。11年は学生・生徒の自殺者数が10％以上増え、78年の調査開始以降はじめて1,000人を超えた。自殺の原因・動機が「就職の失敗」とされる20歳〜29歳の若年層は10年〜11年連続150人に達し、07年の2.5倍に相当する。白書は若年層の失業率と自殺率には密接な関係があると指摘、非正規雇用者の増加や就職活動中の「挫折感」が自殺率を高めたと警告している。

2012年6月、政府と労使代表が中長期的な雇用対策を話し合う「雇用戦略対話」[40]が開かれ、インターンシップや中小企業の情報提供拡充を内容とする「若者雇用戦略」を正式に決定した。同戦略には12年7月決定の「日本再生戦略」（平成24年7月31日、閣議決定）[41]にも記載された「雇用のミスマッチ」や早期離職・フリーター防止対策及び労働相談コーナーの充実など、安易な方策が盛り込まれたが、過重労働などの厳しい労働環境改善はもとより、雇用に関する本質的な課題には触れていない。非正規雇用をはじめ労働部門の規制強化は大企業の不利益に通じるからである。政府、財界、「御用

組合」の日本労働組合総連合会(以下、連合とよぶ)の代表委員で構成する「雇用戦略対話」には決定的な限界がある。雇用形態と雇用環境の悪化に起因する自殺者の増大は、若年層に限定されるものではなく労働者全般に関係する問題であり、厳しい経営環境に置かれた中小零細企業経営者の問題でもある。悲惨な状況を打破するには正規雇用を拡大して不安定雇用を是正し、長時間労働や過密労働を解消すると共に、大企業による「下請けいじめ」を解消するなど、経済社会構造の根本的変革が求められる。

第3節　最低賃金制度の現状と問題

「就労貧困層」としてのワーキングプアをはじめ、格差と貧困を押し止める基本的な賃金保障の1つが「最低賃金法」(昭和34年4月15日、法律第137号)に基づく最低賃金制度である。国が賃金の最低限度を定め、事業主がその額以上の賃金を被雇用者に支払わなければならない制度で、不当に安い賃金から労働者を保護するセーフティ・ネットの役割を果たすべきものである。ところが2011年度の最低賃金(時給)は全国平均737円(アメリカ831円、イギリス1,099円、フランス1,265円)で、最高が東京の837円、最低は岩手、高知、沖縄の645円に過ぎず、フルタイムで働いても月10万円〜13万円程度の賃金水準でしかなかった。年収200万円以下のワーキングプアは1,000万人を超えるが、10年に政府・経営者・労働組合代表間で「できる限り早期に全国最低800円を確保し、景気状況に配慮しつつ、2020年までに1,000円を目指す」合意がなされている。しかし「名目3％、実質2％」の経済成長が前提とされたため、政府は景気低迷を理由に目標達成が困難との認識を示し、先送りした経緯がある。加えて11年度は東日本大震災の影響を持ち出した経営者側の主張により、厚生労働省中央最低賃金審議会による地域別最低賃金改訂の「目安」が過去5年で最低の1桁アップに止まるなど、本格的な改善は行われなかった。厚生労働省が中央最低賃金審議会小委員会に提出した資料[42]によると、生活保護の給付水準を下回る地域は10年度最低賃金改定時

の3道県(北海道、宮城県、神奈川県)から11年度には北海道、青森、宮城、埼玉、千葉、東京、神奈川、京都、大阪、兵庫、広島の11都道府県に拡大した。審議会で経営者側は賃金を大幅に上げると経営を圧迫し、雇用縮小を招きかねないと主張したが、最低賃金が生活保護の給付水準を下回った原因は、健康保険や雇用保険など社会保険料の負担増による手取り収入の減少が主な要因であり、11年決定の最低賃金は余りにも少ない額である。

労働側が2桁台の最低賃金引き上げを求める中で、中央最低賃金審議会小委員会は2012年7月25日、12年度の地域別最低賃金改訂の「目安」[43]案を作成、同審議会は原案通り決定した。審議会の「目安」は、経営者側の抵抗により原則2年間で「逆転」現象を解消するという幅を持たせており、全国平均で11年度をわずか7円上回る744円(フルタイム労働での年収130万円程度)に抑えている。審議会答申は26日、厚生労働大臣へ提出された後、地方最低賃金審議会の審議に移り「目安」を踏まえて地域ごとの最低賃金額が決められた。「目安」を上回る額を示した地方最低賃金審議会は38府県、全国平均改定額は前年度比12円増の749円(フルタイム労働での年収144万円程度)で2年ぶりの2桁引き上げ、中央最低賃金審議会による1桁台の「目安」を2桁台に上積みさせたのは09年以来のことである。12年の景気指標は一定程度上向いており、リーマン・ショックの時期を含む07年度~10年度でさえ4年連続2桁引き上げを確保したこと及び07年改定の最低賃金法が生活保護水準を下回らないよう「生活保護に係る施策との整合性に配慮する」第9条第3項を盛り込んだことを考慮すれば、中央最低賃金審議会が「目安」を2年連続1桁の低水準に止めたのは問題といわざるを得ない。最低賃金が生活保護の給付水準を下回る11都道府県のうち、12年度改定後「逆転」現象が解消した府県は青森、埼玉、千葉、京都及び兵庫の5府県に過ぎず、北海道、東京、宮城、神奈川、広島及び大阪の6都道府県では「逆転」現象が続く結果になったのである。

最低賃金引き上げの影響が大きい中小企業に対して政府は、生産性向上支援や成長が見込める産業の育成などを関連施策として実施している。中小企

業に配慮するなら最低賃金の抑制ではなく、各種支援策の実効性を検証して新たな中小企業支援策を検討すべきである。千葉県野田市が2010年に施行した、公共工事や業務委託で一定水準以上の賃金支払いを受注業者に義務付け、応分の発注額を保証する「公契約条例」の制定など、落札価格が中小企業の経営圧迫と人件費へのしわ寄せに繋がる状況を改める施策を講ずる自治体の役割も重要である。20年度までの経済運営方針を示す「日本再生戦略」は、本文から「新成長戦略」(平成22年6月18日、閣議決定)に明記されていた「早期に全国最低800円を実現し、20年までに1,000円を目指す」目標を削除し、単なる「工程表」の記載に止めた。最低賃金の抑制は低賃金労働者の労働意欲減退や、一層の生活悪化をもたらすと考える。

　最低賃金の大幅引き上げは、所得低下が製品・サービス価格引き下げの誘因となり、人件費抑制を強めるデフレの悪循環を阻止するためにも必要である。日本銀行が2012年10月30日に発表した「経済・物価情勢の展望(展望リポート)」[44]では、生鮮食料品を除く14年度消費者物価指数の上昇率見通しは13年度予測比0.8％で、デフレ脱却にほど遠い状況がある。欧州諸国は、最低賃金を成長戦略の主柱に位置付け毎年のように上げており、11年にはフランス2％、イギリス2.5％、アメリカは07年〜09年の3年間で41.0％引き上げた。アメリカを除く先進諸国は時給1,000円(月額20万円)以上の賃金水準が当然で、世界主要国の中で賃金が長期的に下がり続けるのは日本だけである。政府は中小企業に対する賃金助成の制度化など支援を拡充しながら、全国一律の最低賃金制度の確立を目指すべきである。

第4節　正規雇用の削減と非正規雇用の増大

　長期的な景気後退の中で企業が求める人材は「多数を採用し、育成して熟練させる」本来の形ではなく「即戦力となる優れた少数を雇用する」形態に変化した。年功序列や終身雇用制を後退させて正規雇用者の採用抑制と給与削減及び労働強化を進め、単純労働を非正規雇用者に委ねる方式が確立した

のである。パート・アルバイト及び派遣労働者などの非正規雇用者が全雇用者に占める割合は1980年代から増加傾向で推移しており、10年平均では09年比34万人増の1,755万人・34.3％に拡大[45]、比較可能な02年以降最高値を記録した。男女別に見れば男性18.9％、女性53.8％である。一方、役員を除く雇用者数は5,111万人で前年より9万人増えたものの、正規雇用者数は25万人減の3,355万人で過去最少となっている。増加が目立つのはパート・アルバイトで、10年は前年比39万人増の1,192万人であるが、派遣労働者は12万人減の96万人に止まった。11年6月1日時点における非正規雇用者は10年平均とほぼ同様の34.4％の高率を維持している。厚生労働省が5年ごとに実施する「パートタイム労働者に関する調査」[46]によれば、東日本大震災の被災3県を包含しないため単純比較はできないが90年の調査開始以来、非正規雇用者の割合は最高記録を更新し、男性が4.6％上昇の20.3％、女性が1.9％増の54.4％になっている。産業別に見ると宿泊・飲食サービス業が62.7％で最高である。特にパート労働者の割合が高く、5年前の前回調査時点の25.7％から1.3％上昇の27.0％（パート労働者に占める男女の比率は男性29.8％、女性70.2％）を占めた。全雇用者に対する女性のパート労働者の割合は0.3％減の45.9％であるが男性は2.4％増の13.8％になっており、労働者の非正規雇用化と共にパート労働者が男性に拡大する傾向を示している。

　同調査では職務内容が正規雇用者と同じで、契約期間が無期限のパート労働者を対象に賃金などの差別を禁ずる「短時間労働者の雇用管理の改善等に関する法律」（平成19年6月1日、法律第72号）改正の2008年施行を受け、企業の改善策も調査された。雇用管理を改善した事業所は48.8％に上っており、労働条件通知書による賞与・昇給・退職金の明示が60.3％で最高である。しかし、正規雇用者と同じ職務のパートが勤める事業所16.7％のうち、人事異動の有無や範囲が正規雇用者と同等な事業所は4.0％に過ぎず、非正規雇用者の待遇はそれほど改善されていない。

　2011年における雇用者に占める非正規雇用者（被災3県を除く）の割合は35.2％（2003年30.4％、2006年33.0％、2008年34.1％、2010年34.4％）で、84

年の調査開始以来最高値[47]を更新した。正規雇用者は3,185万人で前年比25万人の減少、非正規雇用者は1,733万人と48万人増加したが、特にパート・アルバイトは33万人増の1,181万人、契約・嘱託労働者も340万人で27万人増である。但し、派遣労働者は10年平均と比べ4万人減の92万人であった。男女別に見ると、男性の非正規雇用比率は19.9%、女性が54.7%である。年収も下降の一途を辿り200万円以下が全雇用者の34.3%に当たる1,688万人、うち76.9%を占める1,298万人が非正規雇用者となっている。

派遣労働者が2010年に9年比12万人、11年は10年比4万人と連続的に減少した要因は、派遣規制を強化する「労働者派遣事業の適正な運営の確保及び派遣労働者の就業条件の整備等に関する法律等の一部を改正する法律」の成立を見越した企業の一時的な「派遣離れ」にあると思われる。同法の概要は第1章第2節で述べた通りである。政府原案は登録型派遣や製造業務への派遣を原則禁止する規定を包含するなど、規制効果を強化するものであったが、11年12月9日閉会の第179回臨時国会でも継続審議となり、12年の第180回通常国会において民主、自民、公明党などの賛成多数で成立した。改正法は原案に盛り込まれた製造業務への派遣や登録型派遣に対する原則禁止規定そのものを削除、改正以前の「原則自由化」に近い内容に収斂している。同法の実効性を確保するには①製造業務派遣は全面的に禁止する、②登録型派遣は原則禁止を前提とし、専門業務を厳しく限定する、③違法派遣が認められた場合、派遣先企業に正規雇用として直接雇用させる「みなし雇用」を早急に施行する再改正が肝要であり、同時に「同一労働同一賃金」の原則を適用する条文追加が不可欠である。

被災地における雇用状況は「2012年度年次経済財政報告」[48]の中にある内閣府の「インターネットによる家計行動に関する意識調査」で理解できる。被災3県の正規雇用の割合は震災前の50.0%から震災後には37.5%へと減少した。派遣や契約労働及びパート・アルバイトなどの非正規雇用者は26.0%から28.4%に増加している。年代別では20歳～30歳代の若年層の正規雇用者が45.8%から33.3%に減少、無職が12.5%から25.0%に倍増し、60歳以上の高

第5章　日本における格差と貧困の実態

表5-1　生活保護費支給額（東京都と地方郡部等の比較）

世　帯　別	東京都区部など	地方郡部など
標準世帯3人世帯（33歳、29歳、4歳）	234,980円	199,380円
高齢者単身世帯（68歳）	80,820円	62,640円
高齢者夫婦世帯（68歳、65歳）	121,940円	94,500円
母子世帯（30歳、4歳、2歳）	177,900円	142,300円

出所：厚生労働省統計より作成。

齢層は正規雇用者が55.0％から15％に激減する一方、非正規雇用は15.0％から35.0％へ、無職も20.0％が40.0％に倍増という状況である。内閣府は工場・事業所の流失のみならず「家屋等の被害が大きい者は住宅の移転を余儀なくされ、それに伴って正規職員の職を失った」と分析する。

　非正規雇用者世帯の収入は極めて低い状態にある。東京都区部の標準3人世帯における年間の生活保護費は約282万円（生活保護世帯には児童手当などが別途支給される）であるが、全国全世帯数の32.1％を占める年収300万円以下の世帯では3世帯に1世帯が表5-1に示す生活保護費と変わらない収入で生活している。これ等の世帯の多くが非正規雇用者世帯であることは容易に想像できる。2001年〜06年に小泉政権が促進した新自由主義に基づく規制緩和政策に伴って正規雇用者は約190万人減少し、非正規雇用者が約330万人増加した。サプライサイド経済が格差と貧困を拡大したといって過言ではなかろう。同政権以降も格差と貧困は一層拡大を続け、08年時点では所得上位20％の階層が全所得年収額の45.5％（1993年は42.6％）を占め、所得下位20％の階層の平均年収は122.5万円（1993年は165.9万円）と93年の70％程度まで低落した。年収200万円以上の給与所得者は93年から08年までの15年間に1.49倍に増加、200万円以下も1.45倍に当たる1,000万人以上へ上昇している。年収200万円〜800万円及び800万円〜2,000万円の階層は微減の状況にあり中間層の相対的な低所得化が伺える。総務省の全国消費実態調査によれば、世帯主の年齢別では50歳代の世帯で格差が拡大する反面、60歳代以上の世帯は格差が縮小しつつある。「老年齢層は金持ち」という一部マスコミの

図5-2 従業員規模別・非正規従業員数の推移

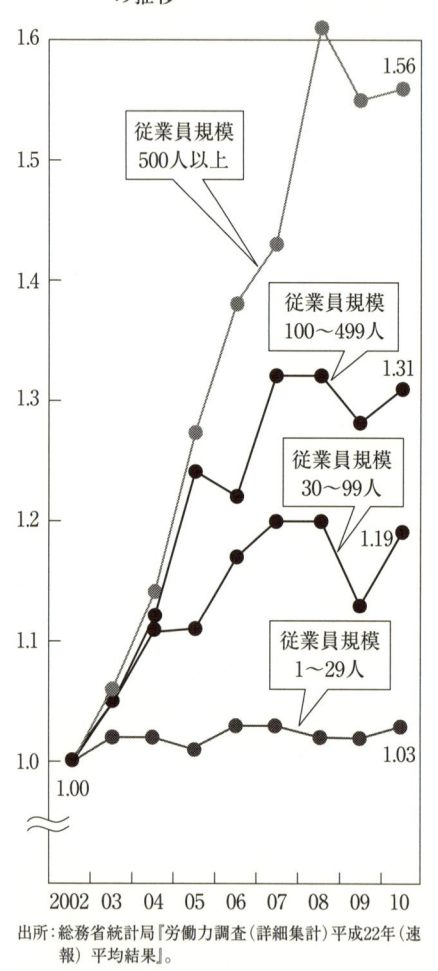

出所：総務省統計局『労働力調査（詳細集計）平成22年（速報）平均結果』。

根拠である。しかし老年齢層の多くが脆弱な社会保障や増税で生活苦に喘ぐ実態がある。老年齢層の格差縮小は貧困の拡大による「所得格差の縮小」に過ぎず、非正規雇用は同年齢層にも広く及んでいる。

正規雇用者と非正規雇用者の賃金格差は一層拡大傾向にある。ボーナスや残業代を除く2011年の雇用形態別月額賃金は、正規雇用者が10年比0.4％増の31万2,800円、短時間労働者を除く非正規雇用者の賃金は1.1％減で正規雇用者の63％（2010年は64％）に当たる19万5,900円[49]である。年代別に見れば30歳～34歳（男性）では正規雇用者の月収28.3万円に対し非正規雇用者は77.0％の21.7万円、35歳～39歳の場合は32.7万円に対し71％の23.2万円で、年収では70万円～150万円ほどの格差がある。雇用形態別の収入格差は年齢が上がるほど広がり、50歳～54歳の非正規雇用者賃金は正規雇用者の49％である。総務省の調査[50]によれば図5-2の通り、比較可能な02年を1としたとき、非正規雇用者は従業員数500人以上の大企業では08年に1.6倍を超え、その後やや低下したものの10年も1.5倍を超えている。従業員数が1人～29人の事業所の場合はほぼ横ばい状態、

30人〜99人の事業所でも最大1.2倍程度に止まる。非正規雇用は企業規模が大きいほど増大する。同省は「2000年代の非正規雇用比率の上昇は、大企業による非正規雇用の増加が主要因」となり、非正規雇用者の増加が「正規雇用者、非正規雇用者を含む平均賃金を引き下げる方向に作用してきた」[51]と分析し、大企業の責任を強調している。

厚生労働省が2009年2月から実施した、派遣先企業が派遣労働者を直接雇用する際、雇用期間に応じて奨励金を支給する「派遣労働者雇用安定化特別奨励金制度」の実情が報告された。11年末までに企業に直接雇用された派遣労働者6万3,000人のうち、有期雇用が81％を占め、無期雇用が圧倒的に少なく同制度の成果は上がっていない。中小企業が直接雇用した労働者の43％は正規雇用であるが、大企業では19％に過ぎず、同制度の活用で雇用された労働者の76％までを中小企業で賄う結果となっている。非正規雇用者は結婚にも不利な状況にある。正規雇用で働く30歳代男性の未婚率30.7％に対し、非正規雇用者は75.6％[52]に達する。雇用形態の相違が深刻な影響を及ぼすのである。

非正規雇用者は、2012年3月時点で1,756万人に上り、うち70％が有期雇用、1年以内の雇用契約を反復更新する労働者は750万人であった。賃金水準は正規雇用者の半分かそれ以下という状況で格差と貧困を拡大する要因となるが、非正規雇用に対する雇用環境は一層悪化の傾向にある。全雇用者における非正規雇用者の割合は12年4月〜6月期34.5％[53]に上り、年代別では65歳以上の69.0％、55歳〜64歳の46.1％、15歳〜24歳の44.4％を占めている。非正規雇用者のうち75.6％の収入は年間200万円未満であり、100万円未満も非常に多い。

不安定な雇用形態を少しでも改善するには、有期雇用の無期雇用への転換や不合理な労働条件の禁止を規定する法律制定が有効であり、労働組合の取り組みが求められる。2012年8月3日成立の「労働契約法の一部を改正する法律」（平成24年8月10日、法律第56号）は、有期雇用を臨時的・一時的な業務に限定する規制条項を定めていない。原案の中核は有期雇用契約の通算

期間が5年を超えた場合、労働者の申し出によって期間の定めのない契約に転換する制度の創設に置かれた。しかし改正法には5年の手前で脱法的な雇止めを防止する規定はなく、契約と契約の間に6か月の空白期間（Cooling-off period）を置けば契約期間は加算されず、非正規のまま繰り返し働かせることが可能となる。このように同法は有期雇用を無期雇用に転換させる実効性に乏しく、むしろ労働者使い捨ての促進に繋がる可能性が高い。期間の定めのない雇用を原則とし、有期雇用を「臨時的・一時的業務」に限定する「入口規制」条項と、利用可能期間を1年、更新回数を2回とし、超過すれば無期契約に転換する「出口規制」を定める条文を設け、有期を理由とする差別待遇を改めなければ実効性は確保できないであろう。なお、同法の一部は12年8月10日から施行されたが、全面施行は13年4月1日（2012年10月10日の労働政策審議会で決定）と定められた。

2012年版の「労働経済白書」[54]は、賃金を引き上げ「中間層」を拡大することが個人消費の拡大を促し、経済の活性化に繋がると指摘する。さらに、コスト削減のため企業が非正規雇用者を拡大した結果、低所得世帯の割合が上昇したとし、非正規雇用者の正規雇用化を進め、人への投資を増やすよう企業に求めている。白書は「年収分布が低い方へ移っている」との懸念を示し、所得減の要因に非正規雇用の増加を挙げると共に、企業は貯蓄が投資を上回る「カネ余り状態にあり、利益が株主への配当に回され、賃上げや人材育成に十分活用されていない」とする。単身世帯で年収300万円〜600万円、2人世帯で500万円〜1,000万円の中所得世帯の割合は09年に48.1％と99年より2.9％低下しており、年収がこれより少ない低所得世帯は09年で34.1％と8.6％上昇した。非正規雇用者比率が35.7％に達する中で正規雇用を希望する非正規雇用者は20％、派遣労働者と契約社員の場合は40％を超えている。白書の分析は正当であり、非正規雇用者の正規雇用化と賃金上昇を成長の源泉と捉え、分厚い中間層の復活を図る政策が重要である。

ところが政府は、有期雇用を「雇用の基本」とする極めて重大な方向への転換を打ち出した。国家戦略会議フロンティア分科会が2012年7月6日に提

第5章　日本における格差と貧困の実態

出した50年の日本のあるべき姿を描く「フロンティア分科会報告書」[55]は、25年まで当面の「人材戦略」として「企業内人材の新陳代謝を促す柔軟な雇用ルールを整備する」とし、40歳あるいは50歳定年制の採用と合わせ「有期の雇用契約を通じた労働移転の円滑化を図る」と記している。これを具体化する「部会報告」の中には「有期を基本とした雇用や金銭解雇ルールの明確化」という項目があり、「これからは、期限の定めのない雇用契約を正規とするのではなく、有期を基本とした雇用契約とすべきである」と明記され、「希望者による他省庁への移籍（筆者注：出向ではない）や金銭解雇、積極的な中途採用を、まずは公務員から始め、民間企業に広げていくというのも一つの方策」とする。同報告書は7月11日の国家戦略会議で確認されたが、09年総選挙の民主党マニフェスト「INDEX2009」で「期間の定めのない無期雇用、直接雇用を雇用の基本原則と位置づける」姿勢と正反対の提言である。国家戦略会議の構成員には古賀伸明連合会長も含まれる。正規雇用を賃金水準の低い非正規雇用に置き換え、格差と貧困を一層深刻にする方向の機関への参加は労働者を裏切る行為[56]といわざるを得ない。

日本では労働組合の組織率低下が進んでいる。ドイツは産業別労組の中で最大の金属産業労組（IGメタル）が2011年の組合員数を20年ぶりに拡大（6,000人増）し、224万6,000人の組織に回復した。特に派遣労働者の参加が目立ち、1年間で2万1,000人から3万6,000人と1.7倍増となった。「同一労働同一賃金」を要求する同労組は10年、労働協約を通して派遣労働者の正規雇用者並み賃上げを勝ち取った。また法定最低賃金制の導入をめぐって政府と交渉を重ね、11年末には旧西ドイツ地域で7.8ユーロ（約800円）、旧東ドイツ地域で7.01ユーロの法定最低賃金を実現させた。同労組は12年の運動方針の中に、1年以上同一の職場で働く派遣労働者の正規雇用化を掲げており、自動車や家電産業部門の各労組も派遣労働者の待遇改善を求めている。非正規雇用労働者の権利を守る運動は今後の労働組合に不可欠な課題である。

ちなみに1990年代末、教育や労働・職業訓練などに参加しない状況を表す「ニート」（Not in Education, Employment or Training,: NEET）という造語が

イギリスで作られた。格差と貧困に苦しむ人々が、自分達以下の長期失業者に不満や憎悪を向けるモラルパニック現象である。但し、日本とは異なり欧州諸国では「ニート」の原因を「社会的排除」(Social exclusion) と捉え、政府や非政府組織が対策を講じている。

第5節　女性労働と様々な格差

　2009年の「貧困線」(等価可処分所得の中央値の半分以下の所得しかない人の比率) は112万円 (実質値) で、貧困線に満たない世帯員の割合を示す相対的貧困率は16.0% (OECD加盟30か国平均は10.6%) となり06年と比べ0.3%の悪化、厚生労働省が貧困率を算出し始めた85年以降最悪の水準[57]になった。特に17歳以下が15.7%を占めており、貧困の深刻さが伺える。世帯主が18歳以上〜65歳未満の「子供がいる現役世帯」の世帯員の場合は相対的貧困率が14.6%で、「大人が1人」の世帯員は50.8%、「大人が2人以上」の世帯員では12.7% (図5-3を参照のこと) となっている。国立社会保障・人口問題研究所の阿部彩社会保障応用分析研究部長が07年の国民生活基礎調査を基礎に分析した調査[58]では、97年に130万円であった可処分所得の中央値は、労働者の賃金が年間平均55万円減少する中で10年に112万円まで低下した。しかも勤労世代 (20〜64歳) の単身で暮らす女性の3人に1人が「貧困状態」に置かれている。30年には生涯未婚で過ごす女性が5人に1人になると見込まれるが、一人暮らしの女性の相対的貧困率は勤労世代で32%、65歳以上では52%と過半数に及ぶ。また19歳以下の子供を持つ母子世帯は57%で、貧困は女性が家計を支える世帯に多く見られる。

　労働政策研究・研修機構の調査[59]によれば、「生活が苦しい」と答えた世帯は「二人親世帯」の45% (2006年調査は27.9%) や「父子世帯」の48.8% (同32.1%) と比べ、「母子世帯」では69.9% (同52.9%) とかなり高い。「過去1年間にお金がなくて必要な食糧が買えなかったことがある」と答えた世帯は各々7.5%、9.5%、15.3%である。「全国母子世帯等調査」によると2011

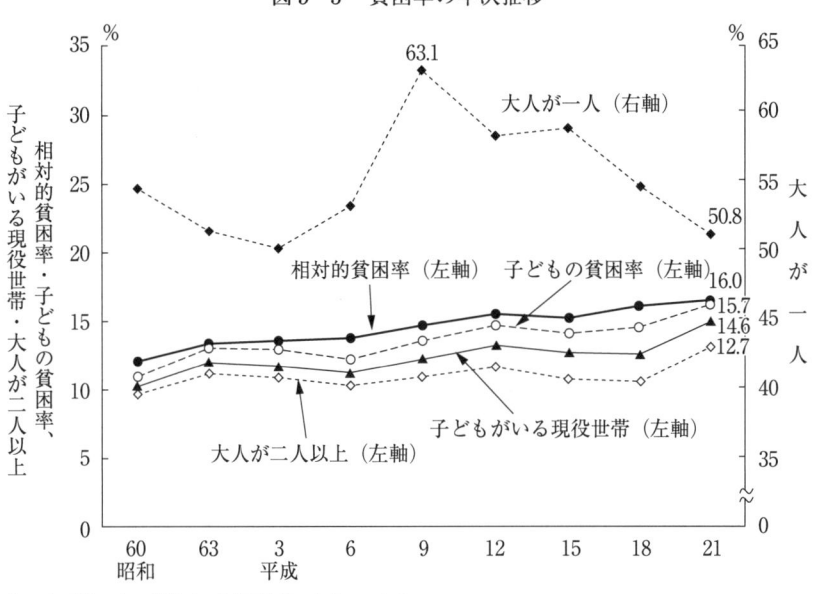

図5-3 貧困率の年次推移

縦軸(左):相対的貧困率・子どもの貧困率、子どもがいる現役世帯・大人が二人以上 (%)
縦軸(右):大人が一人 (%)

データ(平成21年時点):
- 相対的貧困率（左軸）: 16.0
- 子どもの貧困率（左軸）: 15.7
- 大人が二人以上（左軸）: 14.6
- 子どもがいる現役世帯（左軸）: 12.7
- 大人が一人（右軸）: 50.8（ピーク時 63.1）

横軸:昭和60、63、平成3、6、9、12、15、18、21

注：1) 平成6年の数値は、兵庫県を除いたものである。
　　2) 貧困率は、OECDの作成基準に基づいて算出している。
　　3) 大人とは18歳以上の者、子どもとは17歳以下の者をいい、現役世帯とは世帯主が18歳以上65歳未満の世帯をいう。
　　4) 等価可処分所得金額不詳の世帯員は除く。
出所：厚生労働省大臣官房統計情報部社会統計課国民生活基礎調査室『平成22年国民生活基礎調査の概況』中、Ⅱ各種世帯の所得等の状況、2011年7月12日。

年11月現在、父子世帯の平均収入は455万円で「子供がいる全世帯の平均」658万円の69.1％、母子世帯の場合は291万円・44.2％[60]である。しかも「就労者がいる」父子世帯は全体の91.3％、母子世帯は80.6％と06年の前回調査より各々6.2％、3.9％減少しており、正規雇用は父子世帯で67.2％（前回比5.0％減）、母子世帯の場合は39.4％（同3.1％減）に悪化した。これに伴い生活保護受給率は父子世帯の8％に比べ、母子世帯の場合は14.4％と前回調査の1.5倍に達している。なお、10年8月から父子世帯も対象になった児童扶養手当の受給状況は母子世帯で73.2％、父子世帯では45.9％に止まる。

2012年における20歳〜64歳の単身男性の貧困者は25％と非常に高いが、貧

困者全体の57％が女性で、95年と比べ男女格差は拡大の一途にある。不安定な雇用形態が増える中で、60年の将来人口は8,674万人と推定され、65歳以上の高齢者が39.9％に上ると想定される。少子高齢化の進展と相まって政府は女性の労働力を正当に評価し、男女格差の解消に取り組む必要がある。厚生労働省の10年調査によると、男性社員の年収523万円に対し、女性社員は346万円と1.5倍の格差が生じており、社員数1,000名以上の大企業では1.6倍に拡大する。社員全体に占める課長・部長などの管理職割合も男性社員の13.9％に対し女性社員は2.4％に過ぎない。男性は20歳代後半で平均約70％、30歳代前半でも平均約50％近くの人が未婚であるが、女性も20歳代後半で約60％、30歳代前半では約30％が結婚していない。「男は仕事、女は家事・育児」といった旧来型「家庭内分業」の崩壊はもちろん、年功序列・終身雇用型労働が後退した現在、女性は単なる「補助労働力」ではない。世界経済フォーラム（World Economic Forum）は12年10月24日、雇用機会、賃金、学歴、健康・長寿、政治参加の7分野を対象とする世界の「男女平等度ランキング」を発表[61]した。135か国中で総合首位はアイスランド、2位フィンランド、3位ノルウェーなど北欧諸国が上位を占める。22位のアメリカ、69位の中国と比べ日本は101位である。学歴分野は1位であるが、雇用機会、賃金、政治参加の各分野で評価が低かった結果を反映している。

注

(1) 東京商工リサーチ「2011年度（平成23年度）[2011.4-2012.3] 全国企業倒産状況」、2012年4月9日。
(2) 東京商工リサーチ「2012年度（平成24年度）上半期（4-9月）全国企業倒産状況」、2012年10月20日。
(3) 国際協力銀行国際業務企画室調査課「わが国製造企業の海外展開に関する調査報告—2011年度海外直接投資アンケート結果（第23回）」、2011年12月2日。
(4) 経済産業省通商政策局『平成24年版通商白書』、平成24年6月。
(5) ILO; *ILO STUDIES ON GROWTH WITH EQUITY EUROZONE JOB*

CRISIS : TRENDS AND POLICY RESPONSES ; *10 JULY 2012 http:// www.ilo.org/wcmsp5/groups/public/@dgreports/@dcomm/documents/publication/wcms_184965.pdf#search='ILO%20Employment%20crisis%20of%20the%20report%20euro%20zone%20%20%20Small%20and%20medium-sized%20enterprises'*

(6) みずほ総合研究所「中小企業を取り巻く金融環境に関する調査」、2011年12月。
(7) 帝国データバンク「特別企画:東北3県・沿岸部『被害甚大地域』5,000社の追跡調査」2012年3月1日。
(8) 東京商工リサーチ「東日本大震災関連倒産状況(3月9日現在)」、2012年3月9日。
(9) しんぶん赤旗、2012年3月11日。
(10) 東京商工リサーチ「『東日本大震災』関連経営破綻(8月7日現在)」、2012年8月8日。
(11) 東京商工リサーチ「『東日本大震災』関連経営破綻(8月31日現在)」、2012年9月3日。
(12) 帝国データバンク「特別企画:東日本大震災関連倒産1000件到達――倒産企業の従業員数合計は推定2万4,000人――」、2012年10月29日。
(13) 中小企業庁「中小企業白書2012年度版――試練を乗り越えて前進する中小企業――」同友館、平成24年4月。
(14) 帝国データバンク「特別企画:水産関連企業の倒産状況調査(2012年度上半期)」、2012年10月15日。
(15) 財務省「経済危機対応・地域活性化予備費等の活用」及び国土交通省「経済危機対応・地域活性化予備費等」、平成24年10月26日、
(16) 東日本大震災復興対策本部「東日本大震災からの復興の基本方針」、平成23年7月29日。「政策推進の全体像」、平成23年8月15日、閣議決定。
(17) 厚生労働省「労働力調査(基本集計)平成22年度平均」、平成23年2月20日。
(18) 総務省統計局「労働力調査(基本集計)平成23年度平均全国(岩手県、宮城県及び福島県を除く)」、平成24年4月27日。
(19) 厚生労働省職業安定局政策課「一般職業紹介状況(平成24年3月分及び平成23年度分)について」、平成24年4月27日。
(20) 総務省統計局「労働力調査(基本集計)平成23年10月分(速報)」同局、平成

23年11月29日。
(21) 厚生労働省職業安定局雇用政策課「季節調整済み有効求人倍率（新規学卒者を除きパートタイムを含む）」、平成23年11月28日。
(22) 総務省統計局「労働力調査（基本集計）平成24年2月分（速報）」同局、平成24年3月30日。
(23) 厚生労働省職業安定局雇用政策課「一般職業紹介状況（平成24年2月分）について」、平成24年3月30日。
(24) 総務省統計局「労働力調査（詳細集計）平成24年1～3月期平均（速報）」、平成24年5月15日。
(25) 総務省統計局「労働力調査（基本集計）平成24年4月分（速報）」、平成24年5月29日。
(26) 総務省統計局「労働力調査（基本集計）平成24年6月分（速報）」、平成24年7月31日。
(27) 総務省統計局「労働力調査（基本集計）平成24年7月分（速報）」、平成24年8月31日。
(28) 総務省統計局「労働力調査（基本集計）平成24年8月分（速報）」、平成24年9月28日。
(29) OECD ; *Shratterm employment and labour market outlook and key challenges in G20 countries* ; 18. May 2011 http://www.ilo.org/wcmsp5/groups/public/@dgreports/@dcomm/documents/publication/wcms_180912.pdf#search= 'ILO OECD G20 employment and Minister of Labor meeting Presentation The main problems of a prospect and G20 countries of the shortterm labor market May, 2012'
(30) 厚生労働省「平成23年度個別労働紛争解決制度施行状況」、平成24年5月29日。
(31) 厚生労働省大臣官房統計情報部「平成23年　国民生活基礎調査」、平成24年7月5日。
(32) 高齢者世帯とは男性65歳以上、女性60歳以上のみの世帯で、少なくとも1人は65歳以上の世帯を指す。
(33) 財務省総合政策研究所調査統計部「法人企業統計」、各年度。
(34) 厚生労働省職業安定局「平成23年度大学等卒業者の就職状況調査」、平成24年5月15日。

(35) 文部科学省「平成24年度学校基本調査（速報値）」、平成24年8月27日。
(36) 厚生労働省「一般職業紹介状況（職業安定業務統計）」、平成24年5月18日。
(37) 内閣府ホームページ「今週の指標」No1029「震災後の雇用動向」、平成24年4月23日。
(38) 総務省統計局「労働力調査（詳細集計）」、各年。
(39) 内閣府編『平成24年版自殺対策白書』新高速印刷株式会社、平成24年8月。
(40) 雇用戦略対話第8回会合、2012年6月12日。
(41) 国家戦略会議「日本再生戦略――フロンティアを拓き、『共創の国へ』――」、平成24年7月30日。
(42) 厚生労働省労働基準局が平成24年度「第2回目安に関する小委員会」に提出した資料「最低賃金と生活保護」、平成24年7月10日。
(43) 平成24年度中央最低賃金審議会目安に関する小委員会「平成24年度地域別最低賃金額改定の目安について」、平成24年7月25日。
(44) 日本銀行金融政策決定会合　「経済・物価情勢の展望（展望リポート）」、平成24年10月30日。
(45) 総務省統計局「労働力調査（詳細集計）平成22年平均（速報）結果」、平成23年2月21日。
(46) 厚生労働省「平成23年パートタイム労働者総合実態調査（2011）」、平成23年12月14日。
(47) 総務省統計局「労働力調査（詳細集計）平成23年平均（速報）結果」岩手、宮城、福島を除く。2012年2月20日。
(48) 内閣府「平成24年度年次経済財政報告――日本経済の復興から発展的創造へ――」、平成24年8月1日。
(49) 厚生労働省大臣官房統計情報部「賃金構造基本統計調査（全国平均）」、平成24年2月22日。
(50) 総務省統計局「労働力調査（詳細集計）平成22年（速報）平均結果」、平成23年8月9日。
(51) 厚生労働省「平成22年版労働経済の分析〈要約〉」第3章第3節、32頁。
(52) 厚生労働省政策統括官付政策評価官室「平成22年社会保障を支える世代に関する意識等調査報告書」、平成24年8月30日。
(53) 総務省統計局「労働力調査（詳細集計）平成24年4～6月期平均（速報）」、

平成24年8月14日。

(54) 厚生労働省「平成24年版労働経済の分析――分厚い中間層の復活に向けた課題」、平成24年9月14日、閣議決定。

(55) 国家戦略会議フロンティア分科会「フロンティア分科会報告書」、2012年7月6日。

(56) 国家行政組織法（昭和23年7月10日、法律第120号）第3条及び第8条に定める「審議会等」並びに内閣や省庁の各種諮問機関は、公平・中立・客観的な立場の委員または様々な団体を代表する委員で構成されるため、国民本位の政策決定に重要な役割を果たすといわれる。けれども実際は機関を設置する省庁や内閣の意向を反映する委員で構成され、扱うテーマや審議・決定に必要な各種資料も機関を設置する省庁などの担当者が提供する。最初から結論が決まっている場合も多々あり、「審議会政治」といわれる理由である。公平・中立・客観性はなく、各種団体の代表であっても意見が通る可能性は少ない。従って委員は機関を設置する側と同意見か、若しくは「飾り物」にほかならず、労働側代表であろうが参加する者に問題がある。

(57) 厚生労働省大臣官房統計情報部社会統計課国民生活基礎調査室『平成22年国民生活基礎調査の概況』中Ⅱ「各種世帯の所得等の状況」、2011年7月12日。

(58) 阿部彩稿「日本における貧困の実態」、2008年10月3日。

(59) 労働政策研究・研修機構雇用戦略部門「平成23年11月　子どものいる世帯の生活状況および保護者の就業に関する調査」、平成24年2月29日。

(60) 厚生労働省「平成23年度全国母子世帯等調査結果報告」、平成24年9月7日。

(61) World Economic Forum; *Global Gender Gap,; October 24, 2012 http://www.weforum.org/issues/global-gender-gap*

第6章　「社会的弱者」の実情と制度的問題

第1節　少子高齢化と育児

　厚生労働省の国立社会保障・人口問題研究所は2012年1月30日、60年までの「日本の将来推計人口」を公表[1]した。日本の総人口は10年の1億2,806万人から毎年20万人～100万人規模で減少を続け、48年に1億人を割り込み60年には8,674万人と半世紀で約4,132万人減少（図6-1を参照のこと）する。女性が生涯に産む子供の数を示す「合計特殊出生率」は、最も実現性の高い中位推計で10年の1.39から26年には1.35に下がる。一方、高齢者人口は

図6-1　総人口、年齢3区分（0～14歳、15～64歳、65歳以上）別人口及び年齢構造係数：出生中位（死亡高位）推計

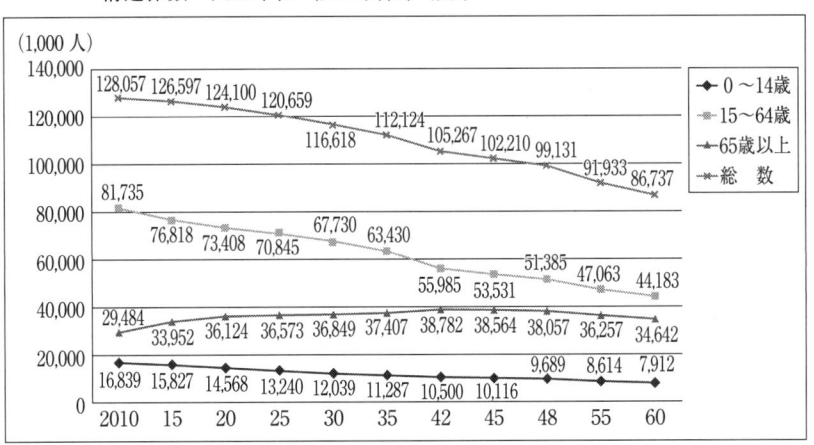

(1,000人)	2010	15	20	25	30	35	42	45	48	55	60
総数	128,057	126,597	124,100	120,659	116,618	112,124	105,267	102,210	99,131	91,933	86,737
15～64歳	81,735	76,818	73,408	70,845	67,730	63,430	55,985	53,531	51,385	47,063	44,183
65歳以上	29,484	33,952	36,124	36,573	36,849	37,407	38,782	38,564	38,057	36,257	34,642
0～14歳	16,839	15,827	14,568	13,240	12,039	11,287	10,500	10,116	9,689	8,614	7,912

（注）各年10月1日現在人口。平成22（2010）年は、総務省統計局『平成22年国勢調査による基準人口』（国籍・年齢「不詳人口」をあん分補正した人口）による。
出所：国立社会保障・人口問題研究所『日本の将来推計人口』より作成。

42年に3,878万人まで上昇してピークに達する。今回の「推計」は26年の出生率を06年推計値1.26から0.09上方修正している。30歳代の出産増で過去5年間の出生率がわずかに回復したためである。それでも人口を維持できる出生率2.07を大きく下回り、先進国の中で人口減と少子高齢化が突出して進行する状況に変化はない。「推計」が今後の雇用形態のあり方や社会保障制度改革の議論に影響を与えるのは確実である。フランスは仕事と子育ての両立を目的とした支援と子育て世代への重点給付を実施し、93年に1.6台まで低下した出生率を09年には1.99まで回復させた。しかし日本では政府からの満足な支援を受けられず、女性を中心とする非正規雇用者の増加や格差と貧困が結婚を妨げた[2]結果、90年代末以降10年余の間に20歳代、30歳代の所得水準が全体的に低下して晩婚・晩産化並びに少子化の傾向が強まっている。

　内閣府の2011年度「就労形態別の配偶者調査」[3]は、30歳代前半の男性正規雇用者の60％が既婚であるが、非正規雇用の労働者は半分の30％に止まったと記している。年収別では300万円以上の男性（20歳代〜30歳代）の25％〜40％が既婚、300万円以下の場合は8％〜10％に過ぎず、不安定雇用と所得の低さが結婚を妨げる原因となっている。結婚から15年〜19年の夫婦の平均出生子供数を表す「完結出生児数」は70年代に2.20人前後となり、その後は安定的に推移するものの05年は2.09人に下がり、10年には1.96人まで低下した。調査アンケートに対し、希望する子供を増やさない理由として既婚者の40％以上が「子育てや教育にお金がかかりすぎる」と回答、女性の26.3％が「働きながら子育てできる環境がない」と答えている。夫婦の理想的な子供の数は2人以上[4]である。にもかかわらず理想の子供数を持たない理由について国立社会保障・人口問題研究所の調査でも、「子育てや教育にお金がかかりすぎる」が最多の60.4％を占めた。雇用形態の改善を通した企業の社会的責任の履行と、政府による十分な子育て支援がなければ少子高齢社会に対処できない。

　政府の「社会保障と税の一体改革」に係る2012年度の国民負担は、とりわけ高齢者や子育て世代に集中する。12年4月から3年間実施される児童扶養

第 6 章　「社会的弱者」の実情と制度的問題

手当の支給額削減は約110万人の 1 人親世帯に影響するが、「児童手当法の一部を改正する法律」(平成24年 3 月31日、法律第24号) 成立に伴い「子ども手当」が「児童手当」へ逆戻りして 6 月から所得制限が導入され、年少扶養控除の廃止に伴う住民税増税が行われた。09年衆議院選挙における民主党マニフェストの看板政策であった「子ども手当」は10年度の支給開始以来、「全額国庫負担」の公約を順守できず、満額の月額 2 万6,000円を達成しなかった。新しい「児童手当」は子供 1 人当たり月額 1 万円～ 1 万5,000円で、自公政権時代より支給額が増加し、所得制限を導入する補完措置として対象世帯には当面、特例として子供 1 人当たり月額5,000円が支給される。しかし、子ども手当導入に伴って定められた年少扶養控除廃止により、中高所得世帯は減額される場合が多くなると思われる。法案審議の迷走で政府の支援内容が曖昧になったことは問題といわざるを得ない。日本は先進国の中で最も速く高齢化が進行しており、将来を担う子供たちを安心して産み、育てるには子育て世帯が自由に生活設計を描ける安定した制度が必要である。けれども保育所待機児童の解消と共に、政府の支援策は極めて不十分である。

　認可保育所に入所できない待機児童は、2012年 4 月 1 日時点で 2 万4,825人 (前年同時期比731人減)、うち 3 歳未満児が 2 万207人で全体の81.4％[5]を占める。認可保育所に入所できず、認可外施設に預けられた子供が除外されるため実際はもっと多い。さらに認可保育所に入所申し込をしても入所できず、「保育ママ」による自治体の単独施設を利用する子供は11年10月時点で 1 万5,854人存在する。それ等を含む「潜在的待機児童」数は10年同期から822人増加の 6 万2,474人[6]に達し、10年 4 月時点の 2 万5,556人の約1.8倍になる。保育に携わる保育士に係わる問題も多い。厚生労働省が全国130自治体から回答を得た11年調査[7]によれば、保育士が「不足」と答えた自治体は76％に達しており、うち75.8％は「長期的な課題」と考えている。また「非常に不足」が10.8％、「不足している」26.2％、「やや不足」39.2％という状況で、保育士不足は慢性的状況にある。保育士の給与が「かなり安い」との回答は15％、「やや安い」37.2％と合わせれば、過半数の自治体が保育士

不足の理由に不満足な給与水準を挙げた。職場環境の悩みは「責任の重さ・事故への不安」43.4％、「給与」35.3％、「勤務時間」26.4％の順である。資格を持ちながら就職しない「潜在的保育士」が57万人存在する。「潜在的保育士の雇用に良いと思う工夫」に対する保育施設の答えは「勤務時間の調整」51.4％、「給与水準の引き上げ」42.9％となっており、保育士の劣悪な労働環境が伺える。全国保育協会が12年11月9日に発表した調査（2011年10月〜12年2月、回答は全国の認可保育所の3分の1に当たる8,205施設）結果は、非正規の保育士の割合が平均45.6％で06年度の前回調査に比べ4.0％増加、特に公立保育所は53.5％と非正規雇用率が高い。

　厚生労働省は2013年度予算の概算要求において、待機児童解消のため12年度当初予算比7.2％増の4,612億円を充て、保育所定員を7万人増やすと共に保育ママや病児・病後児保育を拡充する考えを明らかにした。とはいえ保育の公的責任を放棄し、市場化を進める政策を実施すれば保育上の危険性を高める。12年5月10日、衆議院・社会保障と税の一体改革に関する特別委員会に付託された「子ども・子育て支援法案」と「総合こども園法案」並びに「子ども・子育て支援法及び総合こども園法の施行に伴う関係法律の整備等に関する法律案」の3法案（以下、必要に応じ、子ども・子育て新システム関連法案などとよぶ）は、児童福祉法（昭和22年12月12日、法律第164号）第24条に定める市町村の原則保育実施義務規定を削除して親と保育所が直接契約する仕組みをつくり、保育を民営化して子供を市場競争下に置く根本的な問題を包含していた。首相は国会で現行制度を「機動的でなく」、「多様な事業者の参入が求められる」[8]と述べ、「指定こども園」における株式会社の株主配当や利益の他産業への流用を無制限に認める答弁を行った。「総合こども園」でも株主配当を容認し、公的責任を放棄して利益中心の民営化を進めようとしたのである。

　これに対する自民党の姿勢は一定程度評価できる。同党の「今後の社会保障に対する基本的考え方」[9]は、待機児童対策に関する「臨時・特例的な対応」として「首長の裁量権の拡大」などを掲げ、子供の「詰め込み」を容認

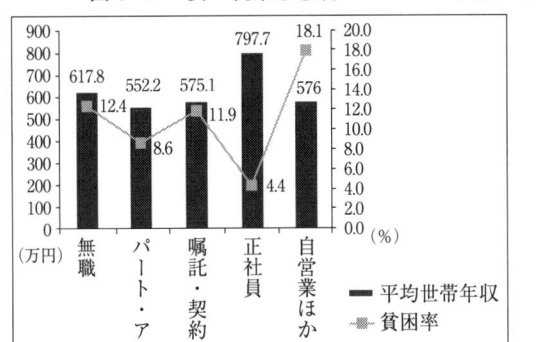

第6章 「社会的弱者」の実情と制度的問題

図6-2　妻の就業形態別でみるふたり親世帯の平均年収と貧困率

就業形態	平均世帯年収（万円）	貧困率（％）
無職	617.8	12.4
パート・アルバイト	552.2	8.6
嘱託・契約・派遣社員	575.1	11.9
正社員	797.7	4.4
自営業ほか	576	18.1

（参考）

貧困層の専業主婦世帯の母親が働いていない主な理由	
子供の保育の手だてがない	51.9%
時間について条件の合う仕事がない	30.8%
家庭内の問題を抱えている	9.6%
収入について条件の合う仕事がない	7.7%
自分の年齢について条件の合う仕事がない	7.7%
家族の介護をしなければならない	5.8%

（※主なもの2つまで）

出所：労働政策研究・研修機構「子どものいる世帯の生活状況および保護者の就業に関する調査」。

しており政府案と大差ない。しかし、「保育の質の低下や保護者の負担の増加を引き起こす恐れ」を理由に「保育の産業化の方向は、わが党は不採用」と判断し、株式会社の参入や民営化を否定したのである。その結果、3法案は後述する自民、公明、民主の3党合意により自民党案の通り修正された。

　育児と貧困は密接な関係がある。専業主婦世帯（末子が18歳未満の2人親世帯または1人親世帯で、核家族世帯に限らず親族との同居世帯を含む）の12.4％が貧困層（調査全世帯の所得平均値の半分以下）に属するが、図6-2のように母親がパートなどで働く世帯の8.6％より貧困率が3.8％も高い[10]実態がある。専業主婦世帯の平均年収は617万円で、パート世帯の552万円より約60万円上回る。にもかかわらず、貧困状態にある世帯が多い理由は、専業主婦世帯でも夫の年収だけで生活できる階層（年収600万円以上が47％）と、様々な事情で母親が働きに出られず、貧困を余儀なくされる世帯の二極化が進んでいるためである。末子が6歳未満の貧困層の専業主婦世帯では、働いていない主な理由に「保育の手立てがない」が51.9％を占め、保育サービスの不足が貧困を引き起こす一因になっている。労働政策研究・研修機構

は、「今後保育園の拡充などで妻の就業障壁を除去することによって、専業主婦世帯の貧困率を引き下げることが可能」であり「経済的格差の世代間連鎖を断ち切る対策を急ぐべきである」と結論付ける。

　2012年4月1日現在、15歳未満の子供の推計人口は11年より12万人少ない1,664万人（男子852万人、女子812万人）で、50年以降31年連続の過去最少記録を更新[11]した。総人口に占める子供の割合も11年比0.1％減の13.0％で、人口4,000万人以上の主要諸国と比べればアメリカの19.8％、中国16.5％、ドイツ13.4％などを下回る最低水準である。年齢別に見ると12歳～14歳が357万人と最も多く、0歳～2歳は316万人と年齢が下がるにつれ人数が減少する傾向にある。厚生労働省の推計でも11年の出生数は過去最少を更新しており、連続的な少子化傾向は明白である。

　少子化に歯止めをかけるには、各種社会保障の充実と両親の労働環境整備が不可欠であり、全国各地の自治体は子供の医療費無料化を進めている。2011年4月現在、無料化は対象者に差があるものの全市町村で実施され、入院の場合は中学卒業までが全自治体の51.6％、小学校卒業までが20.8％、就学前までが19.7％を占める。通院の無料化は中学卒業までが37.4％の655自治体で実施され、就学前までの622自治体・35.6％を上回る状況である。都道府県の場合、04年時点では「未就学児」の通院無料化は8都府県に過ぎなかったが、11年には28都道府県に達した。04年に「小学生以上」の無料化を実施していた都道府県は皆無という状況であった。7年後に9都県に拡大するが、政府は市町村の国民健康保険会計への国庫負担を06年度で64.9億円、09年度には71.3億円減額するペナルティを課した。窓口無料化を実施しない自治体との「公平性」または「窓口負担の軽減による医療給付費の増大を懸念」するとの理由である。さらに政府は東日本大震災による福島第1原発事故を受けた福島県知事の「18歳未満の子供の医療費無料化」要請を拒否した。子供に対する医療費無料化は自治体段階では大勢を占め、実施自治体の78％が窓口での支払いを無料にしている。子供の健康と育児支援に対する国の姿勢には極めて大きな問題がある。

育児には男性の参加が求められる。2011年度における男性の育児休暇取得率は10年度比1.25％上昇の2.63％に倍増し、比較可能な調査が始まった96年以来最高となった。女性の場合も4.1％上昇の87.7％で3番目の高水準である。育児に熱心な男性の増加と企業の取り組みが進んだ成果であるが、先進国における男性の育児休暇取得率はノルウェーが約90％、取得率の低いドイツでも10％となっており、厚生労働省が「依然として低水準である」[12]と認める通り決して満足できる数字ではない。しかも企業規模別に見れば、従業員30人以上100人未満の中小企業が3.73％で最も高く、500人以上の場合は2.85％で中小企業の方が男性の育児に協力的といえる。

第2節　教育の貧困と奨学金制度

オランダでは大学授業料に対する約17万6,000円の上限設定が設けられ、保護者と同居していない学生は月額で最高約5万3,000円の貸与奨学金が支給される。また、10年以内に卒業するなどの要件を満たせば返済不要となる受給学生が72％に上る。アメリカの場合はペルグラント奨学金に代表される給付型奨学金制度のほか、連邦政府が保証する各州の学資ローンや連邦政府系学資ローン（Subsidized Stafford Loans）を65％の学生が利用している。州立大学の授業料約70万円と比べ私立大学の平均授業料は約258万円に上るため、卒業時の学生1人当たり平均学費負債額は2万5,000ドルと高額になり、2011年の学資ローン総額は1兆ドル弱と推計された。連邦準備制度理事会（The Federal Reserve Board：FRB）が3年ごとに行う「消費者金融調査」を基礎に、アメリカ世論調査機関ピュー・リサーチ・センター（The Pew Research Center）が調査した12年9月26日発表の分析結果[13]は、学資ローンの厳しさを伺わせる。学資ローンを抱える世帯の平均負担額は89年の年間世帯収入の9％・9,634ドルから10年には19％・2万6,682ドルと、過去最高の約2.8倍に拡大した。世帯主が35歳未満の世帯の40％が学資ローンを抱え、最下層の20％は返済額が所得の24％を占める。特に45歳〜54歳の17％と比べ、

35歳〜44歳の26％がローンを抱える状況で、若年層・低所得者層に重い負担になっている。

　オバマ大統領は2012年1月の一般教書演説で各州政府に対し、大学予算を優先課題にすべく要請したが、高額な学資ローンの現状を維持できる程度に過ぎない利率据え置き法案の可決に止まった。学費高騰の要因には財政事情が悪化する各州政府の教育費抑制策がある。連邦政府系学資ローンに関し、政府は06年に5年間の時限立法で利率を3.4％に引き下げたが、連邦議会が延長措置を決定しなければ12年7月1日から6.8％に倍増、1人当たりの平均負担増は年間1,000ドル（約8万円）となる可能性があった。利率据え置きには年間60億ドル（4,820億円）の財源が必要とされ、民主党は石油・ガス産業への補助金を廃止して充当する方針で臨んでいる。しかし、共和党は福祉分野などの大幅歳出削減を中心とする財政再建策を進めて財源を捻出すべきと主張、同党が多数を占める下院のベイナー議長は民主党の財源捻出案に対し、「大統領選挙を睨んだパフォーマンス」であり、「ねたみと分断の政治」と批判した。上院では12年5月8日の本会議で民主党の利率据え置き法案が議題となったものの、採択に持ち込むための60票が得られず廃案となった。財源をめぐる与野党論争の結果、1年間に限り利率3.4％に据え置くことで合意に至り、上下両院は12年6月29日に法案を可決、学生の負担増は当面回避された。2年目からの措置は11月の大統領選挙後、財政全体の再建策に関する協議の中で決定される。

　2012年11月6日の大統領選挙と同時に行われたカルフォルニア州の住民投票で、富裕層の所得税率を上げ増収分を教育予算に充てるという民主党・ブラウン知事の提案が賛成53.9％を得た。公立大学に対する補助金削減と学費値上げは凍結となる見通しである。同日の州知事選挙は11州のうち7州で民主党候補が当選した。カルフォルニア州の試みが各州に波及する可能性が高いと思われる。

　日本は高校・大学を卒業するために要する学費が世界一の約1,000万円と極めて高く、低所得者世帯の負担の限界を超えている。高等教育に対する公

第6章 「社会的弱者」の実情と制度的問題

的支出は GDP 比0.5％と OECD 加盟国の中で最低で、家計からの支出が51.4％と突出する状況である。従って、所得の高い家庭ほど大学進学率が高くなる。東京大学の2005年からの調査[14]を見ると、家計所得1,000万円以上の家庭で育った高校生の大学進学率は男子61.4％、女子58.7％、400万円未満の場合は男子42.9％、女子28.3％である。また、08年度に独立行政法人日本学生支援機構や大学などの奨学金を受給した大学生は43.3％と、10年間で約20％増の過去最高となった。首都圏の私立大学に入学する下宿生への仕送り額は、最高を記録した94年度の12万4,900円以降減少を続け、11年度入学生の場合（6月以降の月平均）は11年連続減の9万1,300円で86年の調査開始以来最低[15]である。特に仕送りに占める家賃の割合は過去最高の67％・6万1,000円で、家賃を差し引いた生活費も毎月3万300円、1日当たり1,010円の最低を更新し、最も多かった90年度の7万3,800円（同2,460円）の41.0％に低落した。一方、下宿生の保護者の平均世帯年収は899万6,000円であるが、受験費用、初年度納付金、住居費及び4月〜12月の仕送り額は298万3,000円に上り年収の33.0％を占めている。自宅通学者を含む入学費用の借用割合は入学者全体の19％・平均164万2,000円で、奨学金支給を希望する学生は65％に達する。

　政府の「行政刷新会議」は日本学生支援機構の奨学金制度を「金融事業」と見なし、政府負担を軽減するための「抜本的な見直しと効率化」を勧告、「財政制度等審議会」も「貸与時の審査を充実させる」としており、貸与制奨学金の有利子化や滞納者に対する罰則強化を進めた。日本学生支援機構の奨学金は、卒業後の職業による返還免除制度が廃止され、全部が貸与型に変わり有利子貸与が75％、その利率は最高3％である。2012年度に大学生以上を対象として、卒業後の年収が300万円を超えるまで返済期間を猶予する「所得連動返済型奨学金」が創設されたが、経済的理由による返還猶予も5年間限定となり、5年後は翌日から年10％の延滞金が課せられる。延滞3か月で延滞者を個人信用情報機関に登録する「ブラックリスト」制が導入されたため、クレジットカードや住宅ローンが利用できなくなる事態も考えられ

る。延滞4か月で民間債権回収会社の回収が始まり、9か月で裁判及び差し押さえも可能である。6か月以上の延滞者の90％が年収300万円以下、年収100万円未満が40％存在する中で、日本の奨学金制度は貧弱そのものというほかない。

　国立大学の日常的運営に必要な基盤的経費として国が交付する「国立大学運営費交付金」も減額されている。同交付金は2005年度以降毎年1％ずつ削減され、民主党は09年の総選挙で「削減見直し」を公約したが何の改善もなく、11年度は1兆1,528億円、12年度予算では1兆1,366億円にまで減額となった。同交付金から事業費などを捻出するため、文部科学省は国立大学に5年間で5％の人件費削減を課し、実質10％超の削減が行われている。12年4月の国家戦略会議において、ある「民間議員」は大学の統廃合促進を含む抜本改革に関し「86の国立大学、約600の私立大学があり、私立大学は10年間で103校増えています。このうち4割は定員割れ……（中略）……それでも要件さえ満たせば助成金が出る。企業が続々と倒産するのに……（中略）……国立大学の運営費交付金や私学助成金の在り方を見直し、……（中略）……大学から高等専門学校にある程度シフトさせる必要がある」[(16)]と発言した。これに対し、政府は5月の会議で方針を示すよう文部科学省に指示している。民営化が促進されて国立大学は独立法人となり、規制緩和によって程度の低い私立大学が増加した。それ等に対する反省もなく、予算の削減や大学の統廃合を議論するのは極めて問題である。国民は等しく教育を受ける権利があり、格差・貧困問題は教育と密接に関係する。しかも十分な研究条件が確保できなければ技術の進歩は望めず、日本の将来を危うくするのは必須である。

　政府は2012年9月13日、父兄や進歩勢力からの圧力を受け、中・高等教育の段階的な教育無償化を求める国際人権A規約第13条第2項（b），（c）の適用を留保する姿勢を改める「留保撤回」の閣議決定を行った。同規約は66年に採択され、日本は79年に批准したが、13条第2項（b），（c）については「拘束されない権利を留保する」に止めた経緯がある。12年8月現在の締

結国160か国中「留保」国は日本とマダガスカルだけであり「留保撤回」は評価できる。けれども教育費をめぐる現状は先進国では最低レベルで、OECDが9月11日に発表した調査結果[17]でもGDPに占める教育機関への公的支出割合は09年時点で3.6％（加盟国平均5.4％）に過ぎず、加盟31か国中3年連続で最下位となっている。公的支出割合が最も高いデンマークの7.5％、アイスランド7.3％、スウェーデン6.6％などと比べれば雲泥の差がある。

日本は、いかなる財政支援も受けられない学生が67％を占めるなど、公的支出が少ないため授業料などの私費負担がチリ、韓国に次ぎ3番目に重い。入学金を含む2007年度の大学学費は国立大学が平均81万7,800円、学生の3分の2以上が学ぶ私立大学では11年度平均131万4,251円（初年度納付金を含む）に達する。高校の場合は「公立高等学校に係る授業料の不徴収及び高等学校等修学支援金の支給に関する法律」（平成22年3月31日、法律第18号）に基づき、授業料が無償になったものの、授業料以外の支出は平均23万7,669円である。私立高校では公立高校の授業料無償化に相当する就学支援金が創設された後も、10年度にはそれ以外に平均68万5,075円を要した。無償化に伴い16歳～18歳の特定扶養控除25万円が廃止されたため逆に負担増となる家庭も存在する。

文部科学省は2013年度予算の概算要求において、過去3年間にわたり要求した高校生への給付型奨学金を盛り込まず、大学生に対する給付制奨学金の要求も見送った。大学生を対象とする貸与型奨学金のうち、11年度の無利子奨学金受給者は3万6,000人増に止まるが、有利子奨学金受給者は6万3,000人の増である。政府は、奨学金のローン化を強める方向性を固め、民主・自民・公明の3党は高校無償化「見直し」で合意している。

教育政策の貧困は義務教育の場合も同様である。文部科学省の調査では、経済的に厳しい家庭に給食費や学用品代を補助する就学援助制度の支給対象となった小中学生が、2011年度は10年度比1万6,748人増の156万7,831人に上り、調査を開始した95年度の約76万6,000人から16年連続して増加し、全児童生徒に占める対象者も過去最多の16％に達した。就学援助は生活保護を

受ける「要保護」世帯と、生活保護世帯に近い状況にある「準要保護」世帯に分類される。前者は15万2,060人、後者が141万5,771人である。就学援助対象者の増加は、子供のいる世帯の平均所得の減少を裏付けるが、自治体によって受給できる収入基準にばらつきがある上、資格があっても制度から漏れ、受給されない世帯も少なくない。政府は「教育の機会均等」が格差と貧困対策に重要な役割を果たす反面、不平等な教育が富裕層と貧困層を拡大再生産することを明確に認識すべきである。

高額な教育費に対する各国政府の政策と国民の反応は様々である。アメリカの学生・卒業生が抱える学資ローンは2012年4月25日時点で1兆ドル(約81兆円)を突破したが、就職難のため就職できない学生などによる大規模な抗議行動が行われた。

カナダのケベック州では、自由党のシャレ政権が2014年の財政黒字化を目標に10年から実施中の緊縮財政に伴う大学授業料値上げに反対する学生のストライキが100日以上続けられた。同州は07年以来、毎年500カナダドル程度の値上げを実施している。シャレ政権は、12年の授業料2,168カナダドル(約18万円)を今後5年間、毎年325カナダドルずつ引き上げ3,793カナダドル(約31万円)にする計画である。計画が実施されれば値上げ開始から10年間で約2.3倍になる。同州の大学生の半数以上に当たる約20万人が、大企業や富裕層に対する減税中止と教育の機会均等を要求して2月半ばから無期限ストライキに入り、5月22日にモントリオールで労働組合や教員なども参加する25万人の集会・デモが行われた。同州議会は5月18日、25人以上の抗議行動の「事前報告義務」と違反者に対する法外な罰金賦課を盛り込んだ規制法案を可決、シャレ政権への反発を強める学生連合や労働組合は同法の効力停止を求めて25日、ケベック高等裁判所に申し立てを行った。訴訟には約5,000人の弁護士が無償で支援したといわれる。シャレ政権は授業料値上げを7年間で75%増とする計画に改めたが、12年9月4日のケベック州議会(定数125議席)選挙では、同州の独立を主張するケベック党が54議席(選挙前47議席)を獲得して自由党50議席(同64議席)を抑え政権を獲得するに至

る。ケベック党のマロワ政権は20日、同計画の撤回と大学への予算維持を約束し、抗議行動に対する規制法についても廃止を明言している。なおケベック党は過半数に達しなかったため、独立の是非を問う住民投票の実施[18]は困難である。

スペインでもラホイ政権が2012年4月20日、財政再建策の一環として医療分野における年間70億ユーロ（約1兆700億円）の予算削減と共に、13年からの公立大学の授業料50％値上げと教員減員を含む年間30億ユーロ（約3,000億円）の大学予算削減方針を決定した。同方針は授業当たりの学生定員を20％増加する措置を伴うが、学生団体や教職員労組のみならず初等・中等教育関係者の抗議運動に広がり、5月22日のストライキには全教員の80％が参加している。ロシアにおいてはプーチン首相が大統領に就任した12年5月7日を目前に、無償教育の維持と奨学金増額を要求する学生・児童の父兄・教育関係者の運動が展開された。チリ教育省は12年4月23日、学資ローンの年利が最高6.7％に達し、大学生総数の33.3％に当たる約35万人が平均10万ドル（約810万円）の借入金を抱える事態を踏まえ、学生団体や国民が求めてきた教育の無償化に関する制度の改革案を発表した。改革案は大学生向け学資ローンへの銀行参入を排除し、国の資金で年率2％という低利のローンに切り替えるものである。同案はまた卒業後就職までの返済猶予や、返済額の上限を給与の10％までに抑える内容を含んでおり、富裕層を除く90％の学生が恩恵を受けることになる。

「経済的、社会的及び文化的権利に関する国際規約」（International Covenant on Economic, Social and Cultural Rights: ICESCR）第13条第1項には「規約の締約国は、教育についてのすべての者の権利を認める。締約国は、教育が人格の完成及び人格の尊厳についての意識の十分な発達を指向し並びに人権及び基本的自由の尊重を強化すべきことに同意する」とある。権利の完全な実現を達成するため同条第2項は「高等教育はすべての適当な方法により、特に、無償教育の漸進的な導入により、能力に応じ、すべての者に対して均等に機会が与えられるものとすること」並びに「すべての段階にわた

る学校制度の発展を積極的に追求し、適当な奨学金制度を設立し及び教育職員の物質的条件を不断に改善すること」と定めている。同規約に基づいてOECD加盟28か国は、経済的理由にかかわらず若者の教育を受ける権利を保障する給付制奨学金を拡大した。学生の受給割合は16か国で平均40％に上り、大学生の50％以上が給付制奨学金を受給する国は6か国、20％以上が12か国であり、[19] 大学授業料の無料化も15か国で実現した。授業料の徴収に加え、給付制奨学金が制度化されていない国は日本のみである。貧困と格差が拡大する中で卒業後、就職ができず非正規雇用になる若者が増えている。給付制奨学金の制度化は緊急の課題である。

第3節　各種保険制度と年金制度の劣化

　国民健康保険（基礎年金）制度は重大な岐路にある。国民健康保険料を納められず、差し押さえを受けた世帯は、2006年度の9万5,000世帯から10年度には18万7,000世帯[20] に倍増した。約90％の自治体が06年度に差し押さえた総額は390億円、10年度は732億円に達する。厚生労働省は05年の「収納対策緊急プラン」[21] に基づき、市町村へ「収納対策の強化」の要請を行った。その結果、09年度に過去最低となった88.01％の保険料収納率は10年度88.60％（図6-3を参照のこと）に上り、滞納世帯数も11年6月時点で10年比21万9,000世帯減の414万5,000世帯・20.0％（前年同期比0.6％減）に改善している。滞納理由の多くは年収200万円の4人家族の場合、年間40万円という高額な保険料にある。にもかかわらず、国民健康保険の総会計に占める国庫支出金の割合は84年までの50％から24％程度にまで減額され、補塡のため市町村の財政はますます逼迫の度を強めている。加入者所得の減少に伴い11年度の保険料（税）収入は10年度比644億円で2.1％減少、市町村の一般会計からの法定外繰り入れは全国合計で3,979億円（2010年度比378億円増）に拡大した。

　2010年度における国民健康保険加入世帯の所得[22] に占める保険料の負担

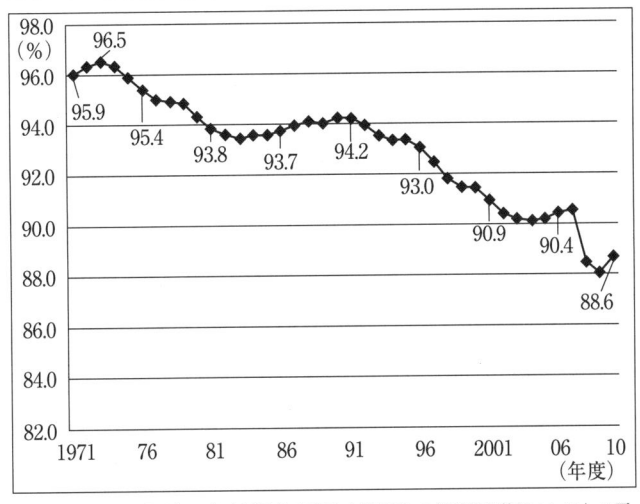

図6-3 保険料（税）納入率（現年度分）の推移（市町村国保）

出所：厚生労働省「平成21年度国民健康保険（市町村）の財政状況等について」、4頁。

割合は平均で9.9％（2009年度比0.5％上昇、2005年度は8.47％）と過去最高[23]を記録した。保険加入世帯の平均所得は09年度比8.2％・約13万円低下の145万1,000円と大幅に減少しており、所得のない世帯は28％、年間100万円未満の世帯も全体の54％を占めている。低所得世帯ほど所得に対する負担率が高い逆累進性が顕著で、最も所得が低く保険料を70％軽減される世帯は所得の34％の負担である。国保加入世帯を世帯主の職業別で見ると農林水産業、自営業の割合は計19％で減少の一途にある。これに対し、高齢者を含む無職が約40％、働いているのに加入できない被雇用者が35％（2002年度は30％）と、貧困層の割合が上昇し続けている。雇用破壊による非正規雇用者や失業者の国保への流入、自営業者の廃業など「国保の貧困化」を伺わせる。保険料を支払えず、保険証を取り上げられた世帯は155万1,000世帯に上り、無保険者は年々増加傾向にある。

　差し押さえ方法も問題で、生活保護費や子ども手当にも及び違法性が指摘された事例もある。政府閣僚は国会で、生活保護費などの「振り込みを待っ

て、狙い撃ち的に差し押さえるのは控えるべきと存じます」[24]と答弁した。無保険者や保険料滞納者の健康悪化や自殺も見受けられる。全日本民主医療機関連合会の調査[25]では、加盟病院において体調悪化にかかわらず治療を受けず死亡した人は、50歳代〜60歳代を中心に2011年だけで67人（2009年比20人増、2010年比4人減）、そのうち42人（2010年と同数）が無保険もしくは短期保険証か資格証明書しか所有しないため、病状が悪化して死亡したと考えられる「非正規保険証者群」に属する。「非正規保険証者群」増加の主な理由は、解雇による無保険や国民健康保険料（税）の滞納に伴う窓口100％負担となる資格証明書などへの強制的切り替えである。さらに同連合会は、全国の医療機関の累計で見れば、治療が受けられず自殺に至った者が5,500人に達すると推計しており、政府や自治体の対応が疑われる。

　2011年の全自殺者総数3万651人を職業別で見ると、「無職者」が1万8,074人で全体の59.0％、次いで「被雇用者・勤め人」26.8％・8,207人、「自営業・家族従業員」8.8％・2,689人、「学生・生徒等」3.4％・1,029人の順で、原因・動機別では「健康問題」を原因・動機とする自殺者が47.7％・1万4,621人と最も多く、「経済・生活問題」が21.9％・6,406人[26]を占める。この中には相当数の無保険者などが含まれる。自殺者を性別で見れば男性が2万955人で全体の68.4％、年齢別では「60歳代」が18.1％・5,547人、「50歳代」17.5％・5,375人、「40歳代」16.5％・5,053人、「30歳代」14.5％・4,455人の順であった。男性の自殺者が多い上、世代の区別なく自殺が蔓延する状況の背景には格差と貧困がある。内閣府の「自殺対策に関する意識調査」[27]によれば、成人の23.4％が「自殺したいと思ったことがある」と回答、08年調査比4.3％増加した。20歳代が3.8％増の28.4％で最も多く、うち「最近1年以内に自殺したいと思ったことがある」が36.2％を占める。自殺を考えた経験のある人を男女別に分けると、女性が27.1％で男性19.1％を上回り、20歳代に続き40歳代が27.3％、50歳代25.7％、30歳代が25.0％、60歳代20.4％、70歳代以上は15.7％で、世代間の割合に余り差はない。内閣府の担当者は「不況に伴う就職難や非正規雇用者の増加、希薄な人間関係が影響したので

はないか」[28]と分析している。

　無保険者などが増加する最大の要因は前述した高額な保険料（税）にある。多くの貧困層が過酷な負担を強いられる中で、保険料滞納世帯は加入世帯の20％以上を占め、資格証明書の発行は29万6,000世帯に増加した。有効期限の短い短期保険証は125万5,000世帯に発行されている。しかも2012年4月、定率国庫負担金を給付費の34％から32％に引き下げ、都道府県から市町村への調整交付金を増額する政府提出の「国民健康保険法の一部を改正する法律」（平成24年4月6日、法律第28号）が成立したため、約4,000億円を一般会計から国保会計に繰り入れざるを得なくなり、自治体の財政が圧迫され一層の保険料値上げが行われる可能性が高い。

　高齢者の介護保険や各種年金制度のあり方は、多くの国民にとって関心の高い問題である。世帯主が無職の高齢者世帯のうち、年間収入が250万円未満の世帯の収支推移を見れば、2000年から11年までの実収入は月額13万円台でほぼ横ばい状態にあり、収入の90％以上が年金である。支出については社会保険料が00年の4,118円から11年には7,172円と1.74倍に急増したため、被服・履物の60％減をはじめ日常の消費支出が激減した。こうした状況の下、3年ごとに改定される介護保険料は、00年の制度開始時の全国平均月額2,911円から上がり続け11年度には4,160円、12年度から5,000円にまで引き上げられた。介護保険制度では、給付費の20％を65歳以上の高齢者が保険料として負担する。そのため高齢化で介護給付が増えるほど保険料が高くなり、「団塊の世代」が本格的に介護保険を利用する27年には平均月額1万円を超えかねない状況である。政府は介護サービスを削減する方針を明確にした。「保険料あって介護なし」の状況が一層強まる恐れを否定できず、政府と自治体の負担割合を抜本的に見直し、低所得者からの保険料徴収を適正化する必要がある。

　老齢年金受給者のうち、公的年金と給与収入を合わせた2009年の年収100万円以下の受給者は全体の40％で、150万円（月額12万5,000円）以下が56％[29]を占める。特に女性の65％が100万円（月額8万3,000円）以下、50万

円（月額約4万円）以下の人も約30％と低年金・低賃金が際立っている。10年10月現在の就業状況は会社員・公務員が8.2％、自営業などが7.7％であるが、臨時・不定期労働の7.0％に加え無職が72％と最も多く、労働環境も整っておらず最低限度の生活が保障されていない。

　2012年5月8日、衆議院・社会保障と税の一体改革に関する特別委員会に付託され、8月に成立した「公的年金制度の財政基盤及び最低保障機能の強化等のための国民年金法等の一部を改正する法律」（平成24年8月22日、法律第62号）と「被用者年金制度の一元化等を図るための厚生年金法等の一部を改正する法律」（平成24年8月22日、法律第63号）は、低所得者に対する年金加算や、一部の短時間労働者に年金支給の適用範囲を広げる条文を規定している。これ等は評価できるが、基本的に国庫負担の軽減を図る目的の法律であり、年金支給額の切り下げ及び異なる制度の厚生年金と共済年金の統合に問題が見いだせる。3年間で年金支給額の特例水準2.5％を廃止する「国民年金法等の一部を改正する法律等の一部を改正する法律案」（第180回通常国会において審議未了）と、全国民に番号を付け、社会保障、税金、雇用、奨学金貸与の状況まで広範囲にわたる個人情報を国や自治体が一元的に把握する「行政手続における特定の個人を識別するための番号の利用等に関する法律案」（第180回通常国会において継続審査）も大きな問題がある。前者は年金生活者の生活を直撃する法律であり、後者は共通番号制の導入によって政府が社会保障給付額と税及び負担料額を簡単に把握できるため、社会保障を「給付と負担」の収支勘定で捉え、給付の抑制・削減に繋がる恐れがあるからである。ただ、年金支給額の特例水準2.5％廃止について政府は12年11月3日、引き下げの時期を1年延期し、13年10月分からの実施に変更したいと発表している。

　最初に挙げた「公的年金制度の財政基盤及び最低保障機能の強化等のための国民年金法等の一部を改正する法律」は、消費税の10％増税と引き換えに「逆進性対策」として低所得者に年金を加算する法律である。受給に必要な資格期間を25年から10年に短縮し、低所得者の年金に月額6,000円と免除期

第6章　「社会的弱者」の実情と制度的問題

間に応じた額が上乗せされる。しかし消費税増税と年金削減、医療・介護保険料の大幅値上げで加算分のほとんどが消滅する。加算対象も家族全員が市町村民税非課税で、年金収入とその他所得を合わせ老齢基礎年金の満額（2012年度は月額約6万6,500円）以下の人に限定された。従って基礎年金満額に加え厚生年金が1,000円でもある場合や、低年金を補うため就労するなど、わずかでも所得があれば加算されない。

「被用者年金制度の一元化等を図るための厚生年金法等の一部を改正する法律」は、公務員や私学教職員の共済年金を厚生年金に統合し、共済年金の保険料を引き上げる法律である。給付削減に止まらず、給付額の低い年金制度に統合する年金「引き下げ競争」は年金制度の根幹を歪めかねない。「社会保障と税の一体改革」を云々するなら、国民に有利な年金に併せるべきである。

民主、自民、公明の3党合意に基づき修正された「国民年金法等の一部を改正する法律等の一部を改正する法律案」は、2012年8月29日の首相問責決議を契機とする国会空転により、第180回国会では成立せず継続審議となった。将来世代を含む国民年金額を3年間で2.5％減額する内容で、1人親世帯や障害者・被爆者に対しても障害・被爆関連諸手当てと連動して1.7％の削減となる。年金には物価の変動を考慮した「物価スライド制」が適用されるが、本来は物価上昇による年金目減りを抑制するための措置である。00年度から3年間、消費者物価は下がったが、生活実態や経済への影響を配慮して年金額は据え置かれた。政府はそれを「本来より年金が高い特例水準にある」と断定して削減の根拠にしたのである。けれども実際は、電化製品などは著しく値下がりした反面、食料品など生活必需品は高値のままで、医療や介護保険料といった消費者物価に反映しない諸経費は大幅に上昇する傾向にある。高齢者の可処分所得の減少を考慮すれば、物価下落を理由とする年金削減は合理性がない。また、同法案には基礎年金の国庫負担分50％を交付国債で確保するとあるが、消費税増税が前提であるため国民負担がかえって重くなる可能性がある。

社会保障は必要に応じて給付を受け、支払い能力に応じて負担する「応能主義」を原則としなければならない。「行政手続における特定の個人を識別するための番号の利用等に関する法律案」は、「社会保障と税の一体改革」関連法案をめぐる民主・自民・公明3党の協議の中で浮上した「社会保障制度改革推進法案」の中に「社会保障番号制度の早期導入」が盛り込まれて以降、一挙に成立の見通しが強まった。しかし同法案も問責決議による国会の空転に伴い180回通常国会で成立せず継続審議となっている。政府は消費税増税に伴う「低所得者対策」として給付付き税額控除と、社会保障の負担額に上限を設ける「総合合算制度」の創設を掲げ、そのためにも共通番号制が必要と説明してきた。ところが3党協議で「給付付き税額控除」は先送りとなり、「総合合算制度」は内容が定まっていない。共通番号制を導入しても国民の所得を全部把握するのは不可能である。政府・与党社会保障改革検討本部も「すべての取引や所得を把握し、不正申告や不正受給をゼロにすることは非現実的」(30)と認めている。適正な所得再配分を行わず、給付額に応じて負担する市場原理に基づく「応益主義」を持ち込む「自立・自助」の考え方は社会保障の範囲を狭め、受給者を限定するだけでなく、社会保障制度の本来的性格を変質させる可能性を強める。また個人情報の流出や「成りすまし」など不正行為の完全防止は非現実的で、イギリスでは番号制導入を定めた国民ICカード法を人権侵害への危険性や巨費の浪費に繋がる恐れがあるとして廃止、ドイツは行政機関の番号使用を規制するなど、極めて限定的に運用している。財務省の財政制度審議会・財政制度分科会は2012年10月15日の会合で、13年度予算編成における社会保障分野の制度見直しを議論(31)した。介護保険の自己負担割合10％引き上げ、後期高齢者医療制度における健保組合負担割合の拡大、70歳～74歳の医療費窓口負担を10％とする特例措置の廃止と20％負担の復活である。いずれも国庫負担の軽減を目的とする議論であり4,000億円の削減効果を見込んでいる。このような国民の生命と健康を軽視する財政緊縮策は批判されるべきである。

　政府の施策に対し、東日本大震災で被災した住民への被災自治体の対応は

かなり適正である。厚生労働省は原発事故に係る避難指示等対象地域（2013年2月末まで延長）を除く被災者の医療・介護の保険料、医療費、利用料の減免措置を2012年9月末で打ち切り、10月以降に災害減免を実施する場合は一定の条件を付けて免除額の80％を支援、残り20％は自治体負担とした。岩手県は12年8月9日、10月以降も減免措置が継続されるよう独自の財政支援策を実施すると発表、国民健康保険や介護保険及び後期高齢者医療制度の一部負担金と利用料について関係市町村と協議の上、13年3月末まで免除費の80％を負担することとした。宮城県の後期高齢者医療広域連合は8月31日、後期高齢者医療の一部負担金免除措置を13年3月末まで継続することを決めている。免除対象者数は6万7,268人、免除額の自治体負担は約5億円で各自治体が利用実績に応じて負担する。さらに、仙台・石巻・名取・多賀城・岩沼・東松島の各市と女川・南三陸・富谷の各町は、国民健康保険の一部負担金と介護保険の利用料免除の継続方針を決定した。

　厚生労働省の調査では、大震災で被災した国民健康保険加入者の医療費自己負担分を、2012年10月1日以降も各々運営する国保で独自に免除（国の支援80％を除く）する自治体が、被災3県を含む36都道府県の202市町村（うち、被災3県は84市町村）に達し、免除対象者は数十万人規模に上るとされる。保険料を減額する自治体は175市町村である。復興庁によると被災者の避難先は約1,200市町村に及んでおり、同様の措置を執る市町村が増えると思われる。後期高齢者医療制度に関しては青森・秋田・岩手・宮城の4県全域で引き続き医療費の自己負担分が免除される。けれども中小企業の従業員などが加入する全国健康保険協会は9月末で医療費の自己負担免除を終了した。特に被災自治体の脆弱な財政力を考慮すれば、失業給付の延長と医療・保険に対する政府の支援継続が求められる。

第4節　生活保護と貧困

　生活保護制度が揺らいでいる。生活保護受給者は2011年2月に200万人を

超えて以来毎月連続で最多を更新、7月の生活保護受給者数は205万495人となり、通年平均ベースで過去最多を記録した51年度の204万6,646人[32]を上回った。受給者数は毎月1万人前後のペースで増加しており、東日本大震災の影響（2011年9月末までに被災939世帯が生活保護）でさらに増加した。同年8月時点の生活保護受給者数（速報値）は7月より9,376人増の205万9,871人、世帯数では6,889増の149万3,230世帯[33]となっている。12年3月時点の受給状況[34]は非保護世帯数152万8,381世帯、被保護実人員210万8,096人（2月比1万695人増）で210万人台を超えた。6月の生活保護受給者数は211万5,477人、世帯数は154万2,784世帯[35]である。6月の生活保護状況を世帯別に見ると高齢者が67万1,572世帯で最も多く、けがや病気を抱える傷病者が29万8,703世帯、その他失業などによるものが28万3,062世帯である。受給世帯の中でも定職がなく生活保護を受けざるを得ない若年世帯の増大が問題で、長期化する不景気に加え雇用破壊による失業者の増加と、非正規雇用者及び無年金・低年金者の拡大など、セーフティ・ネットの機能不全が格差と貧困を固定化・拡大再生産させる重大な原因になっている。生活保護制度の後退はいずれ深刻な社会的不安定を助長し、社会的混乱の発生に発展する可能性がある。

　生活保護費の支給総額は、2001年度の2兆円台から09年度には3兆円を突破した。10年度は3兆2,289億円（2011年度予算は3兆4,000億円）を超えており、政府と地方自治体の財政再建に悪影響を及ぼしている。生活保護関連予算は過去最多を更新し続け、12年度当初予算ベースで3兆7,000億円に達する。厚生労働省は12年5月、15年度の生活保護費は4兆1,000億円、20年度4兆6,000億円、25年度には40％増の5兆2,000億円に増大すると試算した。GDPに対する比率は12年度の0.8％から25年度には0.9％になる。13年度予算編成において政府は「聖域視しない」と明言、概算基準で生活保護費の削減を明記しており、国民の生存権が必ずしも保障されない状況である。11年12月時点における「自立」を目指すセーフティ・ネット（生活保護制度を除く）は、失業保険受給対象外の非正規雇用者に対する無料の職業訓練と、低

第6章 「社会的弱者」の実情と制度的問題

収入者を対象に月10万円の生活費を支給する11年10月導入の求職者支援制度しかない。厚生労働省は生活保護費の約半分を占める医療費扶助（試算では2012年度の1兆7,000億円から2025年度は2兆6,000億円）の削減を予定している。医療費扶助は全額公費で賄われるため窓口負担がなく、過剰受診を招きやすいとの理由である。同扶助の削減は生活保護受給者に対する自立支援の劣化だけでなく、生活保護費全体の抑制論議を一層強める可能性が高い。

東京大学大学院・ハーバート大学及び筑波大学の共同研究[36]では、高齢者の医療費窓口負担の軽減が健康状態の改善に効果を及ぼすという結果が得られた。国民生活基礎調査のデータを分析し、窓口負担の軽減が人々の健康にどのような影響を与えるかに関する科学的な評価は初めてである。政府と民主党・国民新党が2012年1月6日の「政府・与党社会保障改革本部」の会合で決定した「社会保障と税の一体改革素案」には、70歳～74歳の窓口負担を20％（負担増額1,900億円）に引き上げるとある。これに対し、共同研究は69歳までの30％負担が70歳以降10％に軽減されれば健康状態が精神面で改善し、身体的にも改善する可能性が高いとするのである。生活保護受給者の場合も同じで、医療扶助費を抑制すれば受診率が下がって不健康となり受給者を拡大する恐れがある。

政府は生活保護費の不正受給問題を誇大宣伝し、生活保護制度見直しの「突破口」として利用した。2010年度の生活保護不正受給額は、過去最高の128億円（2009年度は約102億円で生活保護費の0.33％）に上る。「税の公平」の観点からも不正受給者に対する対応は当然必要である。厚生労働大臣は、衆議院における自民党委員の不正受給に関する質問に対し、「国民の中に納得できないとの声があることを承知」しており「検討したい」[37]と答弁、生活保護受給者の親族が受給者を扶養できない場合、親族側に扶養が困難な理由を証明する義務を課す「生活保護法」（昭和25年5月4日、法律第144号）を改正する考えを示した。これを受け、厚生労働省は12年6月4日、「生活困窮者の自立支援」を名目に、「扶養義務を果たしてもらうための仕組みの検討」を盛り込んだ「生活支援戦略」の骨格を国家戦略会議に報告[38]、7

月5日に「中間まとめ」[39]を提出している。具体的な内容は就労支援受給者の扶養が困難という親族に対する理由証明義務、扶養可能な扶養義務者には必要に応じて保護費の返還を請求並びに「3年以下の懲役または30万円以下の罰金」となる不正受給者に対する罰則強化である。

　厚生労働省は2012年9月28日、生活保護受給者に「低額・短時間であってもまず働くこと」を盛り込んだ「生活支援戦略」素案を「社会保障審議会・生活困窮者の生活支援の在り方に関する特別部会」に提示した。生活保護受給者が労働で得た収入の一部を積み立てて自立後の生活費などに充てる「就労収入積立制度」の創設と、積極的な就職活動を行う者に保護費を加算する提案である。けれども10月17日の同部会では、日本社会福祉士会の委員などから疑問を呈する意見[40]が出されている。同省は12年内にも最終報告をまとめ、13年の通常国会で生活保護法を改正する方針であるが、親族の扶養義務強化や親族に対する保護費返還請求は重大な問題である。生活保護費受給前に家族などで助け合い、自立のための努力を行うのは当然である。現行法では生活保護申請があれば、行政担当者が扶養義務のある親族を訪問して年収や扶養の可否を尋ねる仕組みで、強制調査する権限もなく人員も不足している。不正受給問題の背景には政府の生活保護費大幅削減の狙いがあり、問題を誇張すれば圧倒的多数の善良な生活保護受給者に多大な悪影響を及ぼす。不正受給の解消にはまず、現行法の範囲で厳格な返還手続きを取る手法が求められる。

　敗戦直後の旧生活保護法（昭和21年9月9日、法律第17号）には、扶養義務者が存在する場合は扶養されていなくても保護を受けられないという条文があった。しかし1950年制定の生活保護法は、「親族の扶養を強調することは封建的な時代錯誤」であり「改正を要する」との立法趣旨に基づき、扶養義務を保護の要件から除外したのである。厚生労働省は「社会保障と税の一体改革」の一環として12年10月5日、5か月ぶりに「第10回社会保障審議会生活保護基準部会」を再開し、生活保護基準額の引き下げに向けた検討を本格化させた。生活保護基準額の決定は、国民生活を守る諸法律や制度と密接

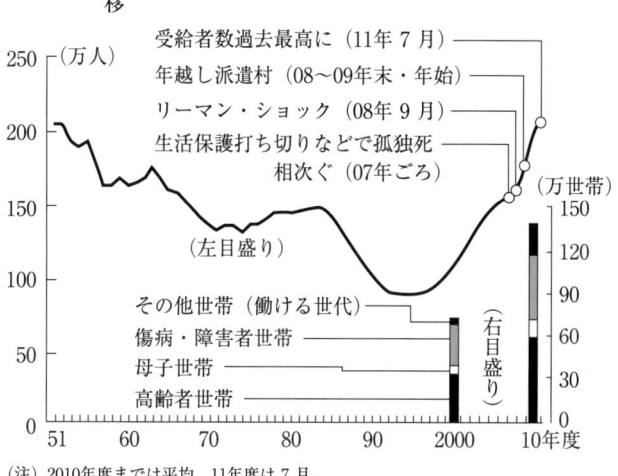

第6章 「社会的弱者」の実情と制度的問題

図6-4 生活保護受給者数と働ける世代及び高齢者世帯の推移

（注）2010年度までは平均、11年度は7月。
出所：厚生労働省資料「社会福祉と生活保護」より作成。

不可分の関係にある。最低賃金は生活保護を下回らないよう法律で定められているため、基準額の引き下げは最低賃金の引き下げに波及しかねない。住民税の非課税限度額とも連動するため無税であった低所得層にも税金が課せられる。保育、国民健康保険、介護保険の負担増のみならず就学援助が打ち切られる場合[41]もある。財務省は12年10月23日、13年度予算編成で生活保護費の給付水準を引き下げる方向で見直す方針を決定、生活費や住居費の減額を中心に厚生労働省と調整に入った。厚生労働省は12年10月26日、「生活支援戦略」の一環として13年度から生活保護受給者を対象に本格的な就労支援を実施する方針を固め、13年度概算要求に関連経費100億円を盛り込んだ。生活保護受給者には自治体職員がハローワークに同行して求職を後押しするが、受給前の申請者や相談者への適用は初めてである。生活保護申請を窓口で受け付けず、申請書さえ渡さない事例が多々見られるように、就労支援に名を借りた「門前払い」が増えるとすれば言語道断である。

　人口に対する生活保護制度利用者の割合を示す保護率で見れば、2010年度

は貧困線以下で生活する人の約1.9％⁽⁴²⁾（戦後最多であった1951年度は2.4％）に過ぎず、フランスの10.6％、ドイツ9.7％、イギリス9.27％、スウェーデン4.5％と比較すれば保護を必要とする実数を大幅に下回る。生活保護を受ける必要のある人のうち、実際に保護を受ける人の割合（捕捉率）はフランスの91％、スウェーデン82％、ドイツ64％に比べ、日本は20％〜30％程度と非常に低い[43]。それでも生活保護受給者が増大する背景には第1に、年金制度が最低生活保障の機能を果たせないという問題がある。生活保護受給者は主に高齢者世帯（42.5％）と傷病・障害者世帯（32.7％）で占められ、無年金・低年金の場合が多い。第2は16歳〜64歳までの働ける年齢層を含む「その他世帯」の増加（図6-4を参照のこと）である。「その他世帯」の比率は17％に達するが、うち約70％が「世帯主が50歳以上」で、再就職の困難な層に属している。貧困から脱却可能なセーフティ・ネットの整備、社会年金制度や雇用保険制度の充実、労働市場の改善並びに求職者支援制度の拡充こそ必要といえる。中でも生活保護者の基本的救済は就職支援である。

しかし雇用保険法（昭和49年12月28日、法律第116号）に基づき支給される失業給付は極めて貧弱といわざるを得ない。失業給付は求職期間中の生活を支える貴重な収入である。給付の受給日数は加入期間や失業時の年齢によって異なるが、最も短い場合は90日、長くても330日である。第180回通常国会において成立した雇用保険法改正を含む「現下の厳しい雇用情勢に対応して労働者の生活及び雇用の安定を図るための雇用保険法及び特別会計に関する法律の一部を改正する法律」（平成24年3月31日、法律第9号）は、雇止めにより離職した人の給付日数（90日〜150日）を、解雇・倒産による離職者の給付日数（90日〜330日）並みとする措置及び解雇・倒産・雇止めによる離職者に対し、年齢や地域を踏まえ、特に就職が困難と認められる場合に給付日数を最大60日延長する措置を講ずる規定を設けた。但し、これ等は2012年3月末で失効する暫定措置を13年度まで延長したに過ぎない。

景気不況と就職難が続く中、東日本大震災の被災者は生活上困窮を極めている。岩手、宮城、福島3県の有効求職者数は2011年8月に最大の16万人に

第6章 「社会的弱者」の実情と制度的問題

達したが、12年1月時点でも14万人が求職中であった。1月の失業給付受給者は11年比103.8％増の6万2,528人に上る。政府は被災者に対する失業給付受給日数を30日から60日延長し、特例措置としてさらに60日の延長を認めた。しかしその後の延長は見送られ、12年2月中旬までに特例延長が失効した3,510人のうち就職できた人は921人に過ぎない。続いて4月末までに累計1万人以上の失業給付が切れ、9月末には給付期間が過ぎた受給者の65％の再就職が決まらないまま全員の給付が終了している。失業給付は希望すれば比較的簡単に就職先が決まるという前提の「一時しのぎ」的性格のものであり、本来の求職者支援からほど遠い。

　厚生労働省は2011年12月、「生活保護制度に関する国と地方の協議」で生活保護費削減方針を具体化した「中間とりまとめ（案）」[44]を提出、雇用保険を受けられない失業者に月額10万円を給付する一方で、「職業訓練の実施等による特定求職者の就職の支援に関する法律」（平成23年5月20日、法律第47号）に基づく職業訓練を実施する求職者支援制度の見直しを提案した。「中間とりまとめ（案）」は、「合理的理由なく訓練の申し込みをしない又は訓練に出席しない場合は、稼働能力不活用として……（中略）……所定の手続きの上で保護の停廃止を検討することが適当」であり「速やかに実行する事項」と位置付けた。「国と地方の協議」は生活保護費の増加を「財政の圧迫」問題として捉え、受給者数の抑制を主な議題にしており、生活保護費削減を求職者支援制度の厳格化と絡めて実現する意図を持っている。保護停廃止の検討対象から除外される「合理的理由」の中身が問題になろうが、基準の設定は極めて困難であろう。訓練を欠席・遅刻・早退すれば当該月の生活保護費を給付せず、欠席が続けば訓練初日に遡及して給付金返還を要求する措置は、病気や母子家庭などやむを得ない事情で働けない人々にも適用される可能性が高い。

　生活保護費受給者の増大は、不十分な失業給付や無年金・低年金といった社会保障の不備がもたらした結果である。生活保護費の削減は、憲法第25条に規定された国民の「健康で文化的な最低限度の生活」を保障するために必

要なセーフティ・ネットの抑制を意味する。生活保護法第1条は「憲法第25条に規定する理念」に基づき「必要な保護を行い、その最低限度の生活を保障する」と規定している。従って生活保護費の増加を「財政の圧迫」と捉え予算を削減するのは貧困層の生活権を軽視する行為であり、むしろ制度の充実こそ求められる。生活保護を受けても生活に困窮し、自殺に追い込まれた生活保護受給者は2009年の1,045人から10年には1,047人、11年は10年比140人増の1,187人[45]に及ぶ。なお、厚生労働省は12年8月16日、支給期間を最長9か月に限定した上で、派遣切りなどで仕事や住居を失った人に家賃を補助する住宅手当制度を15年度から恒久化する方向を打ち出した。リーマン・ショック後の雇用情勢の悪化を受け、緊急対策として09年10月に開始された制度であるが、12年度末にも基金が枯渇するため、基金方式から法律に基づき国の予算で経費を確保することになる。

　重要な問題は「自己責任」論による一部国民の無理解である。「2012年版厚生労働白書」[46]にある「国民意識調査」では「生活に困っている人がいる理由」について、「社会が不公平だから」が40.6％を占め、国民の多くは格差と貧困の原因が社会に存在するという正確な知識を持っている。第2位は「社会が進歩していく過程では、そうした人が出るのは避けられない」の32.3％、「その人たちが不運だったから」12.0％、「その人たちが怠け者で意志が弱いから」15.2％と無理解な意見が続く。「社会保障と税の一体改革」は「自助を基本」として自己責任論を打ち出し、国の責任を縮減させる本質を有するが、労働現場や教育などあらゆる分野で自己責任論が横行している。国民は社会の不合理を変革しなければ「弱肉強食」の矛盾に満ちた「人間性の疎外」が拡大することに気付かねばならない。

第5節　障害者支援をめぐる諸問題

　イギリスでは新自由主義的政策と緊縮財政のため社会保障制度の劣化が見られるものの、1946年制定の「国民保健サービス法」(the National Health

第6章 「社会的弱者」の実情と制度的問題

Service Act of 1946)に基づく48年発足の「国民保健サービス」(National Health Service：NHS)制度により医療費の窓口負担は原則無料、低所得者には病院までの往復交通費が支給[47]される。また、イギリスは日本とほぼ同様の人口規模ながら、福祉関係職員を含む約2倍の公務員が細やかな保護に従事している。全世帯に占める公的扶助の受給者世帯は25％に上る。但し1834年制定の「新救貧法」(New Poor Law)に基づく生活扶助者が「国家公認の貧困者」扱いされた歴史的経緯もあり、根本的な貧困者救済には至っていない。

　「国民保健サービス」制度は保守・自民連立政権の下で変質しつつある。「国民保健サービス」に要する支出は同国の予算の約17％を占め、イングランド地方では約1,000億ポンドの年間予算と140万人の職員で運営される。政府は同制度を中心とするイングランド地方の医療事業を変革し、民間の参入と競争原理の導入を図る法案成立を目指している。理由は①高齢化や新薬に要する費用がインフレ率以上に「国民保健サービス」の支出を増やしており効率化が必要、②競争による効率と質の向上が期待されるなどである。反対派は対立候補を擁立して法案賛成議員を落選させる運動を決定したが、利潤を追求する民間医療が低所得者や貧困層の医療を守る保障はない。イギリスが誇った「ゆりかごから墓場まで」(from the Cradle to the Grave)という伝統的な福祉国家を破壊しかねない新自由主義的政策は見直されるべきと考える。

　日本における自治体福祉職員は、2000年の介護保険制度創設以前の99年と比べ10年には約48万人から10万人も減員となった。適正な公務員数を確保せず、毎年のように人員整理を続けた結果である。国民は公務員の削減が必要な行政サービスの質のみならず、福祉サービス自体の縮小に繋がることを明確に認識すべきであろう。ともあれ、フランスにおける年金の最低保障額は単身の場合、日本と同程度の月額8万円～9万円であるが、年金を補う様々な現物及び現金支給が行われ、公共住宅（全住宅供給の21％、日本は6％）に居住する世帯の18％が住宅手当の対象であり、低所得者は相当の支出を軽

減できる。付加価値税も生活必需品が無税あるいは低率のため、日常生活ではそれほどの負担感がない。

　政府は消費税の増税を定めた「社会保障の安定財源の確保等を図る税制の抜本的な改革を行うための消費税法等の一部を改正する等の法律」(平成24年8月22日、法律第68号)を成立(以下、必要な場合を除き消費税増税法とよぶ)させた。同法の制定にはかなりの紆余曲折があったが、詳細は第7章以降に譲る。本節では消費税増税法が障害者の生活に与える影響について述べておきたい。消費税増税は低所得者や生活保護世帯でなくても負担が大きく、夫婦の1人が働く4人世帯の場合、年収250万円未満の世帯では8％への増税で年約4万6,000円、10％では7万6,000円の税負担増となり、貧困と格差をますます助長することになる。とりわけ就職が困難で就職しても賃金が安定せず、各種社会保障制度に依存せざるを得ない障害者は負担が非常に重くなる。本章第3節で触れたが、総務省が2012年4月27日に発表した11年度平均の全国消費者物価指数 (Consumer Price Index：CPI)[48]では、地上デジタル放送への移行に伴い値下げ競争が拡大したテレビや冷蔵庫などの物価は大きく下落した。12年10月26日公表の9月の全国消費者物価指数(10年＝100)でも電化製品の値下がりが続き、総合指数が99.8となり、5か月連続のマイナス[49]である。しかし生活必需品の物価は10年度とほぼ変わらず水光熱費が値上がりしている。不可欠な医療費、介護保険料と合せれば消費税増税は障害者の生活を直撃する。

　そのような中で、低所得者に一時金を毎年支給する「簡易な給付措置」の制度設計が決まっていないのは大きな問題である。「低所得者」の基準及び財源が曖昧なためとされるが、低所得者に税金の一部を還元し、10％への税率引き上げ時には課税最低限以下の非納税者に現金を支給する「給付付き税額控除」も具体策が未定のまま「社会保障制度改革推進法」(平成24年8月22日、法律第64号)第9条に規定する「社会保障制度改革国民会議」の議論に委ねられた。1997年の消費税増税時は、高齢の低所得者や障害者など約890万人に約950億円を費やして「臨時福祉給付金」を支給したが、原則とし

て1人1万円に止まり1回の支給で終了した。12年の消費税増税法案審議では、食料品など生活必需品の税率を軽減する軽減税率の設定も「対象品目の線引きが困難」との理由で先送りされている。消費税増税が障害者の生活に及ぼす影響と負担は相当大きいと思われ、税負担軽減、社会保障制度の拡充と共に障害者の社会的自立を後押しする制度が求められる。

ところが2012年の第180回通常国会において、障害者の自立を促進する法律は制定されなかった。民主党が公約に掲げた「障害者自立支援法」(平成17年11月7日、法律第123号)の廃止と、障害者の社会参加への権利を認める新法制定を要請する障害者団体との政府合意の「骨格提言」は反故にされた。「骨格提言」とは当事者が多数参加する内閣府の「障がい者制度改革推進会議・総合福祉部会」に対し、民主党が障害者の社会参加権を定める新法制定を前提とした素案作成を要請し、11年に同部会が作成した提言である。政府は「骨格提言」を無視して利用者負担の「原則無料化」を見送り、福祉サービスの利用を抑制する「地域社会における共生の実現に向けて新たな障害保健福祉施策を講ずるための関係法律の整備に関する法律」(平成24年6月27日、法律第51号)を成立させた。従来の「障害者自立支援法」の名称を変更しただけの法律で、障害者に自己責任を求める「応益負担」を課す法律の制定は、日本のセーフティ・ネットが極めて脆弱であることを示すものである。06年4月施行の自公政権が強行した「障害者自立支援法」は、障害者が生きるために必要な支援を「利益」と捉えて10%の負担を課し、障害が重い者ほど負担が重くなる「応益負担の原則」(benefit principle)を持ち込んだ。新法は「応益負担」を残し、障害を「自己責任・家族責任」とする点で従来の障害者自立支援法と変わりはない。「応益負担」を課す自公民合意の新法は、一部を除き13年4月に施行される。

但し、企業や国などに一定の障害者を雇用する義務を負わせる「障害者の雇用の促進等に関する法律」(昭和35年7月25日、法律第123号)に基づく障害者雇用対策は成果が見られる。ハローワークを通した2011年度の就職件数は10年度比12.2%増の約6万件と過去最高を更新、求職者数も約14万8,358

人と11.8％伸び、11年6月1日現在の雇用者数は36万6,000人と8年連続で記録を更新した。厚生労働省は12年5月、障害者雇用を促進するため13年4月から民間企業の法定雇用率を1.8％から2.0％に、国や地方自治体は2.1％から2.3％、都道府県の教育委員会は2.0％から2.2％に引き上げる方針を決定した。法定雇用率の改訂は、厚生労働大臣による労働政策審議会・障害者雇用分科会への諮問に対する答申を受けて決定された。法定雇用率の見直しは15年ぶりであるが、12年6月上旬に必要な政令改正が行われ、対象企業も従業員「56人以上」から「50人以上」に広げられた。従業員201人以上の企業については、法定雇用率が未達成の場合は納付金を徴収し、達成すれば上回った人数に応じて調整金を支払う仕組みである。これ等は評価に値するが12年6月1日現在、50人以上56人未満の企業のうち雇用率が2％を超えた企業は約3,470社、2％以下が5,800社で、実際に企業で労働する障害者の実雇用率も1.69％に止まっている。障害者受け入れに必要な設備の整備が難しい結果であり、今後は中小企業を中心とする公的支援の拡充が求められる。

　全国の障害者向け小規模作業所などで組織する「きょうされん」による約1万人を対象とした調査[50]は、障害福祉施設や就労支援事業所で働く障害者のうち生活保護、年金や障害手当、賃金・工賃などの年収が100万円以下（貧困線112万円）の障害者が56.1％に達する状況を明らかにした。年収200万円以下の障害者は98.9％である。国税庁の「民間給与実態統計調査」と比較すれば2010年の場合、全労働者の平均年収のうち100万円以下は7.9％、200万円以下は22.9％であり、障害者の厳しい生活状況が理解できる。10年度における障害者の平均賃金は月額1万3,079円に過ぎず、障害者年金受給者が回答者の86.7％に当たる7,504人で、そのうち障害基礎年金受給者は84.5％の6,343人、障害厚生年金受給者が393人となっている。重要な事柄は、「きょうされん」調査対象者約1万人の中で生活保護受給者が9.95％を占め全人口に対する受給者約1.6％の6倍以上、年金を受給しながら生活保護を利用する障害者が6.3％存在する実態である。このように、障害者の多くが生活保護を利用しなければ生活ができない状況に置かれている。

第6章 「社会的弱者」の実情と制度的問題

第6節 「貧困死」の実情

　現代における貧困の特徴は単なる生活上の困窮だけでなく、生命の維持に不可欠な食糧も得られず孤独を余儀なくされることである。「孤立死」や「餓死」は高齢者に限らず若年層にも拡大するが、厚生労働省は実態を正確に把握していない。同省は2012年2月、自治体に電気・ガス事業者などと連携して生活困窮者の把握を求める通達[51]を出した。同様の通達は00年4月以降、生活困窮による死亡事例発生の都度合計6回出されている。にもかかわらず同省をはじめ自治体も十分な対応をとらず、「孤立死」や「餓死」が相次ぐ事態を招くのである。

　2012年上半期のみを示せば、①札幌市で40歳代の姉妹がライフラインを止められ、3回も生活保護相談をしながら保護費を受給できず1月はじめに死亡した事例、②さいたま市北区の60歳代夫婦と30歳代の息子の3人が2月、所持金数円を残したまま料金滞納により電気・ガスを止められた状態で餓死、福祉事務所には相談していなかった事例、③東京都立川市中心部のマンションで2月、40歳代の無職の母親と知的障害のある4歳の息子が死亡、母親がくも膜下出血で死亡した後、息子も衰弱死したと推測される事例、④東京都立川市の都営住宅で90歳代の母親と60歳代の娘が死亡、母親は認知症で要介護2の認定を受けながら介護サービスを受けられず、介護していた娘が先になくなり、母親は衰弱死したと見られる事例、⑤東京都豊島区の都営住宅において7月、70歳代の母親と40歳代の長女が死亡、母親は認知症で長女が先に病死、母親は衰弱死したと見られる事例、⑥東京都多摩市の都営住宅で8月、80歳の母親と49歳の娘が死亡、母子は生活保護を受給しており、母親は寝たきりで娘が介護していたが持病があった事例など多数に上る。

　厚生労働省は2012年3月1日、社会・援護局関係主管課長会議において生活保護相談の際、保護開始申請の適切な取り扱い徹底を求めたが、社会保障関係支出費用の増大に伴う財政負担を問題視する政府や自治体が、生活困窮

者に対する適切な職責を果たしているとは思えない。政府は12年4月の「国家戦略会議」において、生活保護費の抑制を図る生活保護制度改定を主柱とする「生活支援戦略」の策定方針を決定、厚生労働省は9月28日、生活保護の不正受給に対する罰則引き上げと「制裁金」導入を盛り込んだ同戦略の素案(52)を社会保障審議会特別部会に提示した。素案には10年度の不正受給額が129億円に膨らんだとして罰則の引き上げが盛り込まれ、同時に1人当たりの生活保護費引き下げも提案された。財政負担軽減のための生活困窮者排除は社会保障制度の基本原則に反する行為である。阪神・淡路大震災後の経験を見るまでもなく、東日本大震災の被災地で「孤立死」や「餓死」が続発する懸念は払拭できない。福島県南相馬市の場合、福島第一原発事故の旧緊急避難準備区域には震災前4万6,743万人が居住していた。12年3月29日現在、市外避難中の1万2,866人の大半が住民票を移動しておらず、帰宅しても市役所に連絡しなければ被災者の生活実態を把握できない状況がある。同区域では2月下旬に69歳の母親と47歳の長男が凍死しているのが発見されている。

　こうした状況の中で、生活保護や貧困問題などに関する民間団体が2012年3月、「全国『餓死』『孤立死』問題調査団」を結成した。「餓死」や「孤立死」が発生した自治体に公開質問状の送付や実地調査を行い、実態と責任所在を明らかにし、防止のための提言を行うのが目的である。行政を補完する非営利団体の役割は重要であるが、生存権を保障する義務を持つ国や自治体行政の不作為を印象付ける事柄である。

　現代の「孤立死」や「餓死」はその多くが貧困に起因しており、正確には「貧困死」というべきものである。高齢者の「孤独死」は、既婚の子供たちとの同居率が1980年の50％以上から05年には25％以下に低下するなど、高齢化社会に起因する場合が多い。高齢者の単身または夫婦のみの世帯が15年には1,161万世帯（うち単身世帯は562万世帯）に達すると推計される中、「孤独死」の増加は十分考えられる。「貧困死」多発の背景には①例えば、東京都港区の11年度統計で、同区に居住する1人暮らしの高齢者の32％が生活保

護基準以下の年収150万円未満に過ぎない貧困層の拡大、②全国の高齢者の13％程度しか介護保険サービスを享受できない福祉サービス体制の未整備がある。貧困と孤立は中年層や若年層を含む国民全般に及び、最終的に「貧困死」を招来するのである。フランスでは家賃や公共料金を滞納しそうな場合、関係行政機関が訪問して負担するなど、貧困に起因する生活保護は当然視されており、国民の10％以上が同サービスを利用している。

注

(1) 国立社会保障・人口問題研究所「日本の将来推計人口（平成24年1月推計）」、2012年1月30日。
(2) ブルッキングス研究所（The Brookings Institution）の調査（時事ドットコム2012年2月7日、*http://www.jiji.com/jc/zc?k=201202/2012020700058*）を見ると、アメリカでも所得の格差が結婚の機会に影響する「結婚格差」が進んでいる。同国では全世帯に占める既婚世帯が2010年に初めて50％以下になった。11年には既婚率が過去50年で最低水準に下がり、所得の低い男性ほど未婚率が高い状況である。30歳～50歳の男性では年収下位25％の既婚率が70年の86％から50％に低下した反面、上位10％の既婚率は95％から83％への低下に止まった。同研究所は「個人の結婚観に拘わらず、雇用や収入が既婚率に影響した」と分析しており、女性の社会進出や離婚率の増加だけでなく、格差と貧困の拡大が背景にあると考えられる。
(3) 内閣府『平成23年度版子供・子育て白書』勝美出版、2011年7月。第2章第1節第4、各表。
(4) 国立社会保障・人口問題研究所「第14回出生動向基本調査」、2010年6月。
(5) 厚生労働省雇用均等・児童家庭局「保育所関連状況取りまとめ（平成24年4月1日）」、平成24年9月28日。
(6) 厚生労働省「保育所入所待機児童数（平成23年10月）」、平成24年3月30日。
(7) 平成23年度厚生労働省委託事業・株式会社ポピンズ「保育士の再就職支援に関する報告書」、平成23年12月。
(8) 野田佳彦首相（当時）答弁。衆議院本会議録、平成24年5月10日。
(9) 自民党社会保障制度に関する特命委員会「今後の社会保障に対するわが党の基

本的な考え方」、2012年5月15日。
(10) 労働政策研究・研修機構「子どものいる世帯の生活状況および保護者の就業に関する調査」、2012年3月28日。
(11) 総務省統計局「我が国のこどもの数──『こどもの日にちなんで(人口推計から)』」、平成24年5月4日。
(12) 厚生労働省雇用均等・児童家庭局均等政策課「平成23年度雇用均等調査結果」、平成24年4月26日。
(13) The Pew Research Center; *A Record One-inFive Households Now Owe Student Loan Debt*; http://www.pewsocialtrends.org/2012/09/26/a-record-one-in-five-households-now-owe-student-loan-debt/
(14) 東京大学・大学総合教育研究センター小林雅之稿「高校生の進路選択の要因分析」、2008年9月1日。
(15) 東京地区私立大学教職員組合連合会「2011年度私立大学新入生の家計負担調査」、2012年4月9日。
(16) 「平成24年第3回国家戦略会議議事要旨」、平成24年4月9日。
(17) OECD; *Education at a Glance : OECD Indicators 2012* http://www.oecd.emb‐japan.go.jp/home.english.files/pdf/education.country%20note%202012%20english.pdf#search='Proportion%20of%20public%20expenditure%20to%20educational%20institutions%20to%20GDP,%20September%202011,%202012%20OECD'
(18) 同州の人口はカナダ総人口の22%を占めるが、豊富な資源を有する上、住民の80%がフランス語を話す。1960年代以降に独立機運が高まり、内政上の大きな問題になっている。分離独立の住民投票は80年と95年に行われ小差で否決された。
(19) しんぶん赤旗、2011年12月1日。
(20) 厚生労働省「平成21年度国民健康保険(市町村)の財政状況等について」、年月日不詳。
(21) 厚生労働省「収納対策緊急プランの策定等について」、平成17年2月15日付け保国発第0215001号、厚生労働省保険局国民健康保険課長通知。
(22) 年収から公的年金控除等を差し引いたもの。65歳未満では年金収入130万円未満の場合で70万円、65歳以上は年金330万円未満の場合、120万円が控除される。
(23) 厚生労働省保健局「平成22年度国民健康保険実態調査報告」、平成24年3月。

(24) 安住淳財務大臣(当時)の答弁。衆議院厚生労働委員会議録、平成23年10月26日。
(25) 全日本民医連国民運動部「2011年国保など死亡事例調査報告について」、2012年2月20日。
(26) 内閣府自殺対策推進室・警察庁生活安全局生活安全企画課「平成23年中における自殺の状況」、平成24年3月9日。
(27) 内閣府自殺対策推進室「自殺対策に関する意識調査」、平成24年5月2日。
(28) 時事通信、2012年5月2日。
(29) 厚生労働省「公的年金加入者等の所得に関する実態調査結果」、平成24年8月15日。
(30) 政府・与党社会保障改革検討本部「社会保障・税番号大綱」、2011年6月30日。
(31) 財務省「財政について聴く会」(財政制度審議会・財政制度分科会)、平成24年10月17日。
(32) 厚生労働省大臣官房統計情報部「福祉行政報告例(平成23年7月分概数)」、平成23年11月9日。
(33) 厚生労働省大臣官房統計情報部「福祉行政報告例(平成23年8月分概数)」、2011年12月6日。
(34) 厚生労働省「福祉行政報告例(平成24年3月分概数)」、平成24年6月13日。
(35) 厚生労働省社会・援護局「被保護者調査(月例概要:平成24年6月分概数)」、平成24年9月26日。
(36) 東京大学大学院医学系研究科「70歳時の医療費窓口負担2割減で健康状態改善の可能性」、2012年4月12日。
(37) 自民党・永岡桂子委員の質問に対する小宮山洋子厚生労働大臣(当時)の答弁。衆議院・社会保障と税の一体改革に関する特別委員会議録、平成24年5月25日。
(38) 厚生労働省「生活支援戦略(骨格)」、平成24年6月4日。
(39) 厚生労働省「『生活支援戦略』中間まとめ」、平成24年7月5日。
(40) 厚生労働省「第9回社会保障審議会・生活困窮者の生活支援の在り方に関する特別部会資料」、平成24年10月17日。
(41) 厚生労働省社会・援護局保護課「級地の見直し等による他制度への影響」、平成24年10月5日。

(42) 厚生労働省社会・援護局保護課資料「被保護世帯数、被保護人数、保護率の年次推移」、平成24年10月9日。
(43) 日本人には比較的高学歴の人が多く「被保護は恥」と考え、生活保護の受給を嫌う傾向がある。捕捉率が低い1つの要因でもある。
(44) 厚生労働省「生活保護制度に関する国と地方の協議に係る中間とりまとめ(案)」、平成23年12月12日。
(45) 厚生労働省・第9回社会保障審議会・生活困窮者の生活支援の在り方に関する特別部会に提出された「生活保護受給者の自殺者数について」、平成24年10月17日。
(46) 厚生労働省『平成24年版厚生労働白書―社会保障を考える―』同省、平成24年8月。
(47) 詳細は「UK国営医療制度」http://www.petite.co.jp/iNHS.htm を参照のこと。2012年7月27日開催のロンドン五輪大会では、開会式のパフォーマンスでNHSが紹介され称えられた。式を演出した映画監督ダニー・ボイル氏は「イギリスでは皆がNHSの重要性を知っている」と述べ、夕刊紙イブニング・スタンダード（Evening Standard）は「開会式の夜の最も大きな喝采は、NHSの部分の看護師の舞に送られた」と報じている。
(48) 総務省統計局「平成22年基準　消費者物価指数　全国　平成23年3月分及び平成23年度平均」、平成24年4月27日。
(49) 総務省統計局「平成22年基準　消費者物価指数　全国　平成24年9月分」、平成24年10月26日。
(50) きょうされん「日本の障害が重い人の現実」、2012年10月1日。
(51) 社援発0223第3号、厚生労働省社会・援護局長「生活に困窮された方の把握のための関係部局・機関等との連絡・連携体制の強化の徹底について」平成24年2月23日。
(52) 厚生労働省社会・援護局「第8回社会保障審議会生活困窮者の生活支援の在り方に関する特別部会資料」、平成24年9月28日。

第7章 「社会保障と税の一体改革」に対する概括的批判

第1節　租税の基本原則と政府の対応

　財務省は2011年11月、諸外国の富裕層に対する課税強化措置に関する資料[1]をまとめ、政府税制調査会の全体会合に提出した。それによれば、フランスは11年8月に発表した財政赤字削減計画の中で、利子や配当など資本所得に課す社会保障関連諸税率12.3％を11年分から13.5％に増税すると共に、個人が5年間保有する不動産の譲渡益にかかる軽減税率を一部廃止している。イタリアでは30万ユーロ（約3,120万円）を超える所得に対し、3％の所得付加税（2011年～2013年の時限措置）を導入、スペインは11年9月成立・施行の「富裕税の復活に関する勅令法」に基づき、70万ユーロを超える資産に0.2％～2.5％の富裕税（2011年～2012年の時限措置）を課す制度を復活させた。

　同資料は富裕層に対する富裕者自身の課税強化発言と提案を掲載している。ドイツの富裕層で構成するグループ「財産税のための富裕層の集まり」からメルケル首相に対する「貧困層に影響のある歳出削減ではなく、富裕層への課税強化による公的債務の削減」要請や、アメリカの著名な投資家・経営者ウォーレン・バフェット氏の「所得100万ドル以上の高所得者（筆者注：約24万人）に対する配当・キャピタルゲインを含む課税強化、所得1,000万ドル以上の高所得者（同：約8,000人）に対する所得100万ドル以上の高所得者よりさらに高率の課税」案がそれである。イタリアのフェラーリ社長ルカ・ディ・モンテツェモロ氏は、財政的な「貢献の要請を中所得者に行うのは恥

147

ずべきこと」と述べ、「高所得者層に要請すべき」であるとする。しかし、日本では富裕層からの積極的な提案は一切出ておらず、政府が2011年6月、富裕層を中心とする証券優遇税制の2年延長を決めたことと併せ、一部富裕者の税制に対する姿勢の違いが見て取れる。

　2012年〜13年の厚生年金保険料率や健康保険料の引き上げが国民の可処分所得に与える影響について、ニッセイ基礎研究所は11年12月、12年は年収400万円の世帯で11年比1万5,000円の減になるとのレポート[(2)]を発表した。10年度税制改正に伴う年少扶養控除の廃止に加え、「児童手当法の一部を改正する法律」（平成24年3月31日、法律第24号）に基づく「子ども手当」見直しの影響を受け、3歳未満の子供がいる専業主婦世帯（サラリーマンの夫と妻、子供2人）で年収400万円の世帯は6万6,000円減、中学生と小学生の子供がいる専業主婦世帯では年収400万円の世帯で12万5,000円の減となるなど、全収入階層で可処分所得が減少した。同研究所は「勤労世帯の負担の増

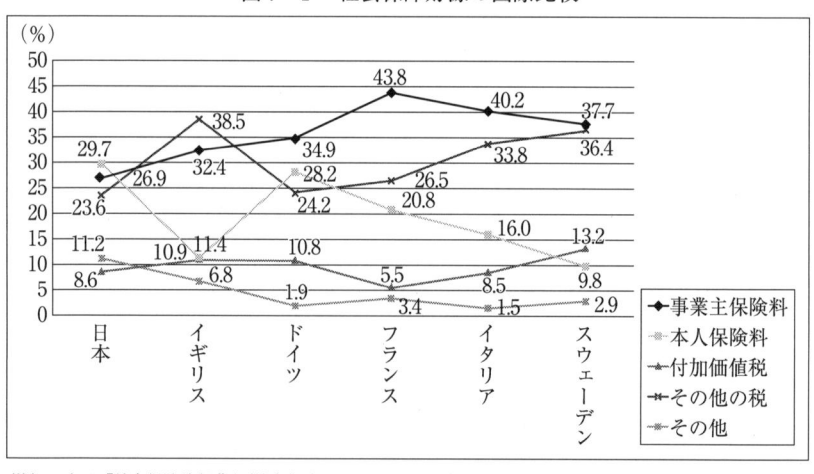

図7-1　社会保障財源の国際比較

（注）日本は「社会保障給付費」（社会保障・人口問題研究所）2008年度版。ヨーロッパはユーロスタット「社会保障費統計」及びOECDデータベース、各国とも08年データによる比較。付加価値税は、税収全体に占める比率等により按分計算して推計。日本の「その他」は年金積立金の運用収入や積立金取り崩し分等。
出所：しんぶん赤旗、2012年2月29日。

加が続くことは、経済活力の低下を招き、経済全体の低迷にもつながりかねない」と指摘している。

「欧州の社会保障は付加価値税に支えられる」との説は事実に反する。欧州諸国の政府は社会保障の財源として本人負担や付加価値税に多くを求めず、図7-1に示す通り、事業主が負担する保険料やそのほかの税が占める比率が高い。また日本の社会保障関係支出の対GDP比は19.2％に過ぎず、イギリス21.3％、ドイツ26.2％、フランス28.8％などより低い。日本政府は事業主の負担軽減を図っているとしか思えない。

所得と税制度に関する2011年のOECD報告[3]によれば、日本の生産年齢人口の所得格差は80年代半ばから00年にかけて拡大し、その後縮小したものの03年以降再び拡大に転じている。08年における上位10％の下位10％比平均所得は、90年代の8倍を上回る10倍である。税と給付是正による所得格差の

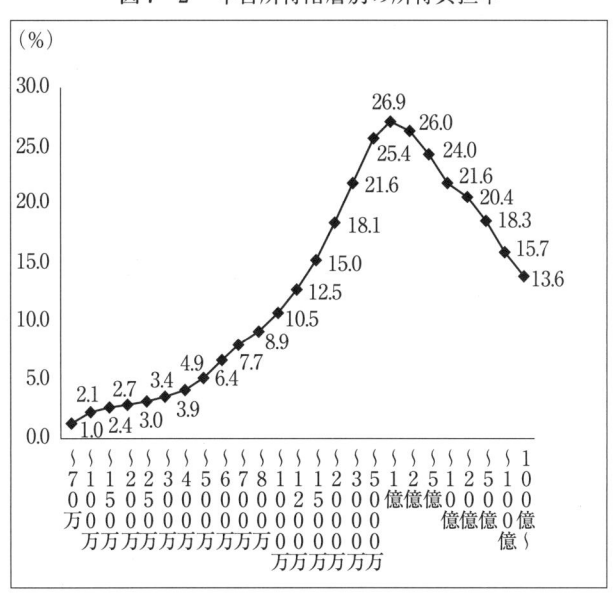

図7-2　申告所得階層別の所得負担率

出所：国税庁「申告所得税標本調査報告」から作成。06～09年分の平均。

縮小率は85年の12%から06年には21%に上昇したが、OECD平均の25%には及ばない。しかも上位10%の最高限界所得税率は75%から10年には40%へと著しく低下した。図7-2に示す通り、富裕層に対する所得税の負担率は極度に低減しており、政府の施策による格差の拡大を伺わせる。

OECDは日本を含む各国政府に対し、①雇用の量的・質的な拡充、②人的資本への投資拡大、③租税と社会保障制度の改革、④教育、医療、介護など、質の高い公共サービスの提供を通した格差解消策の推進を提言する。直接税を中心に所得に応じて高税率を課す累進課税と、生計費の非課税を前提に勤労所得には税を軽減し、不労所得に重税を課す「応能負担の原則」(principle of ability to pay)に基づく提言である。

1789年のフランス革命において「憲法制定国民議会」(Assemblee constituante)が採択した「人間と市民の権利の宣言」(Declaration des Droits de l'Homme et du Citoyen)第13条には「公の武力の維持及び行政の支出のために、共同の租税が不可欠である。共同の租税はすべての市民の間でその能力に応じて平等に分担されなければならない」とあり、第14条は「すべての市民は自ら、またはその代表者によって公の租税の必要性を確認し、それを自由に承認し、その使途を追跡し、かつその数額、基礎、取立て並びに期間を決定する権利を持つ」と明記している。「応能負担の原則」と、租税の賦課・徴収は必ず国民を代表する議会が決定した法律に基づき行わなければならないという、近代税制の基本原則を定めた「租税法律主義」(principle of no taxation without law)の誕生である。しかし、市民革命の歴史を持たない日本では「租税法律主義」の導入が遅滞し、日本国憲法の制定によってようやく第84条に導入された。但し、税金は国家と国民の契約であるとの思想原理は確立していない。民主主義国家における租税の基本原則は「租税法律主義」に基づく「応能負担の原則」に置かれなければならない。大企業と富裕層の利益を優先する日本政府は「応能負担の原則」を理解できないようである。

「応能負担の原則」は財閥の復活を阻止するため、膨大な富が微小の富裕

第7章 「社会保障と税の一体改革」に対する概括的批判

な個人に集中しない制度が必要とする1949年の「シャープ勧告」(Report On Japanese Taxation By The Shoup Misson) に基づく税制改革の際、「富裕税」として取り入れられ、50年から52年まで課税された経緯がある。また日本国憲法第14条に定める「法の下の平等」などを見れば「応能負担の原則」が読み取れる。前述のOECD報告は、世界各国の貧富の差拡大に関し、「政府は富裕層に公平な比率の税を負担させるため、所得再配分における租税の役割を再検討する必要がある」と提言している。逆進性の強い消費税は「応能負担の原則」に反する性格を有する。

消費税だけが原因ではないが、偏った税制は所得を下げ消費を抑制する。2011年における1世帯当たりの消費支出は1か月平均24万7,219円で、物価変動を除いた実質ベースでは前年比1.7％減[4]であった。デフレや東日本大震災の影響に伴う支出抑制の影響もあるが、2年ぶりに前年を下回り金額ベースでは4年連続の減少で、比較可能な00年以降最低の水準となる。自営業を除くサラリーマン世帯の実収入は1.7％減の46万2,199円、消費支出は2.3％減の27万5,991円で、いずれも00年以降最大の減少額になっている。

国民生活が圧迫される一方で、政府に財界優先の税制を改める姿勢は見受けられない。1980年代後半、異常な株価・地価高騰を生じたバブル経済が崩壊し、大銀行や大企業は巨額の不良債権を抱え、政府は総額約47兆円に及ぶ公的資金を投入（うち大銀行には約12兆円）して不良債権処理を行った。ところが、大銀行は12年3月期連結決算で11年同期比36.3％増の2兆4,027億円の連結純利益を計上、リーマン・ショック前の08年3月期の1兆8,662億円の水準を超える黒字経営にありながら10年以上法人税を納めていない。12年3月期連結決算における実質業務純益黒字額1兆1,710億円の三菱東京UFJ銀行はようやく11年から10年ぶりに納税を再開、黒字額2,390億円のみずほコーポレート銀行は12年から、7,281億円のみずほ銀行（2013年7月1日にみずほコーポレート銀行と合併予定）と8,130億円の三井住友銀行は15年ぶり、2,597億円のりそなホールディングスは18年ぶりに13年から納税する。

政府の支援を受け2006年度には大銀行の純利益は2.5兆円に膨らんだ。その後は世界的な金融危機の中で累積繰越欠損金の処理も鈍化したが、同欠損を翌年度以降の黒字である課税所得と相殺できる「繰越控除制度」を利用すれば利益が出ても法人税は免除される。大銀行が多年度にわたって納税義務を免れたのは、このような税制上の優遇措置があるからである。一般の大企業については04年度税制改正で5年間限定の繰越期間が7年間の延長となり、11年度税制改正では9年間に延長され、その間繰越控除制度を利用して法人税を軽減できた。但し、累積欠損金があっても当該年度の黒字額の20％は課税対象に包含される。政府は大企業に対する優遇措置を設ける一方、巨額の不良債権処理を早急に処理する名目で銀行を課税対象から完全に除外したのである。その結果、不良債権者扱いを受けた中小零細企業が倒産に追い込まれる反面、巨額の公的資金が注入された大銀行は大企業以上に利潤を拡大していった。バブル経済下で建設・不動産・ノンバンクに向けられた大銀行の巨額な融資は投機的取引を助長して地価・株価高騰を招くと共に、不良債権処理の過程においてメガバンク体制を構築し、中小零細企業に対する融資を制限した。大企業優先の優遇税制と大銀行救済策は公平性を著しく欠くだけでなく、日本経済に大きな影響を与えたのである。

第2節 「社会保障・税一体改革大綱」と各党の評価及び財界の意向

政府は2012年2月、消費税増税の基礎となる「社会保障・税一体改革大綱」（平成24年2月17日、閣議決定）を決定した。大綱は消費税を14年4月に8％（うち地方消費税1.7％）、15年10月に10％（うち地方消費税2.2％）に引き上げる内容であり、消費税収を社会保障の財源に充てるとしている。しかし、政府の説明[5]では5％の増税分のうち「社会保障の充実」を使途とする分はわずか1％の2兆7,000億円に過ぎず、当面の年金給付や社会保障関係経費の自然増で相殺される。4％に相当する10兆8,000億円中、社会保

第7章 「社会保障と税の一体改革」に対する概括的批判

障に使うとされる財源は既存の社会保障財源と入れ替わるだけで、従来の財源は赤字国債の償却や大企業減税、新幹線建設をはじめとする公共事業などの他分野に充当される可能性が高い。事実、政府は衆議院・社会保障と税の一体改革に関する特別委員会において、赤字国債分などに「一部は置き換わります」[6]と答弁している。

　欧州諸国の付加価値税率と比較すれば日本の消費税率は低いという議論がある。2008年における税率はドイツが19%、イギリスとイタリアは20%、スウェーデン25%であり、税率を単純に比較すればその通りである。ただ、税収全体に占める付加価値税収の割合はドイツ29.0%、イギリス22.2%、スウェーデン24.9%となる。日本の消費税収は14.3%で税率ほどの差はない。欧州では非課税品目や軽減税率が設定されるからである。イギリスは食料品や書籍、国内旅客輸送及び医薬品が無税、フランスやドイツでも食料品には軽減税率が適用される。これに対し、「社会保障・税一体改革大綱」は「単一税率を維持する」とあり、12年5月11日の衆議院・社会保障と税の一体改革に関する特別委員会に付託された「社会保障の安定財源の確保等を図る税制の抜本的な改革を行うための消費税法等の一部を改正する法律案」（平成24年3月30日、閣議決定）や「社会保障の安定財源の確保等を図る税制の抜本的な改革を行うための地方税法及び地方交付税法の一部を改正する法律案」（同上）など消費税増税関連法案にも軽減税率などに関する条項は盛り込まれていない。一定範囲の生活費に課税しない「生計費非課税」と負担能力に応じた「応能負担の原則」の導入は当然であり、消費税を一律に引き上げ13.5兆円もの国民負担を追加する消費税増税法は大きな問題がある。

　政府は2012年5月22日、衆議院・社会保障と税の一体改革に関する特別委員会において「軽減税率を効果的に使えないかという議論もある」[7]と答弁した。同日、民主党の税制調査会役員会は「軽減税率を導入しない」と確認、財務大臣は自民党の町村信孝委員の「低所得者対策は軽減税率がわかりやすい」との質問に対し、「諸外国では税率15%前後から導入している」[8]と答え事実上軽減税率の導入を拒否した。財務省は軽減税率を導入すれば少なく

とも3.1兆円の税収減になると試算し「給付付き税額控除」の場合は、年収550万円以下の世帯に食品の増税分を返却しただけで事務費が年1兆円の支出増になるとしている。結局「低所得者対策」は6月の民主・自民両党による修正協議において「消費税10％引き上げ後に検討する」との文言で妥協し、結論は先送りされた。

　「社会保障の充実を図る」とする2兆7,000億円は、市町村の保育義務を脅かす「子ども・子育て新システム関連法」の実施を含む各種社会保障制度の変更に使われる場合も考えられる。負担増はほかにも年金削減や医療・介護の保険料引き上げがあり、消費税増税分13.5兆円と合わせれば年間約20兆円で過去最大規模[9]となる。自民党は2012年4月9日、次期衆議院選挙マニフェストの原案[10]を発表、10年の参議院選挙に続き、次期衆議院選挙でも「消費税（当面10％）を含む税制抜本改革と行財政改革の一層の推進」による「持続可能で安定した財政と社会保障制度の確立」を図るとある。社会保障では「『手当より仕事』を基本とした生活保護の見直し」を提案、就労支援策を強化した上で「生活保護給付水準の10％引き下げ」[11]を行うなど3.7兆円の予算削減を目標に掲げた。同原案には法人税の20％台への「大胆な引き下げ」を明記しており、基本的に民主党の政策と変わらない。消費税増税法案が衆議院本会議で審議入りした12年5月11日、自民党の野田毅委員は代表質問で「われわれは正々堂々と消費税引き上げを唱えてきた」、「税制改革の足を引っ張る気持ちはない。むしろ推進勢力だ」と述べ、政府は「同じ方向性の解決方法を志向している」と答弁[12]した。また公明党の竹内譲委員は民主党の公約違反を批判する一方で「社会保障と税の一体改革は、日本の高齢社会を見据えれば、避けて通れない最重要課題」であり、「このこと自体を否定するものではない」[13]と述べている。民主・自民・公明3党の政策的同一性が理解できるが、消費税を10％に引き上げた後も一層の増税があり得ると思われる。

　自民党は政府「社会保障・税一体改革大綱」の対案として「今後の社会保障に対する基本的考え方」[14]を策定した。自民党案は、社会保障の第1を

第7章 「社会保障と税の一体改革」に対する概括的批判

「自助・自立及び自己責任」とし、次に「自発的な意思に基づく共助」を挙げ、最後に「公助」の順番で政策を組み立てるとする。国と地方の責任を最後に掲げるのも民主党の方針と変わらない。財源については保険料を主体に公費を限定し、公費の財源は「消費税が中心」と記してある。さらに「保険料を負担しない人には給付しない」という考え方を社会保障の「基本」とし、公費は「保険料負担の適正化などに限定的に充当」と明記する。自民党・阿部俊子委員は12年5月29日の国会で、消費税増税に伴い低所得者に年金を月6,000円加算する案に対し「働いて頑張った人に対するペナルティになる」[15]として反対した。このような基本姿勢は民主党政権の「社会保障と税の一体改革」とほぼ完全に一致している。

　自民党は民主党が2009年総選挙で掲げた「後期高齢者医療」の廃止や月額7万円を支給する「最低保障年金」創設の撤回を要求したが、政府はこれ等の問題を棚上げまたは事実上撤回するに至った。後期高齢者医療制度に対する自民党・加藤勝信委員の「（筆者注：後期高齢者医療の）廃止をやめて現行制度の見直しでいくといえば（筆者注：消費税増税法案の）大きな障害が1つ消える」との質問に、「どう現実的対応をするのか判断していきたい」と答弁、現行制度の存続を示唆したのである。最低保障年金制度については自民党・石原伸晃委員の同制度創設「撤回が消費税増税法案に協力するための最低条件」との質問に対し、「自助、共助、公助という見解が（筆者注：自民党と）違うとは思わない」[16]と答弁している。翌日、自民党の町村信孝委員の「最低保障年金などの法案提出を撤回してもらいたい」との質問と、公明党・古屋範子委員の「民主党の抜本改革案を取り下げてもいいと考えているか」との質問に対し、「各党間の協議で成果を得られれば民主党案に拘らない」[17]と答え、事実上、後期高齢者医療の「維持」と最低保障年金創設の「撤回」を表明したのである。自公政権時代の08年に導入された後期高齢者医療制度は、75歳を迎えた人をそれまでの医療保険から切り離し、新たな保険料を負担させるものであり、その弊害は最近一層顕著になった。12年4月の大幅な改定保険料は滞納者を拡大し、銀行口座の差し押さえにまで至っ

ている。13年度からはメタボ検診の実施率が低い国保や健保に後期高齢者医療への負担金を増額する「罰金」の徴収も開始する予定で、現役世代への影響も深刻になるであろう。

　消費税の増税は民主・自民両党共に一致しており、違いは自民党がより強い社会保障切り捨てを求めた点である。社会保障の対象を狭く限定する立場からの①生活保護に関する保護水準や医療扶助引き下げの「早期実施」要求、②「高齢者、障害者等の就労不可能者」と「就労可能者」に制度を分割して「就労可能者」が就職あっせんを断った際の給付減額・停止の検討、③社会全体による子育てや介護から、家族中心の「自己責任化」及び保健医療や介護保険サービス対象の限定、④保険料納付者に限った年金受給資格の付与、⑤最低保障年金制度創設の撤回と後期高齢者医療の維持などが挙げられる。政府・民主党は社会保障に関する具体的協議より、自民党と協同で消費税増税法案の成立を優先する方針をとった。政府は自民党・加藤勝信委員の質問に対し、「2015年10月までに現在5％の税率を10％に引き上げる増税方針とは別に、新たな税財源が必要になる」と答弁、将来一層の増税が必要との認識を示した。また5月29日の自民党政策調査会合同部会で了承された民主党案の対案となる「社会保障制度改革基本法案骨子」の中で提案した「社会保障制度改革国民会議」創設に関し、自民党の加藤勝信委員は「同会議での討議前に与野党で基本方針を決定したいがどうか」と質問し、政府は「多少時間をかけて議論しなければいけない問題について与野党で議論して方向性を出すことは重要」[18]と答えている。

　日本経済団体連合会（以下、経団連とよぶ）のシンクタンクである21世紀政策研究所は2012年4月、「グローバルJAPAN──2050年シミュレーションと総合戦略」[19]と題する提言の中で「生活保護の受給者数も顕著な増加傾向」にあり、「2010年度にかけて著しい伸びを見せている」との認識を示し、「地方自治体は……（中略）……後方支援的な役割に止まるべき」として公的責任の軽減を明確にした。医療と介護に関しても「できる限り地域の財源で賄うべきであり、その結果として生じる地域間格差は甘受する必要があ

る」とする。同提言は「自立・自助」を前提に財政再建を優先し、国民の生存権と国・自治体の社会的責務を規定した憲法第25条を軽視する財界の姿勢を代弁するものである。

これに対し、労働運動総合研究所は最低賃金を時給1,000円に引き上げれば、働いても生活保護に頼らざるを得ない16万4,000世帯の収入が改善し、3,800億円の財政支出の削減が可能となる試算[20]を発表した。厚生労働省の「賃金構造基本統計調査」を基礎にしたもので、時給を1,000円にすれば2,252万人の賃金は1人当たり月平均2万4,049円上昇し、労働者全体の賃金が年間6兆3,728億円増えて内需（家計消費支出）も4兆5,601億円増加し、国内生産が7兆7,858億円拡大、GDPを0.8％押し上げる効果があるとする。増加する生活保護関連予算に関しても、生活保護世帯は1990年代後半から急増し、財政負担も約3兆円を超えるが、非保護世帯の12.9％は働く世帯であ

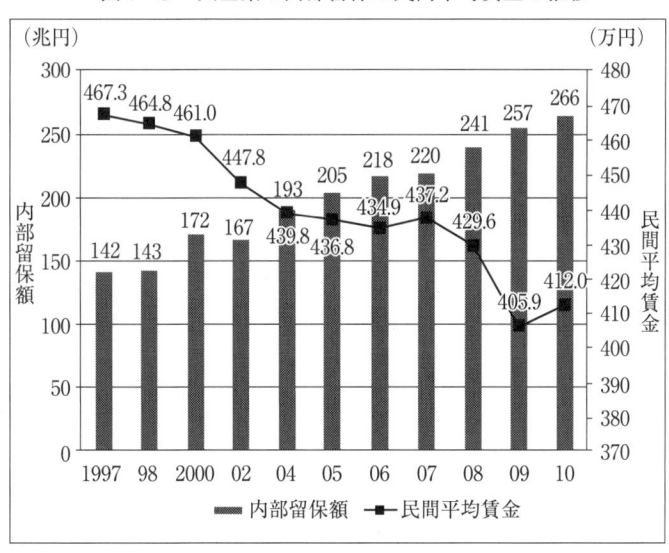

図7-3 大企業の内部留保と民間平均賃金の推移

(注) 内部留保額は年度、民間平均賃金は年、内部留保額は全労連労働総研「2012年国民春闘白書」、民間賃金は国税庁「民間賃金給与実態統計調査」から。
出所：しんぶん赤旗、2012年2月23日。

り、賃金の上昇で多くの世帯が生活保護から解放されるため3,800億円の財政支出削減が可能と試算している。12年9月末から順次実施された全国平均最低賃金は時給749円で、厚生労働省の調査では時給引き上げに6兆5,841億円の原資が必要となる。けれども09年度末における資本金10億円以上の大企業の「内部留保」[21] 257兆7,000億円の2.55％を税として適正に徴収すれば充足可能とする。同研究所の試算は単なる賃金問題に止まらず、格差と貧困の根本的解決を図る政策手法を考える上で非常に重要な「提言」であり大変興味深い。図7‐3の通り、内部留保は賃金の低下と反比例して拡大しており、労働者の生活を犠牲にして利潤を求める姿勢が明確に理解できる。

　経団連は2012年5月、民主党政権の「日本再生戦略」とりまとめを念頭に「成長戦略の実行と財政再建の断行を求める」と題する提言[22]を行った。提言は「3年以内」の早期に実現すべき政策として、法人税や社会保険料（企業負担分）など企業に対する公的負担の引き下げ、大企業優遇税制の1つである「研究開発促進税制」の拡充、環太平洋戦略的経済連携協定に関する早急な交渉参加を求めている。さらに「財政再建」促進のため「社会保障と税の一体改革」関連法案の早期成立を要求すると共に、社会保障分野での具体的な削減を提案、医療・介護分野では70歳～74歳の医療費窓口負担に係る特例措置を廃止し、10％から本来の20％に戻す必要があるとする。また、子育て分野における「子ども手当」や高校授業料の無償化を「バラマキ」と非難し、児童手当の対象と金額の見直しを進め「地方自治体が独自に実施している医療費の特例的な負担軽減措置」の廃止並びに保険料未納者に対する年金給付の「見送り」を提案した。いずれも国民の生活を軽視し、大企業の営利第一主義に基づく内容ばかりである。

　とりわけ「財政再建」に関する提案は、民主・自民・公明各党をはじめ与野党の協力を強調し、「どのような政権」になっても実行できる法制化を主張、消費税を2015年10月に10％引き上げた後も17年度から25年度の間は毎年1％ずつ引き上げ、最終的には19％に高める試算を行い、社会保障給付の自然増を毎年2,000億円抑制する反面、法人実効税率を12年度の38.01％から25

%に下げるとある。同提言は格差と貧困を一層拡大させ日本経済を破綻に追いやる凄まじい内容である。

　経団連の提言は、2012年7月に国家戦略会議が取りまとめた「日本再生戦略」(平成24年7月31日、閣議決定)に反映された。「日本再生戦略」は20年までの成長目標を示す政府の経済政策であり、消費税増税と社会保障削減及び環太平洋戦略的経済連携協定交渉への参加を前提としている。戦略は「成長力の強化」を掲げ11分野38の重点施策を盛り込んでおり、環境、医療・福祉、農林漁業、中小企業の4分野を「日本再生プロジェクト」として重点化した。20年までに環境分野で50兆円以上の需要創造と140万人以上の雇用創出を目指し、医療・福祉分野では同じく50兆円規模の需要創造と284万人の雇用創出、農林漁業分野は10兆円の市場規模、中小企業分野で海外売上比率の4.5％増を目標とする。例えば環境分野は、ハイブリッド車や電気自動車など次世代車で世界市場の獲得を図るため、新興国に対するインフラ整備や制度・政策を官民一体で輸出するとしており、医療分野では「先端医療の推進」を図るため、企業が自由に活動できるよう規制緩和の推進と税制・財政・金融上の支援措置の検討が盛り込まれた。国民が求める社会保障の充実や「原発ゼロ」の目標は設定せず、本質的に輸出関連企業への中長期的支援を定めた方針といえる。

　政府は2013年度予算編成方針において「社会保障分野を含め、聖域を設けずに歳出全般を見直す」と明記するなど、社会保障の抑制方針を掲げた。経団連は13年度の税制改革に関する「提言」[23]の中でも「2020年代半ばまでに消費税率を10％台後半まで引き上げる」とする一方で、12年度に40.69％から38.0％に縮小した大企業の法人実行税率を「速やかに約30％」へ引き下げ、最終的に約25％への抑制を要望している。消費税増税や社会保障制度の劣化と相まって日本経済が一層減速し、国民生活が破壊されれば税収が減少して財政健全化も困難になる。消費税（3％〜5％）による国民負担は23年間で238兆円に上ったが、相次ぐ税率低減で法人税の減収額は223兆円に達し、大企業は約260兆円の内部留保を積み上げた。政府は法人税の適正化を図り、

大企業に応分の負担を求める政策転換を図る必要がある。

第3節　世論操作とマスコミの姿勢

　厚生労働省の試算では「日本再生戦略」に係る閣議決定の中で「検討課題」と明記された年金支給開始年齢の引き上げが実施されれば、6兆円から10兆円の年金が削減される。しかも消費税増税法案と共に提出された「公的年金制度の財政基盤及び最低保障機能の強化等のための国民年金法等の一部を改正する法律」の成立により、低所得者への年金加算は当初案の1万6,000円から原則6,000円に引き下げられた。老齢基礎年金は満額支給の場合で月額6万6,000円に過ぎず、消費税率5％引き上げと2.8％の年金給付減で月5,000円以上の実質負担増となり、年金加算額の80％以上が消滅する。政府が社会保障制度の見直しと、特に消費税増税法案の成立を進めるに当たり、国民の年金受給に関する将来不安を利用してその「正当化」を図ったことは重大である。「社会保障・税一体改革大綱」には「半世紀前には65歳以上のお年寄り1人をおよそ9人の現役世代で支える『胴上げ』型社会であった日本は、近年3人で1人を支える『騎馬』型の社会になり、このままでは、2050年には……（中略）……1人を1.2人の現役世代が支える『肩車』型の社会」の到来が見込まれるため「将来世代は高齢者を支える負担に耐えられない」とある。政府は衆議院・社会保障と税の一体改革に関する特別委員会において、「肩車型」社会を危惧する「少子高齢化危機」論を主張[24]して消費税増税を正当化した。けれども年金制度を支える「現役世代」には20歳〜64歳までしか含まれておらず、年々増加する65歳以上の労働者を意識的に除外している。

　総人口を実質の労働力人口で割れば、将来的にも年金受給者と「現役世代」の構成に大きな変動はない。生産年齢人口（20歳〜64歳）に対する20歳未満の未成年と65歳以上の高齢者人口の合計（従属人口）を比較すると、1960年には生産年齢人口（現役世代）1.2人で1人を扶養、10年では1.4人が

第7章 「社会保障と税の一体改革」に対する概括的批判

1人を扶養しており、従属人口を支える「現役世代」数はむしろ増加した。内閣府が12年3月に公表した報告書[25]は、「実際に社会を『支える』役割を担っている65歳以上の人が存在するにもかかわらず、高齢者を一律に捉えることで、若・中年者の負担感や不安感を実態以上に高めている」と記している。問題の所在は「世代間」にではなく国の財政力と国民所得の激減にある。にもかかわらず政府は「世代間対立」を煽る手法を用いた宣伝を強めており、マスコミ各社の異常な「消費税導入やむなし」報道が一定の国民に浸透するのである。但し、ほとんどの国民は政府やマスコミによる「世代間対立」の宣伝に納得していない。厚生労働省の調査[26]によれば、「現役世代」と「高齢者」の間の「意見の相違や対立関係」について「とても強く対立している」と「ある程度対立している」は23.1％に過ぎず、「あまり強く対立していない」と「まったく対立していない」が71.5％に達する。

「世代間対立」宣伝が一部国民の間で支持を得られる理由は、社会保障の本質が必ずしも明確でないという背景がある。本質は、国家が最低限度の生活を保障して国民の不満を抑制し、資本主義社会の安定・維持を図るところ[27]にある。従って社会保障は政府の義務であり、基本的に政府の責任で運営すべき性格を有する。しかし国家財政が切迫する状況があれば客観的基準を定め、政府の負担能力を超える範囲のリスクを社会全体で負担する「相互扶助」の仕組みが求められる。その場合、税の負担は「応能負担の原則」に基づくべきであり、国民が政府に「不信感」を抱く施策は慎む必要がある。消費税増税法のように使途を曖昧にする法律は許容できない。「世代間対立」を煽る理由は社会保障の本質を曖昧にし、負担と給付の「世代間格差」を強調して政府の責任を「棚上げ」することにある。

世論操作を図る内閣府と、それに異論を唱える厚生労働省の間には「世代間格差」をめぐる論争があった。内閣府経済社会総合研究所は2012年1月、「社会保障を通じた世代別の受益と負担」[28]を公表した。生涯収入に対する年金、医療、介護保険の受給額と保険料負担額の割合を世代ごとに推計し、その差から世代間不均衡を定量的に試算したものである。試算は、50年生ま

れの場合は生涯収入の1％分がプラス、55年生まれ以降はマイナス3％程度でいずれも受給以上の負担となり、85年生まれ以降はマイナス10％以上、15年生まれの場合はマイナス13.2％と推定し、保険料と給付の「世代間不均衡は無視できない大きさ」と結論づけた。厚生労働省の「社会保障制度の教育に関する有識者検討会」で配布された資料(29)は、内閣府経済社会総合研究所の試算結果について、試算の技術的な問題を指摘した上で「負担分の受益を期待すること自体が不適切」であり、予期しないリスクに備えるのが社会保険の意義で「単純に支払損とは言えない」とする。また「社会保険は金融商品ではなく」、一面的な数値のみでの比較は不適切で、「あらゆる世代が安心して暮らせるよう、社会保障制度の改革・改善を続けることが重要」と纏めている。資料は具体性に欠けるが、内閣府経済社会総合研究所が行った試算に対する反論であり、社会保障制度の本質を踏まえた正しい見解である。

　問題は政府が閣議決定した「社会保障・税一体改革大綱」の曖昧さと、政府によるマスコミを通じた世論操作にある。大綱は「世代間・世代内での公平を実現」するため、給付は高齢者、負担は現役世代中心という現行制度を見直し、子育てや若者就労支援を拡充するなど「全世代対応型」制度を目指すとしている。社会保障の本質から乖離した同大綱は「応能負担の原則」に触れないばかりか、全世代に対する負担と給付抑制を掲げるに止まる。公的負担に要する財源も2015年度までで、その後の負担原則は不透明なまま先送りされた。マスコミの消費税増税に関する偏向報道は民意を混乱させる「大本営発表」的性格を有しており、その責任は極めて重大である。政府は12年3月30日、消費税増税法案を衆議院に提出した。当初の法案名は「消費税法の一部を改正する法律案」であったが、民主党の党内調整において執行部が「消費税増税と社会保障改革を関連付ける印象を強めるため」配慮したといわれる。翌31日の全国紙は一斉に社説を掲げた。ヘッドラインは「首相はぶれずに突き進め」（日経）、「やはり消費税増税は必要だ」（朝日）、「首相は審議入りへの環境を整えよ　野党と『政策スクラム』形成を」（読売）、「民・自合意に全力を挙げよ」（毎日）、「与野党で修正し成立図れ　首相は最低保

第7章　「社会保障と税の一体改革」に対する概括的批判

障年金の撤回を」(産経)等々、いずれも「反対」が「賛成」を上回る世論[30]を無視し、政府の主張を代弁するものばかりである。放送も報道番組に出演する「御用学者」をはじめ無責任な感想を述べるコメンテーターを出演させ、「消費税増税やむなし」の合唱に包まれた。こうしたマスコミの姿勢は「社会保障・税一体改革大綱」の閣議決定前から継続している。

　これ等の姿勢は新聞の場合「報道は正確かつ公正でなければならず、記者個人の立場や信条に左右されてはならない。論評は世におもねらず、所信を貫くべき」であり、「公正な言論のために独立を確保する。あらゆる勢力からの干渉を排するとともに、利用されないよう自戒しなければならない。他方、新聞は、自らと異なる意見であっても、正確・公正で責任ある言論には、すすんで紙面を提供する」という「新聞倫理綱領」に背くものである。放送の場合は「意見の分かれている問題については、できる限り多くの角度から論点を明らかにし、公正を保持しなければなら」ず、「事実を客観的かつ正確、公平に伝え、真実に迫るために最善の努力を傾けなければならない。放送人は放送に対する視聴者・国民の信頼を得るために、何者にも侵されない自主的・自立的な姿勢を堅持し、取材・制作の過程を適正に保つことに努める」との「放送倫理基本綱領」に反するといわざるを得ない。

　韓国のマスコミ界は、公営放送局の文化放送(MBC)労働組合が金存哲社長の退陣と「公正な放送」を求めて2012年1月末から長期のストライキに入り、MBCと同じ公営放送の韓国放送公社(KBS)及びニュース専門チャンネルYTN並びに韓国唯一の通信社・連合ニュースの各労組が合流した。MBCは「株式会社」形態をとるが、政府系機関の放送文化振興会が株式の70％を保有しており、社長人事をはじめ報道内容にまで政府の意向を反映させてきた。その結果、重要な政治問題が「自主検閲」によって報道できず、米韓FTAの反対集会ではカメラに張ったMBCのロゴを見た市民から罵声を浴びせられる状況に発展している。「公正な報道」を要求するMBC組合は、ストライキ権確立投票に組合員1,000人のうち83％が参加し、69％が賛成票を投じた。KBSでも政権が放送局を掌握する目的で人事に介入してい

たことを示す文書が暴露され、金仁圭社長の退陣を要求するKBS新労組がストライキに突入、経営陣と対立した。

　韓国のマスコミと日本のマスコミは置かれた条件が異なるものの、報道姿勢は根本的に是正されなければならない。韓国では政府に批判的なジャーナリストや労働組合に対する違法な調査が問題になっている。疑惑は2010年6月以来から浮上したが、KBSが12年3月末に公表した調査結果[31]によれば、違法調査は政府の国務総理室に設置された公職倫理支援官室を中心に、08年〜10年までの3年間で2,619件に上る。調査はKBSやMBC労組、大統領を批判するパロディ漫画を壁新聞に掲載したソウル大病院の労組など広範囲にわたり、盗聴や尾行の可能性も指摘されている。

第4節　低年金と無年金状態の改善

　日本の社会保障費がGDPに占める比率は、欧州債務危機に喘ぐイギリス、ドイツ、フランスなどより低く、当り前の行政サービスさえ満足に行われていない実態がある。一方、大企業は各種優遇税制で巨額の内部留保を抱えリストラ、賃下げ、非正規雇用の増加で収益力を強めている。社会保険の事業主負担は2001年度の28.6兆円から09年度の26.1兆円に2.5兆円も軽減された。経団連は「経団連成長戦略2011」[32]の中で「現役世代の負担に過度に依存した社会保障制度」の見直しを提言したが、大企業と富裕層こそ応分の負担をすべきであろう。

　総務省が2012年9月16日に発表した「高齢者推計人口」[33]によると、9月15日現在65歳以上の人口は11年比3.4％増（102万人）の3,074万人と初めて3,000万人を超え、総人口に占める割合も0.8％上昇の24.1％に達した。世帯主が無職の高齢者世帯の月平均収入は11年同期比3,000円少ない18万5,000円で、その約90％が公的年金などの社会保障給付収入で賄われる。支出は11年比6,000円減の22万1,000円で、差し引き3万6,000円の赤字である。65歳以上の就業者は11年と同じ544万人であるが、企業などに雇用される高齢者317

万人の中でパートやアルバイトなど、非正規雇用者が51.4％を占め不安定な生活下に置かれている。

　若年層の場合は、非正規雇用の増大に伴って厚生年金加入者が激減し、高額な国民年金保険料を負担できない者が拡大の一途にある。2010年度における厚生年金の男性被保険者は約2,200万人である。これ等の人々は10年度の保険料収入が7,900億円も減少したため、平均標準報酬が00年度の36万5,917円から10年度には34万7,212円に減額された。雇用者に占める被用者保険金（厚生年金、共済年金）加入者も79.2％から70.9％に下がっている。20歳〜24歳の公的年金加入者のうち、385万人は満額支給でも月額6万5,000円に過ぎない国民年金加入者であるが、32.2％が非正規雇用者で、80.9万人が保険料を納められない状況に置かれている。11年度の国民年金保険料の納付率は、10年度比マイナス0.7％の58.6％[34]と過去最低を更新した。納付率の低下は6年連続、60％を下回るのは3年連続となる。月額1万4,980円を支払えない人の増加や、公的年金制度に対する不信感が特に若年層に広がったからである。旧社会保険庁の08年調査[35]では、未納の理由は「保険料が高く、経済的に支払うのが困難」が64.2％で最も多く、若年層の21.3％が「年金制度の将来が不安・信用できない」と回答している。年金不信は25歳〜29歳が最多で19.7％であった。また「経済苦」を挙げた人の56.1％が「もともと所得が少ない」と答えており、格差と貧困の拡大を裏付けている。

　こうした状況の中で低年金と無年金状況を改善するには、雇用と賃金の制度的拡大を前提に年金額を自動的に削減する「マクロ経済スライド」制を撤廃して減額のない年金制度を復活させること、25年間保険料を納入しなければ受給できない受給資格を可能な限り短縮すること並びに最低年金に加え納付した保険料に応じて上乗せする最低保障年金制度の導入が不可欠である。日本政府は、国連人権委員会（United Nations Commission on Human Rights）から最低保障年金制度の導入勧告を受けている。

　国民年金受給資格を25年から10年に短縮する「公的年金制度の財政基盤及び最低保障機能の強化等のための国民年金法等の一部を改正する法律」の成

立に伴い、保険料未納分を遡って払える期間が2年から10年に延長された。同法は2012年10月1日から施行となったが、厚生労働省は65歳未満のうち将来無年金にならずに済む者は最大40万人、年金額を増やせる者は最大1,600万人と試算する。しかし、追納期間10年を恒久的な措置とした原案が、民主・自民・公明3党共同で3年間のみの特例措置に修正された経緯があり、無年金者や低年金者対策としては決して十分ではない。低年金と無年金状態の改善には就職支援も必要になる。とりわけ就業意欲が高いのに就業が困難な高齢者を考慮しなければならない。「2012年版高齢社会白書」[36]を見ると、08年実施の内閣府意識調査時点で、60歳以上の71.1％が「70歳以降まで」または「働けるうちはいつまでも働きたい」と考えている。けれども11年の総務省「労働力調査」では65歳～69歳の就業率は36.3％、70歳～74歳が22.8％に止まるなど、労働意欲と就業実態の乖離が鮮明になっている。一方、高齢者の経済生活に関する11年の意識調査の際、仕事を選ぶ際に最も重視するものは「収入」が16.6％で5年前と比較すれば6.5％の増加、男性は20.7％と倍増し、年代別では60歳～64歳が「収入」を挙げ25.7％を占めた。高齢者の生活苦と共に有効な人材活用を通した就職支援の必要性を示唆する数字である。

注

(1) 財務省「金融・経済危機を背景とした欧米諸国における議論」、平成23年11月8日。
(2) 経済調査部門研究員・桑畠滋稿「経済調査レポート　制度改正が2012・13年の家計に与える影響——勤労者世帯の可処分所得は大幅減」、2011年12月15日。
(3) OECD; *Divided We Stand : Why Inequality Keeps Rising* 2011 http://www.oecd.org/dataoecd/51/33/49177721.pdf
(4) 総務省統計局「家計消費状況調査（平成23年分）」、2012年2月17日。
(5) 志位和夫委員の質問に対する副総理の答弁、第180回通常国会衆議院予算委員会議録、2012年2月10日。
(6) 岡田克也副総理（当時）の答弁。衆議院・社会保障と税の一体改革に関する特別委員会議録、平成24年5月22日。

第 7 章 「社会保障と税の一体改革」に対する概括的批判

(7) 野田佳彦首相（当時）の答弁。衆議院・社会保障と税の一体改革に関する特別委員会議録、平成24年5月17日。
(8) 安住淳財務大臣（当時）の答弁。衆議院・社会保障と税の一体改革に関する特別委員会議録、平成24年5月22日。
(9) 衆議院・社会保障と税の一体改革に関する特別委員会議録、平成24年5月22日。
(10) 自由民主党全国政調会長会議資料「日本の再起のための政策（原案）」、平成24年4月9日。
(11) 自由民主党全国政調会長会議資料「日本の再起のための政策（原案）別紙」、平成24年4月9日。
(12) 野田佳彦首相（当時）の答弁。衆議院本会議録、平成24年5月11日。
(13) 竹内譲委員の質問。衆議院本会議録、平成24年5月11日。
(14) 自民党社会保障制度に関する特命委員会「今後の社会保障に対するわが党の基本的な考え方」、2012年5月15日。
(15) 衆議院・社会保障と税の一体改革に関する特別委員会議録、平成24年5月29日。
(16) 野田佳彦首相（当時）の答弁。衆議院・社会保障と税の一体改革に関する特別委員会議録、平成24年5月21日。
(17) 野田佳彦首相（当時）の答弁。衆議院・社会保障と税の一体改革に関する特別委員会議録、平成24年5月22日。
(18) 岡田克也副総理（当時）の答弁。衆議院・社会保障と税の一体改革に関する特別委員会議録、平成24年5月29日。
(19) 21世紀政策研究所グローバルJAPAN特別委員会「グローバルJAPAN――2050年シミュレーションと総合戦略」、平成24年4月16日。
(20) 労働運動総合研究所「最低賃金の引き上げは日本経済再生の第一歩」、2012年5月24日。
(21) 企業の年々の利益を積み上げたものから、株主配当などで社外に出ていく部分を除いた留保金。
(22) 日本経済団体連合会「成長戦略の実行と財政再建の断行を求める～現下の危機からの脱却を目指して～」、2012年5月15日。
(23) 日本経済団体連合会「平成25年度税制改正に関する提言」、平成24年10月5日。
(24) 細川律夫元厚生労働大臣の答弁。衆議院・社会保障と税の一体改革に関する

特別委員会議録、平成24年5月17日。
(25) 内閣府「高齢社会の在り方に関する検討会報告書」、平成24年3月14日。
(26) 厚生労働省「社会保障に関する国民意識調査」平成24年8月28日。
(27) 大内兵衛によれば、社会政策の本質は労働力の再生産にあるとされる。詳細は大内兵衛著『講座社会會保障』至誠堂、1959年。大内の見解は正しいが、必ずしも建設的な見解とはいえない。
(28) 鈴木亘、増島稔、白石浩介、森重彰浩稿「社会保障を通じた世代別の受益と負担」内閣府経済社会総合研究所、平成24年1月。
(29) 第4回社会保障制度の教育に関する有識者検討会資料「『社会保障を通じた世代別の受益と負担』について」、平成24年3月23日。
(30) 2012年5月26日～27日に行った共同通信の世論調査では「消費税関連法案を今国会で採択しなくても良い」が52.1%で「採択したほうが良い」の43.1%を上回る。消費税増税関連法案成立直前の2012年8月7日毎日新聞の世論調査では、消費増税法案の今国会成立を「望まない」が61%で「望む」33%を大きく上回った。一方、政党支持率は消費税増税賛成の自民党が20.5%、民主党は14.4%、みんなの党6.5%及び実質的に増税賛成派の公明党4.9%などとなっており、明確に反対を打ち出した日本共産党は3.2%、社民党は0.7%に過ぎない。欧州のように増税に消極的な国民が増税反対を主張する政党を支持しない理由は恐らく、日頃から少数政党に関する報道を行わないためと思われる。またマスコミ各社の世論調査は、共通して質問形式が曖昧である。そのため結果は民意を正確に反映せずいずれも似通っている。
(31) 朝鮮日報日本語版、2012年4月3日、http://headlines.yahoo.co.jp/hl?a=20120403-00000673-chosun-kr
(32) 日本経済団体連合会「経団連成長戦略2011～民間活力の発揮による成長加速に向けて～」、2011年9月16日。
(33) 総務省「統計からみた我が国の高齢者」、平成24年9月16日。
(34) 厚生労働省年金局「平成24年3月末現在 国民年金保険料の納付率」、平成24年5月30日。
(35) 社会保険庁運営部「平成20年国民年金被保険者実態調査」、年月日なし。
(36) 平成24年6月15日閣議決定『平成24年度版高齢社会白書』、2012年6月15日。

第8章　政府の消費税増税に対する批判

第1節　消費税増税が政府税収、経済、家計に及ぼす影響

　政府は消費税増税法案の国会上程前、同法案の付則に「平成28年度を目途に必要な法制上の措置を講じる」との文言を入れ、将来10％以上への増税を検討する方針を加えたが、民主党内の反対を受けて削除した経緯がある。内閣府は消費税率を10％にしても社会保障費急増のため、2020年度は消費税率6％に相当する16兆6,000億円の予算不足になるとの試算[1]を行い、早々に次の消費税増税を仄めかした。12年度一般会計の歳入は3年連続で国債発行額が税収を上回り、基礎的財政収支（Primary balance）は国と地方を合わせ約26兆円の赤字になる見通しである。政府は20年度までに黒字化する目標を掲げ、IMFも12年6月12日、日本の消費税率を15％まで引き上げる必要があると勧告した。6月19日閉幕の20か国・地域（G20）首脳会合が採択した「ロスカボス行動計画」でも日本代表は「政府債務削減に繋がる行動を制約しない」と明言している。財政再建の必要性を否定する者はいないであろう。しかし、国民生活を窮地に貶める財政緊縮政策をとり、消費税増税による歳入増を期待する政府の姿勢は大変な間違いである。

　日本で初めて消費課税が検討されたのは1937年の戦費調達を目的とする「取引税」である。15年戦争後はアメリカ占領下で導入された48年の「取引高税」であった。「取引税」は議会上程前に廃案となり、取引段階で1％の税を課す「取引高税」は商工業者の反発を受けて1年4か月後廃止された。また、68年から71年にかけて政府税制調査会は「EC型付加価値税」の導入を検討したものの、国民的反対運動が起こり国会提出を断念した経緯がある。

図8-1　勤労者世帯の平均年収・可処分所得消費支出の推移（単位：万円）

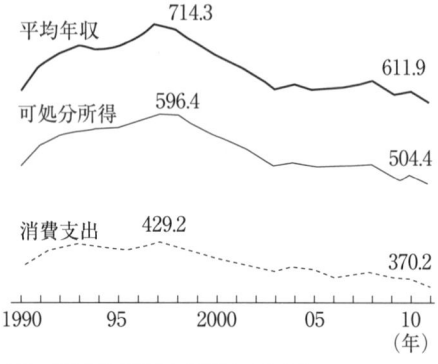

平均年収　714.3　611.9
可処分所得　596.4　504.4
消費支出　429.2　370.2

1990　95　2000　05　10（年）

出所：総務省統計局『家計調査』より作成。

　大型間接税導入の検討が本格化するのは79年度税制改革大綱に基づく大平政権の「一般消費税」導入論議と、中曽根政権時における87年の「売上税法案」であるが、国民的大反対を受け断念するに至った。その後、竹下政権が88年に「消費税法」（昭和63年12月30日、法律第108号）を強行成立、89年4月から徴税されている。

　橋本政権が強行した1997年の消費税5％増税後、大企業減税などの政府優遇税制で税収が伸びず、景気の悪化とアジア通貨危機の影響が加わり全体の税収は増税前と比べ減少に転じた。家計所得と消費支出は同年をピークに下落を続け、勤労者世帯平均年収は10年までの14年間で102万円の減、消費支出も59万円縮小（図8-1を参照のこと）している。医療費負担などの社会保障関連の国民負担額は9兆円増である。橋本政権による消費税増税前の96年度と10年度を比較すれば、消費税収は5兆1,000億円増加したが、8兆5,000億円に上る法人税減税で相殺され、その後の税収大幅減少に伴い14年間の累計で84兆円の税収減となった。橋本政権の消費税増税目的は「財政の健全化」に置かれたが、回復傾向にあった経済がますます悪化し、所得税収や法人税収を低減させた結果、図8-2に示す通り、国と地方の長期債務残

第8章 政府の消費税増税に対する批判

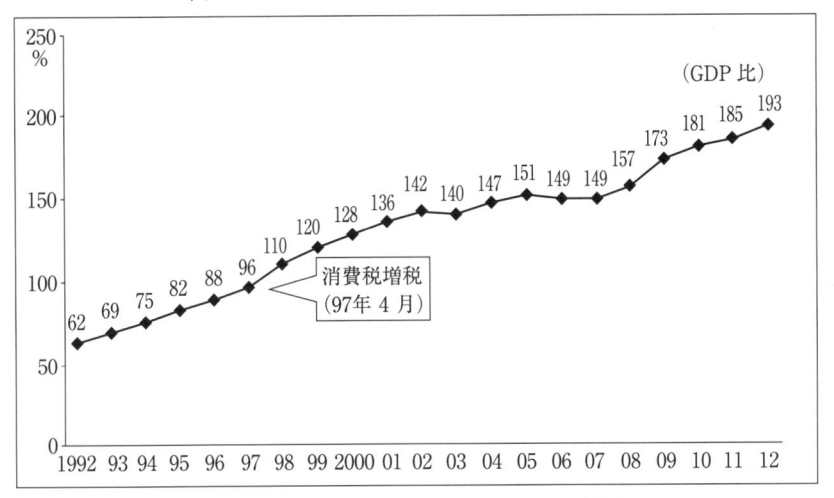

図8-2 国と地方による長期債務残高の推移

(注) 債務残高の2010年度は実績見込み、11年度は補正後の数値、12年度は政府見込み。
出所：「国及び地方の長期債務残高」より作成。

高は拡大の一途を辿るのである。このように消費税を増税すれば景気が悪化し、富裕層と大企業に対する減税に加え家計消費支出が減少するため税収が低下する。国債発行額は、国税収入が50.8兆円に上がった88年度比10年度は37.4兆円、12年度一般会計予算90兆3,339億円（2011年度比約2兆円減。別枠の震災復興特別会計などを包含すれば過去最高の約96兆円）のうち、過去最高の49％に当たる44億2,440億円を占め、税収の42兆3,460億円を上回る。国債と借入金及び政府短期証券を合わせた国の債務残高は11年度末時点で10年度末比35兆5,907億円増の959兆9,503億円（国債残高は10年度末比30兆7,730億円増の789兆3,420億円、国債に含まれる東日本大震災復興費10兆6,529億円）と過去最大を更新[2]した。国民1人当たり換算で約761万円の負債であり、12年度末には1,085兆5,072億円と1,000兆円を上回る予想[3]である。

ポルトガルでも付加価値税増税が消費を押し下げ、政府の思惑とは逆に税収が減少している。同国では2011年6月の総選挙で社会民主党が勝利し、コ

エリョ政権が誕生した。同政権は同年11月、財政赤字を理由に一部の軽減税率を撤廃、ホテルやレストランなどのサービス分野と、電気料金などエネルギー分野で各々13％・6％の税率を23％へ上げると共に、付加価値税の一般税率を21％から23％に引き上げた。同国政府は12年8月23日、増税効果を発表[4]したが、増税実施当初の「前年比11.6％の税収増」という予想を覆し、7月末までの集計で1.1％縮小する結果となった。ポルトガルの事例は、200億ユーロの税収増を目指し、付加価値税を18％から21％に増税する計画を発表したスペイン政府の政策に影響与えると思われる。ポルトガルでは9月15日、コエリョ政権と緊縮政策審査のため同国を訪れたEU並びにIMFの合同調査団を批判する大規模な抗議運動が首都リスボンをはじめ全国で行われた。スペインでも同日、付加価値税の税率引き上げや、公務員の年末手当削減の緊縮政策を発表したラホイ政権に反対するデモが全国数十万人規模で実施されている。緊縮政策に反対する国民の抗議行動は一層激しくなっており、いつまでも従来の緊縮政策を続けられる可能性は低い。日本政府は消費税増税が税収を減少させた過去の経験と、ポルトガルの失敗事例並びにスペインなどで示された民意を分析し、消費税増税が国民生活を犠牲にするばかりか、必ずしも税収増に繋がらない事実を明確に認識すべきである。

　現在、家計所得は一層減少しており、5％の消費税増税で13.5兆円に上る負担増が内需を冷え込ませ、国民生活に大きな打撃を与えると思われる。消費税増税を含む税制改革は、2015年までに国民負担総額20兆円という巨額に上る。衆議院予算委員会において菊池英博日本金融財政研究所長は、「現在のデフレ下で消費税10％増税を行えばGDPが35兆円減少する」[5]と警告した。第一生命経済研究所の試算でも消費税率を14年4月に8％、15年1月に10％へ引き上げれば実質GDPは13年度に0.5％、14年度には1.0％下降し、15年度～16年度も各々0.6％と0.3％のマイナス要因になる。野村証券は消費税増税によるGDP押し下げ効果について14年度マイナス0.6％と試算しており、13年度～16年度の平均実質成長率を1.1％と見る内閣府の試算[6]を批判した。さらに大和総研は「社会保障と税の一体改革」によって15年の実質可処分所

第8章　政府の消費税増税に対する批判

得は11年比4.78％〜9.23％減少すると予測[7]、日興証券の増税影響試算は14年から経済成長がマイナスに落ち込んだまま戻らないと推計している。

　このように、どの研究機関も消費税増税が経済に及ぼす悪影響を指摘する。ニッセイ基礎研究所は「駆け込み需要」を考慮に入れた試算[8]を行った。試算では消費税増税前の2013年度は駆け込み需要が起きGDPを0.7％押し上げる。しかし、14年度には反動減と消費税増税に伴う実質所得の低下でGDPにマイナス2.1％の悪影響が生じ、15年度〜16年度も同様の影響が続くと推論している。駆け込み需要と反動減は消費税増税の特徴であるが、反動減は容易に予想できるため、企業が雇用と設備に対する新たな投資を抑制し、不安定雇用の拡大や大量解雇を実施する可能性が強い。

　2012年9月24日、内閣官房社会保障改革担当室は消費税が10％に上昇した場合、家計に及ぼす影響を政府内で初めて試算した。増税に批判的な川内博史衆議院議員が指定した条件に基づく試算のため公表されないと思われるが、40歳以上の会社員（年収500万円）の夫と専業主婦及び小学生2人の計4人世帯では年間負担額が11万5,000円増え、年金や医療の社会保険料と住民税の年少扶養控除廃止を加えると33万8,000円の負担増である。同じ世帯構成で年収300万円の場合は年間8万2,000円増、社会保険料を含めれば27万3,000円の負担増となる。75歳以上の夫婦世帯で年金収入が計240万円の場合、低所得の年金受給者に現金を給付する「年金生活者支援給付金の支給に関する法律案」（第180回国会において継続審査）が成立したと仮定しても、負担増合計は4万1,000円に上り、格差と貧困を助長する結果となっている。

　社会保障の中でも医療制度は国民の重大関心事である。消費税増税が及ぼす影響に関し、全国自治体病院協議会は2012年4月、同協議会に加盟する874自治体病院を対象（回答数159病院）にアンケート調査[9]を行った。病院が負担する消費税負担額は10年度で平均1億2,414万円（100床〜199床の中小病院は平均3,439万円、500床以上の場合は平均3億2,323万円）に達する。患者が支払う医療費は非課税であるが、医療機関が医薬品・注射器などの医療機器を仕入れる際や給食・清掃の委託業務には消費税が賦課され、病

図8-3 年収別の消費税負担割合

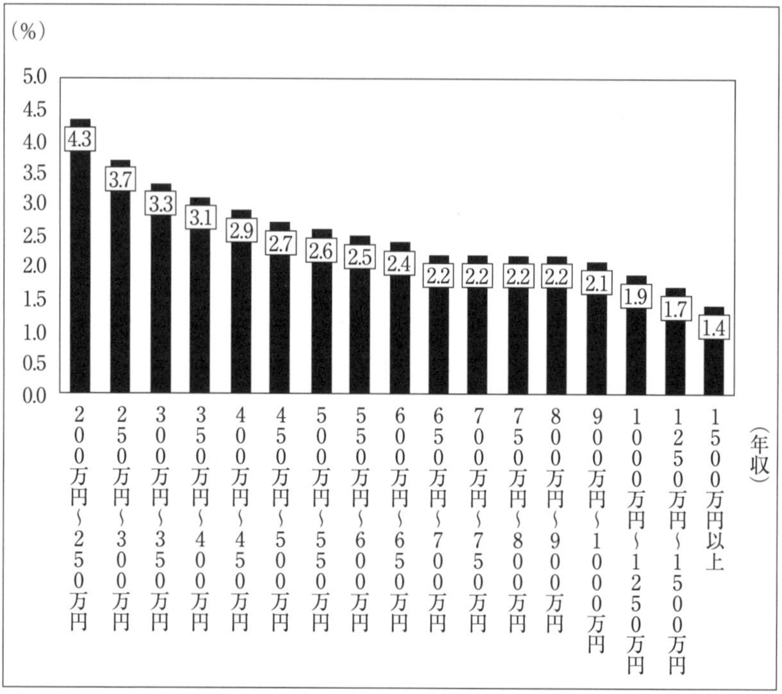

(%)
年収区分	負担割合
200万円～250万円	4.3
250万円～300万円	3.7
300万円～350万円	3.3
350万円～400万円	3.1
400万円～450万円	2.9
450万円～500万円	2.7
500万円～550万円	2.6
550万円～600万円	2.5
600万円～650万円	2.4
650万円～700万円	2.2
700万円～750万円	2.2
750万円～800万円	2.2
800万円～900万円	2.2
900万円～1000万円	2.1
1000万円～1250万円	1.9
1250万円～1500万円	1.7
1500万円以上	1.4

出所：総務省「平成23年度全世帯家計世帯調査」、2012年2月17日。

院が消費税分を自己負担せざるを得ないのである。消費税増税法案審議の中で、医療器具の非課税化はほとんど検討されなかった。同協議会は診療報酬による収入だけでは消費税率5％であっても負担分を補えず、消費税率が10％になれば経営が行き詰る病院も出かねないと危惧している。診療報酬を課税対象にすれば貧困層でなくても診察を受けにくくなり、重症化する可能性が高まる。総務省の11年度「全世帯家計調査」によれば、年間収入階層別に消費税額が収入に占める割合は年収200万円～250万円の階層は収入の4.3％を占めるが、1,500万円以上の階層では1.4％（図8-3を参照のこと）に過ぎない。消費税率が10％に上がれば年収200万円～250万円の世帯は、1か月

第8章　政府の消費税増税に対する批判

分の収入を超える8.6％までを消費税として負担することになる。逆進性の高い消費税の増税が様々な経済分野と家計に及ぼす影響は大変大きい。

　消費税増税が企業活動に及ぼす影響は、消費税増税関連法案が成立する前の調査でも明らかにされていた。帝国データバンクが2012年7月19日〜31日にかけて全国2万3,099社を対象とし、46.％・1万637社から有効回答を得た調査[10]では、消費税引き上げが自社の業績に及ぼす影響に関し「悪影響」と回答した企業は55.5％・5,901社、「かなり悪影響」の11.7％・1,241社を合わせると67.1％・7,142社に上る。消費税増税後の国内消費動向について「やや縮小する」は56.1％・5,971社と半数を超え、「大幅に縮小する」29.9％・3,183社を合わせ86.1％・9,154社が消費の縮小を予想している。消費税率が10％へ引き上げられた場合、引き上げ分を販売価格に転嫁できる度合は「すべて転嫁できる」が31.1％・3,304社に止まり、「まったく転嫁できない」は10.1％・1,073社であった。景気が悪化し、経済規模が縮小すれば税収が減少し、経済規模に対する財政赤字の規模は相対的に膨張する。日本経済は長期的にわたり景気低迷または後退に陥っており、GDPは11年までの14年間で55兆円も減少した。そのような状況の中での消費税増税は、雇用や国民生活及び財政規律を破壊する最悪の政策である。

　2005年2月、小泉政権が目指した所得税・住民税の定率減税半減案に対し、当時の野田佳彦委員は「雇用者報酬はいまもっと低いレベルで推移している中で、もっと厳しい景気認識のもとで慎重な判断が必要じゃありませんか」[11]と述べ反対を表明した。96年度の雇用者報酬274兆円、97年度の279兆円に対し04年度は252兆円、05年度は254兆円であった。10年度と11年度は244兆円にまで落ち込んでおり、本来なら一層厳しい景気認識と慎重な判断が求められるべきである。

　欧米諸国の中には、政府の長期債務残高が日本と同程度かそれ以上の国が存在する。しかしドイツのように少しでも経済が成長し、債務の伸びが比較的小さい国もある。消費税増税が不況とGDP悪化に繋がり、その打開のため消費税を再び増税するという悪循環を断ち切るには国民所得を増やし、内

需主導で経済成長を図る経済政策が必要である。消費が伸び税収が拡大すれば債務残高の減額が可能になるからである。但し、行き過ぎた金融緩和は慎まねばならない。日本銀行は2012年5月8日公表の「2011年度の金融市場調節」の中で、11年12月時点で長期国債の保有額が約92兆円になり、日銀券の発行残高を9兆円ほど上回るとの試算を明らかにした。金融緩和に伴う国債購入額の膨張に起因するが、試算通りになれば戦後初の事態である。日本銀行には保有する長期国債の残額を日銀券発行残高の範囲内とする銀行券ルールがある。際限なく長期国債を買えば財政規律を順守する意欲が弱まり、最終的に長期金利を大きく上昇させる危険がある。

第2節　消費税増税が中小企業に及ぼす影響

中小企業の多くは、請負先企業の単価値下げ要求や消費の低迷により消費税を販売価格に転嫁できておらず、日本商工会議所など中小企業4団体の調査[12]では、図8-4の通り、消費税引き上げが行われれば66.7％の企業が価格に上乗せできないと回答した。政府は「社会保障・税一体改革大綱」の中で、中小企業に対する消費税納税額を簡便に計算する「簡易課税制度」の見直しに触れた。これを受けて消費税増税法は「売り上げに掛かる消費税」から業種ごとに一定率（50％～90％の間で5段階に分類）の仕入れが行われたと想定する「仕入れ・経費に掛かる消費税」を差し引く「みなし仕入れ率」を引き下げる「簡易課税制度」の「必要な見直しを行う」規定を条件付きで盛り込んだのである。しかし、財務省が政府税制調査会に提出した資料[13]は2011年末時点で「実際には仕入れ率の30％台の業種もある」とする。消費税増税法には、売上高が一定水準（免税点）に届かない事業者の消費税納税義務を免除する事業者免税制度の引き下げも含まれた。免税点は3,000万円未満から04年には1,000万円にまで下がったが、これまでも新たに課税対象となった中小事業者を中心に消費税を支払えない事業者が激増し、滞納件数は04年度の約49万件から05年度は約65万件へ1.3倍に増加している。消費税

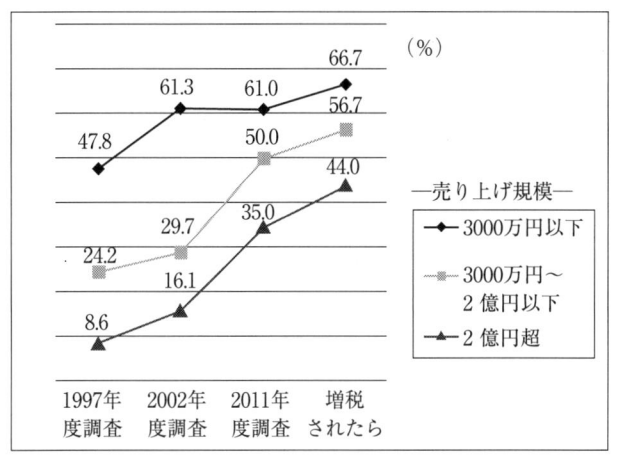

第8章　政府の消費税増税に対する批判

図8-4　消費税を価格に転嫁できない企業の割合（規模別）

―売り上げ規模―
- ◆ 3000万円以下
- ■ 3000万円〜2億円以下
- ▲ 2億円超

	1997年度調査	2002年度調査	2011年度調査	増税されたら
3000万円以下	47.8	61.3	61.0	66.7
3000万円〜2億円以下	24.2	29.7	50.0	56.7
2億円超	8.6	16.1	35.0	44.0

出所：日本商工会議所、全国商工連合会、中小企業団体中央会、全国商店街振興組合連合会による「中小企業における消費税の転嫁に係る実態調査」。

　増税は全雇用の70％を支える中小企業にとって大きな打撃となる。会計検査院は12年10月4日、内閣と国会に「消費税の簡易課税制度について」[14]を報告、「簡易課税制度」の見直しを行う予定とするが、財政状況に鑑みれば、中小企業の経営維持に資する十分な見直しが行われるか疑問である。

　政府は2012年10月24日、増税分を転嫁できないとの中小企業の反発に対し、取引先の大企業から増税分の価格上乗せを拒否された場合、公正取引委員会が支払いを勧告する「価格転化対策」を取り纏めた。事業者の相談を受けた公正取引委員会が所管官庁と連携して調査し、価格転嫁を拒否する企業に行政指導を行い、指導を受け入れない場合は公正取引委員会が増税分を支払うよう勧告する内容である。勧告に従わなければ独占禁止法違反に問われ罰則が科され企業名も公表される。増税分の価格上乗せ方法を業界団体が共同で取り決める「転嫁カルテル」や、価格表示方法を業界で決める「表示カルテル」は独占禁止法の適用除外となる。政府は10月26日に対策の基本方針を閣議決定し、13年の通常国会で関連法案を提出する予定である。ただ、これま

でも公正取引委員会が行政指導を行い、勧告に従わない企業に対して排除措置命令や課徴金の納付命令を出す方法で対処してきた。ところが勧告に至った事例はなく、実効性に欠けるため結局は中小企業が負担することになっている。売上高5,000万円以下の企業の60％が増税後も「価格転嫁はできないと思う」と想定する理由である。しかも関連法案は税率が８％に上がる14年４月の半年前の13年10月から17年３月末までの時限立法に過ぎず、政府の価格転嫁対策は余り期待できない。

重要な事柄は、消費税を販売価格に転嫁できない多くの中小企業と異なり、大企業は消費税負担を回避できることである。多くの大企業は消費税を納税するが「納税」と「負担」は異なる。原材料や部品を80億円で仕入れ、製品を100億円で販売するとき、消費税率を５％とすれば仕入れに要する消費税は80億円の５％で４億円、販売時に受け取る消費税は100億円の５％の５億円となるが、その差額１億円を「納税」すれば足りる。従って利益が見込める限り、大企業は消費税を「負担」する必要がないのである。また、外国人から消費税を徴収できないとの理由で、輸出品には消費税は課税されない。輸出企業は仕入れの際に支払う消費税を輸出時に取り戻せないため、税務当局がその分を企業に還付する「輸出戻し税」が制度化されている。輸出企業が集中する蒲田・神奈川・豊田などの税務当局は、消費税の納税額より還付額の方が多い場合が多々生じており、トヨタの2,246億円をはじめ消費税で利益を上げる大企業も存在する。

中小企業の経営者と共に多くの国民は雇用と処遇に関する不安感を高めている。日本銀行の「生活意識に関するアンケート」[15]によれば、2012年３月時点での勤務先における１年後の雇用・処遇について不安を「かなり感じる」が41.5％で11年12月の調査より0.9％増加、「あまり感じない」は0.3％減少の13.3％に過ぎず、解雇などの雇用不安が拡大している。現在の暮らし向きを１年前と比べると「ゆとりがなくなってきた」が48.3％に上がり、前回調査より3.3％減少したものの依然として高い水準にある。景気水準については「悪い」の29.0％と「どちらかといえば悪い」の52.5％を合わせ81.5％

を占めた。家計支出を極力抑制せざるを得ない状況の中で実施される消費税増税は、雇用と処遇の悪化に繋がり消費を冷え込ませ景気を一層弱めるであろう。

労働運動総合研究所は2012年2月、総務省の「産業連関表」をもとに消費税増税が及ぼす影響に関する試算[16]を明らかにした。消費税を5％から10％に増税した場合の家計消費支出は、10年の278兆3,510億円と比べ13兆9,180億円の減少となり、GDPは21兆2,643億円、付加価値額が12兆2,046億円減少する。その結果、雇用者は就業者ベース（雇用者と個人事業主及び家族従業員）で157万5,000人分、雇用者ベース（有給役員と雇用者）で114万9,000人分減少し、国と地方の税収2兆1,660億円が喪失するとされる。同研究所はまた、消費税増税は、仕入れ控除の対象になる派遣労働者や請負労働者の「役務の提供」を拡大する「非正規雇用を増大させる仕組みとしても機能」し、「貧困と格差をさらに押し広げる」と指摘している。欧州諸国は、社会保障の財源として20％前後の付加価値税を充てる。しかし、第7章第2節で紹介したように付加価値税が税収全体に占める比率はそれほど大きくはなく税率を10％にすれば日本の方が高くなる。

欧州の付加価値税は「政府への信頼」と、政府が行う一定の所得再分配及び格差・貧困対策の実施に支えられ、北欧では多くの国民が「政府という銀行に安心を託す税」と捉えている。第一次世界大戦と第二次世界大戦の中で、戦費調達のため導入された大型間接税から発展した経緯や、戦後の経済的統合を図る中で各国の税制を調和する目的で欧州全域に拡大した歴史的背景もある。従って、欧州の付加価値税は国民意識または本来の目的に見ても消費税とは異なる。憲法第25条に基づき社会保障制度を充実するには、小泉政権時の「構造改革」以上に格差と貧困を広げる消費税増税ではなく、大企業・富裕層に対する適正な課税と、所得に応じた税制改革を通した財源に依拠すべきである。消費税率5％引き上げによる負担額は、2010年度決算額に換算すれば東日本大震災の被災3県だけで5,637億円に達し、3県の住民税総額3,749億円を上回る。消費税増税が復興に悪影響を及ぼすこともまた明白で

ある。

注

(1) 内閣府「経済財政の中長期試算」、平成24年8月31日。
(2) 財務省「国債及び借入金並びに政府保証債務現在高（平成24年3月末現在）」、平成24年5月10日。
(3) 財務省は2012年5月28日、政府全体の資産と負債状況を纏めた10年度の「国の財務書類」を発表した。財務省主計局「平成22年度　国の財務書類」、平成24年5月。それによれば、10年度末の負債は09年度末に比べ23兆3,000億円増の1,042兆9,000億円で3年連続過去最高を更新する。国債の発行で財源不足を埋めたため負債が増加した形であるが、負債のうち国債を含む公債残高も過去最悪で38兆1,000億円増の758兆7,000億円に達する。けれども有形固定資産に現金や預金、有価証券などを加えた資産は21兆9,000億円減の625兆1,000億円である。すなわち負債が資産より417兆8,000億円多いものの「実際の債務」額は1,000兆円にはならない。
(4) *Portuguese Tax Revenue Falls Imperils Budget Goal http://online.wsj.com/article/BT-CO-20120823-712738.html*
(5) 衆議院予算委員会中央公聴会、衆議院予算委員会議録、平成24年3月2日。
(6) 内閣府「経済財政の中長期試算」、平成24年1月24月。
(7) 大和総合研究所「2012年度税制改正大綱（家計関連税制）試算編」、2011年12月16日。
(8) ニッセイ基礎研究所経済調査部門経済調査室長　斉藤太郎稿「消費税引き上げによる経済への影響試算（2013〜2016年度）」、2012年7月13日。
(9) 全国自治体病院協議会「消費税に関する緊急調査結果」、2012年5月25日。
(10) 帝国データバンク「消費税引き上げに対する企業の意識調査」、2012年8月3日。
(11) 衆議院財務金融委員会議録、平成17年2月10日。
(12) 全国商工新聞、2012年1月16日。
(13) 平成23年度　第28回税制調査会議事録、2011年12月21日。
(14) 会計検査院「会計検査院法第30条の2の規定に基づく報告書　消費税の簡易課税制度について」、平成24年10月4日。
(15) 日本銀行情報サービス局「生活意識に関するアンケート調査（第49回）の結

果――2012年3月調査――」、2012年4月4日。
(16) 労働運動総合研究所「消費税増税・試算」、2012年2月20日。

第9章 「社会保障と税の一体改革」関連法

第1節 「社会保障と税の一体改革」関連法案をめぐる3党合意

　2012年6月4日、5閣僚を交代させる第2次内閣改造が行われた。国会会期末の重要法案審議中での内閣改造は異例であるが、自民党と公明党との協議を経て法案成立を目指す「談合政治」の環境整備と揶揄されても仕方ない改造である。内閣改造の意図について首相は「『社会保障と税の一体改革』を含む諸懸案を前進させる環境整備」[1]と述べた。経団連会長は「政策を果断に実行に移していくことを強く期待する」と評価し、経済同友会代表幹事は「消費税増税を柱とする『一体改革』法案成立に向けた英断と実行力を評価したい」[2]と歓迎している。一方、マスコミ各社は民主・自民・公明3党が修正協議を行わない理由に関し、「消費税増税と社会保障改革は一体」という民主党と、「社会保障改革の全体像が整っていない」とする自公両党の「対立」が「障害」であるかのように報じた。しかし、消費税増税関連法案の内容は大筋で相違点はなく、増税の際の低所得者対策や所得税の最高税率をめぐる「条件闘争」に過ぎなかったのである。

　社会保障関連法案も、年金削減をはじめ医療・介護の給付抑制、保育制度などの劣化を図る民主党政権の「社会保障と税の一体改革」そのものが旧自公政権の「構造改革」路線を踏襲しているため、やはり大筋で一致していた。自公両党の狙いは、後期高齢者医療制度の廃止や最低保障年金制度創設を撤回させるなど、民主党の最大の公約を反故にして政権奪回に繋げると共に、本質的には社会保障制度の一層の劣化を意図するものである。従って、3党協議を経て成立した政府提出関連法案の中身には大きな変化は見られない。

民主・自民両党は2012年6月6日、消費税増税関連法案を柱とする「社会保障と税の一体改革」関連法の修正協議開始で一致し、7日に公明党も正式に加わり日程の調整と消費税増税関連法案の先行協議で合意に達した。自民党総裁は臨時役員会で①15日までに結論を得て会期内に採決する、②民主党案の対案である「社会保障制度改革基本法案」（筆者注：後日、民主党との協議で「社会保障制度改革推進法案」に修正）の受け入れを要求する、③税制は「消費税は当面10％」とした10年の参議院選挙公約など過去の政策範囲内で対応する、の3原則での協議入りを決定している。これに対し、政府は8日、新年金制度など与野党で意見が分かれる課題を議論する、として自民党提案の「社会保障制度改革国民会議」創設の可能性に言及し、民主党が09年総選挙で掲げた社会保障改革に関するマニュフェストの「看板政策」である月額7万円の最低保障年金創設や、後期高齢者医療制度廃止問題などの懸案事項を一旦棚上げした上で修正協議を行い、合意を急ぐ姿勢を明らかにした。

　民主・自民・公明3党は2012年6月15日、消費税増税関連法案の修正を了承し、消費税率を14年4月に8％へ、15年10月に10％に引き上げる「消費税増税」関連法案と、社会保障を政府案以上に削減する「社会保障制度改革」関連法案を今国会で成立させることで合意した。消費税率引き上げの条件となる「名目3％、実質2％の経済成長率」の景気状況判断は削除を求めた自民党が譲歩、「努力目標」として残す一方、民主党内の増税反対派を懐柔するため「成長戦略や防災・減災対策の分野で景気対策を実施する」との一文を加えて決着した。但し、政府は既に国会論戦の中で景気状況を「努力目標」と捉え「目標には拘束されない」と答弁しており、「景気判断」条項を残しても意味がなく、年収400万円の世帯で年間消費税額が10万円以上増加することになった。しかも日本経済は先行き不安が一層増大している。12年4月〜6月期のGDP成長率はGDPの60％を占める個人消費が失速したため、実質0.2％増、名目0.3％減（第2次速報値）と大きく減少した。政府は8月の月例経済報告で「一部に弱い動きがみられる」として景気の基調判断を10

か月ぶりに下方修正、9月の月例経済報告では「回復の動きに足踏みがみられる」とさらに下方修正を行った。日本銀行も「当面、景気は横ばい」と見ており、「名目3％、実質2％の経済成長率」は13年度においても実現しそうな状況にない。景気状況を「努力目標」と捉え「目標には拘束されない」とした理由はこうした経済状況を踏まえたものであり、成長率の如何にかかわらず消費税増税に固執する政府の姿勢が伺える。

　消費税増税の際、低所得者層に一定の配慮を行う「逆進性対策」に関し、政府が2012年2月に閣議決定した「社会保障・税一体改革大綱」に盛り込んだ「簡素な給付措置」に要する予算は年額4,000億円程度である。3党合意も「簡素な給付措置の実施が消費税率8％引き上げの条件」とする。しかし同時に「消費税率が8％となる時期から低所得者に配慮する給付付き税額控除（筆者注：減税と現金支給を組み合わせた控除）及び複数税率の検討の結果に基づき、導入する施策の実現までの間の暫定的及び臨時的な措置として実施」との表現に止め、支給対象や金額などの具体策を示さず、今後の予算編成の際に改めて検討することになった。政府・民主党は世帯収入が住民税の非課税限度を下回る「住民税非課税世帯」を対象に、1人当たり毎年1万円程度を支給する案を想定したが、夫婦と子供1人の世帯（妻と子供が夫の扶養家族）で、夫の年収が168万円〜205万円程度の場合、単純計算で年約3,100億円の財源が必要とされる。これに対し、自民党は97年に消費税を5％へ引き上げたときの臨時給付金948億円程度に対象者を絞り込むよう主張、決着は見通せなかった。8％引き上げ以降の対策も「給付付き税額控除」か、食料品などの消費税率を下げる「軽減税率」のいずれを実施するかを決めず、実施時期を含め「様々な角度から総合的に検討する」として法案成立後に結論を先送りした。「累進性強化策」の一環である15年からの課税所得5,000万円超に対する所得税の最高税率45％（現行の最高税率は40％）への引き上げと、相続税の最高税率55％（同50％）への引き上げ、遺産のうち定額控除5,000万円の3,000万円への縮小、相続人1人当たりの控除を1,000万円から600万円に減額し、15年から実施するとの当初案は自公両党の要求により削

除され、13年度税制改正での検討事項にされている。

　民主党税制調査会は2012年8月21日、13年度税制改正に関する議論を開始し、「日本再生戦略」に沿って環境、医療、農林漁業の重点3分野における税率軽減と共に、所得税の最高税率引き上げ、富裕層の相続税増税、消費税増税に伴う住宅取得時の負担軽減措置及び低所得者対策としての所得税減免と現金給付を組み合わせた「給付付き税額控除」に加え、自公両党が主張する「軽減税率」を同時に検討することを決定した。これを受け政府税制調査会は10月19日、「社会保障と税の一体改革」と「日本再生戦略」及び消費税増税を前提に13年度税制改正に向けて初の全体会合を開催(3)している。但し、衆議院解散をめぐる政局次第では抜本的な見直しの議論に踏み込めないとの判断から、住宅購入時の負担軽減措置や自動車取得税、自動車重量税の廃止を含む小幅な改正に止まる可能性が高いと考えられた。民主党の税制調査会長は12年10月23日、自動車取得税の廃止を消費税が8％になる14年度に実現する方向性を示したが、自動車重量税に関しては、廃止を含む抜本的な見直しが必要とするものの、時期には言及していない。所得税の最高税率については、15年から課税所得5,000万円以上を対象に40％から45％に引き上げる考えを表明している。所得税の最高税率引き上げと富裕層の相続税増税及び低所得層対策の税制改正大綱への反映は、3党間に大企業と富裕層に対する優遇姿勢に大きな違いがなく期待できない。「軽減税率」の導入は、実施を主張する公明党と難色を示す政府・民主党との間に相違があり、「給付付き税額控除」は支給対象や具体的な金額に関する3党間協議が難航したが、12年12月16日投開票の第46回衆議院総選挙における民主党の敗北と自民党の勝利に伴い、比較的早期に決着がつくかもしれない。

　3党合意は中小業者が消費税を価格に転嫁できない問題について、「独占禁止法・下請法の特例に係わる必要な法制上の措置を講じる規定を追加する」とするだけで、小売業者などに対する具体策に言及していない。3党合意は消費税増税で生じる財源を主に大企業中心の法人税減税に充てると共に、「成長戦略や事前防災及び減災等」の公共投資に重点配分するとある。合意

第9章 「社会保障と税の一体改革」関連法

に基づき消費税増税法案に「財政による機動的対応が可能となる中、成長戦略、事前防災、減災の分野に資金を重点配分する」との付則第18条第2項が盛り込まれた。社会保障費の削減と中小企業に対する増税負担を顧みず、大型公共事業に繋がる政策を重点化する方策は大企業とゼネコンを潤す反面、中小企業の経営圧迫、貧困層の拡大と共に国と地方の長期債務を膨張させるであろう。

　最低保障年金創設と後期高齢者医療制度廃止問題は3党合意で先延ばしにされたが、民主党側が大幅に譲歩して事実上断念するに至る。政府試算では月額7万円の最低保障年金制度を導入すれば、消費税を10％引き上げても最大7.1％分が不足するが、「最も幅広く支給した場合における2075年度時点の負担」であり、社会保障費が毎年1兆円伸び続けているとはいえ、直ちに財源不足に陥るとの根拠にはならず、政府・民主党が社会保障改革より消費税増税法案の成立をいかに優先したかが伺える。なお、民主党は2012年9月6日、15年度に消費税率を10％に引き上げても、月7万円の最低保障年金を支給するには75年度以降3.5％～6.2％分の追加増税、額にして43兆5,000億円～58兆7,000億円の財源が必要とする新年金制度の財源見直しに関する再試算結果を公表、自公両党に「社会保障制度改革国民会議」の早期開催を求めている。ただ、民主党は既に最低保障年金創設を断念しており、自民・公明両党の反対もあることから「社会保障制度改革国民会議」で議論するのも困難と思われる。「社会保障制度改革推進法」（平成24年8月22日、法律第64号）第9条に定める国民会議は首相が委員を任命し、年金・医療改革など社会保障制度の将来像を検討する機関として設置するもので、協議結果は1年以内に法律に反映される。

第2節　消費税増税法案と大型公共事業の推進

　政府は「成長戦略や事前防災及び減災等」関連を含む公共事業政策として「日本再生戦略」を作成したが、自民党は今後10年間で民間資金を含む総額

200兆円規模の投資を行い、防災・減災関連の集中的な公共事業を実施する「国土強靱化基本法案」（衆法、議案15号）を、公明党も老朽化したインフラ整備などを進める10年間で100兆円規模の「防災・減災体制再構築推進基本法案」（参法、議案34号）を国会に提出した。民主党議員を中心とする「新たな戦略的国土地域政策を推進する議員連盟」の場合は160兆円規模の「日本再生計画～ビジョン2030～」を纏めている。自民・公明両党の法案に対し、政府は参議院において、大型公共事業の実施を可能とする「付則（筆者注：消費税増税法案付則第18条第2項）の主旨を十分理解して日本経済のかじ取りをしていきたい」と答弁、首相も「機動的に民間資本や財投資金も含めて対応する」[4]と応じた。

2012年6月4日、衆議院に提出された「国土強靱化基本法案」第18条には「大規模災害に対処するための強靱な経済社会の構築に資するよう、高速自動車国道、新幹線鉄道等の全国的な高速交通網の構築」を促進するとあり、12年12月の第182回特別国会で成立した安部政権が進める「防災・減災関連」事業の対象は、高速道路や新幹線及び大型港湾など大企業本位の大規模公共事業が中心となる。消費税増税分5％で13.5兆円の税収増が見込まれるが、4％分の10.8兆円をこれまでの社会保障費と置き換え、残りを公共事業に充てようとするもので「社会保障や財政再建」のためとした消費税増税の「大義名分」を覆す性格を有する。「防災・減災体制再構築推進基本法案」も同様である。但し、両法案は第180回通常国会と第181回臨時国会で成立せず、審査未了となった。

政府は、東日本大震災を受け地震に備えて「多重の物流網」を建設する必要があるとし、2012年度予算に東京外郭環状道路（1兆2,800億円）や新名神高速道路（6,800億円）などの大型公共事業を相次いで復活させた。12年6月29日には整備新幹線の未着工3区間の着工（3兆400億円）を並行在来線の存廃や経営継続形態も明確にしないまま認可し、九州新幹線・長崎ルート諫早～長崎間は8月18日着工、北陸新幹線金沢～敦賀間では8月19日に起工式が行われた。国直轄・補助のダム建設は、工事再開を決定した八ツ場ダ

第9章 「社会保障と税の一体改革」関連法

ム（9,000億円）をはじめ「中止・検証」を約束していた77事業のうち22事業の復活を決定、京浜港、阪神港も国際物流拠点港として重点整備される。

問題は一連の大規模公共事業が「新成長戦略」（平成22年6月18日、閣議決定）[5] と経済産業省の「産業構造ビジョン2010」[6] 及び「国土交通省の成長戦略」[7] に描かれたインフラ海外輸出や物流インフラの「国際競争力」強化と符合することである。「産業構造ビジョン2010」はグローバル競争で日本の「企業の立地競争力が急速に失われ」つつある中で、競争力と雇用を維持するには「我が国のビジネスインフラを他国と比べてそん色のない水準で整備することが必要」と記されている。大企業・大手ゼネコンを利するため、東日本大震災を「利用」するやり方は許されるものではない。公明党の「防災・減災体制再構築推進基本法案」も内容に大差はなく、12年12月の総選挙で政権についた自民・公明両党の調整がつけば消費税の増税分が転用される可能性があり、財政健全化に逆行する恐れがある。公明党は2012年9月22日の党大会で山口那津男代表の3選承認と執行部全員の続投を決定した。その際、山口代表は民主・自民両党との3党合意に基づく「社会保障と税の一体改革」推進を表明、党大会は防災・減災への集中投資を柱とした第46回衆議院選挙マニフェストの骨子を了承している。

政府は2012年8月17日の「平成25年度予算の概算要求組換え基準について」（平成24年8月17日　閣議決定）において、人件費などの「義務的経費」を除く政策的経費を12年度比10％削減し、削減額の最大4倍までの「重点要求」を認める方針を固め、7月末に閣議決定した「日本再生戦略」関連分野に重点配分する13年度予算の概算要求基準を決定した。同基準は「緊縮型の予算編成を維持する」ため国債費を除く「歳出の大枠」を12年度と同額の71兆円を上限とし、再生可能エネルギー等の環境や医療、農林漁業の3分野を最重点とするもので、公共事業費は12年度比最大10％削減される。しかし「防災・減災事業は重点化する」と明記しており、「防災・減災」に名を借りた従来型の大型公共事業の推進に繋がる可能性が極めて高い。

財務省は2012年9月12日、13年度予算概算要求の一般会計総額が98兆8億

円に上ったと発表した。東日本大震災復興特別会計4兆4,794億円との単純合計額は102兆4,802億円で4年連続過去最大の予算規模である。但し、国債費を除く一般会計の要求額は73兆3,553億円、社会保障の自然増が8,400億円となっている。「日本再生戦略」の重点分野のうち「エネルギー・環境」は4,438億円、「医療」が1,196億円、「農林漁業」が1,330億円、省庁別では国土交通省が最も多く6,391億円である。政府は13年度予算規模の抑制方針を決めたものの、各分野の使途を見れば大型公共事業等が相当目立つ。国土交通省は海上保安庁の巡視船艇・航空機の整備費のうち82億円を「環境」分野として要求、農林水産省は間伐材等バイオマスを活用し、産業化する事業を環境分野への要求として664億円を要求したが、495億円はバイオマス運搬に必要な道路整備等に充てる計画である。

　消費税増税は企業のための「景気対策減税」にも使われる。1997年4月に消費税が3％から5％に増税された際、96年の新規住宅着工戸数163万戸が97年に134万戸、98年には117万戸まで縮小した。自動車も同様であるが、消費税に加え自動車取得税や自動車重量税が課税されるため、自動車業界は以前から「二重課税」と批判してきた。3党合意は「何らかの対策」を講じ、8％の税率引き上げまでに結論を出すとの前提を置き、自動車取得税と重量税に関し「簡素化、負担軽減、グリーン化の観点から見直しを行う」ことで一致した。住宅建設の負担軽減は住宅ローン減税の延長・拡充、住宅エコポイントの活用、消費税の複数年分割払いなどの対応が考えられる。住宅や自動車に対するその後の経緯に関しては、前述した12年10月19日の政府税制調査会の全体会合での議論に見ることができる。このように、3党合意は大企業の利潤保障に手厚い措置を講じる内容になっている。

第3節　「社会保障改革」関連法案の修正と社会保障制度改革推進法

　消費税10％の引き上げは13.5兆円の国民負担となり、3党合意前の政府案

でも年金の減額や医療・介護の保険料値上げを合算すれば2015年度までに20兆円の負担になる。3党合意で一層の負担増になるのは明らかであった。年金関連法案では低所得者に対する基礎年金に月額6,000円を加算する制度を縮小し、「福祉的な給付措置」に改めて5,000円を基準とし、消費税10％引き上げを条件に「保険料を納めた期間に応じて減額」することになった。給付対象を64歳以上、住民税が家族全員非課税で年金その他の収入が老齢基礎年金満額（月額6万6,000円）以下に限定するのは政府案と同じである。年金保険料の納付実績に応じての給付は、人によって受給額が異なるため格差拡大は必至である。3党合意は「自己責任」論を基本としており、憲法第25条に規定する「生存権」を脅かす恐れが大きい。なお、高額所得者の年金減額は法案から削除されることになった。

「公的年金制度の財政基盤及び最低保障機能の強化等のための国民年金法等の一部を改正する法律案」はパート労働者の社会保険（厚生年金と健康保険）適用範囲を拡大する反面、対象者を狭め、賃金月額7万8,000円以上とした政府案が8万8,000円以上に変更された。これにより新たに社会保険に加入できる者は約45万人から30万人弱に減少し、政府が最終目標とした370万人から大きく後退する。保険料が労使折半のため企業の負担増になると主張する自民党の要求を民主党が受け入れ、新規加入者の対象範囲を狭めた妥協の産物であり、実施時期も2016年10月に遅らせた。厚生年金と共済年金を15年10月に統合し、年金額を引き下げる「被用者年金制度の一元化等を図るための厚生年金保険法等の一部を改正する法律案」は、政府案のまま合意に達し成立に至る。同法案は年金受給の条件となる加入期間を25年から10年に短縮したこと、産休期間中の厚生年金保険料を免除するほか、母子家庭が対象の遺族基礎年金を父子家庭にも拡大するなど改善点もある。けれども無年金・低年金問題の根本的な解決には、特例水準の解消やマクロ経済スライドを止め、最低保障年金制度を確立して年金額の底上げを講じなければならない。

市町村保育の実施義務を脅かす「子ども・子育て新システム」関連法案に

ついて3党合意は「市町村が保育の実施義務を引き続き担うこととする等の修正を行う」とし、法案修正において「市町村の保育実施義務」の文言が残された。「就学前の子どもに関する教育、保育等の総合的な提供の推進に関する法律の一部を改正する法律案」修正は保育を市場化するとの批判を反映してはいるが、子育て施策を消費税増税に求める枠組みを緩やかにする特例措置がなく子育て世代の負担軽減を考慮していない。政府は幼稚園と保育所を一体化する「総合こども園」創設を撤回し、自公両党が主張する全国で911か所（2012年4月現在）と、政府目標2,000カ所の半分以下に止まる現行の「認定こども園」の拡充及び運営費補助を文部科学省と厚生労働省から内閣府に一元化する方向で決着をみた。「認定こども園」（幼保連携認定子ども園）は保護者と施設が直接契約し、保育料の上乗せが可能な「新システム」の先取りでもある。民間保育所に関しては市町村が委託する現行制度を維持する一方、幼稚園、保育所への給付一本化や小規模保育への「地域型保育給付」の創設を明記した。しかし市町村の責任範囲は認可保育所のみに限定され、私立保育所などの整備費補助が廃止されれば保育の公的責任を果たせず、施設に対する補助から個人給付への変更が行われる可能性がある。また待機児童対策のため「機動的に対応できる仕組み」が加えられ、認可の弾力化による事実上の指定制度が導入された。

　3党合意の内容は全体的に政府案を改正するものではなく、政府案を基本としながら消費税増税と社会保障制度の劣化を進める性格を有する。政府は保育に市場原理を導入し、公的責任を軽減するための仕組みとしての「新システム」導入で、①保育そのものの保障ではなく、利用者個人への現金給付に変更する、②保育の必要量を認定し、認定を受けた時間のみの利用を認め、それに応じた利用料に改める、③市町村の保育実施義務をなくし、施設と保護者の直接契約とすることを法案の根幹としていた。3党合意も根幹に変化はなく、市町村は保育を確保するための整備計画を立てれば保育の実施に責任を有しない。3党合意を踏まえ「子ども・子育て支援法」（平成24年8月22日、法律第65号）と「子ども・子育て支援法及び総合こども園法の施行に

第9章 「社会保障と税の一体改革」関連法

伴う関係法律の整備等に関する法律」（平成24年8月22日、法律第67号）は成立した。「総合こども園法案」は合意に沿って審査未了になっている。3党合意で棚上げされた高校無償化と子供手当の取扱いに関しては、その後「見直し」で合意された。

民主党は2012年6月19日、所属議員を対象に開催した政策調査会合同会議において、消費税増税関連法案をめぐる自民・公明両党との3党合意を政調会長に「一任」する形で押し切り、政策調査会役員会で了承を確認した。民主党内における消費税増税反対派の「造反」があっても、自民・公明両党の賛成を得て「社会保障と税の一体改革」関連法案の衆議院通過が確実となったのである。自民党は19日の総務会で3党合意を反映した50項目以上に上る関連法案の修正を了承、国民新党も6月20日の臨時総会で一連の関連法案への同意を決定している。

3党合意に沿って修正された主な政府提出法案は「社会保障の安定財源の確保等を図る税制の抜本的な改革を行うための消費税法等の一部を改正する等の法律案」と「社会保障の安定財源の確保等を図る税制の抜本的な改革を行うための地方税法及び地方交付税法の一部を改正する法律案に関する法律案」のいわゆる消費税増税2法案、「公的年金制度の財政基盤及び最低保障機能の強化等のための国民年金法等の一部を改正する法律案」と「被用者年金制度の一元化等を図るための厚生年金保険法等の一部を改正する法律案」の年金関連2法案、「子ども・子育て支援法案」、「子ども・子育て支援法及び総合子ども園法の施行に伴う関連法律の整備等に関する法律案」の子育て関連2法案である。加えて20日に新たに提出された法案は国の公的責任を一層後退させ、年金・医療・介護制度に「効率化」と「重点化」を導入する「社会保障制度改革推進法案」と、「就学前の子どもに関する教育、保育等の総合的な提供の推進に関する法律の一部を改正する法律案」であり、いずれも議員提出法案であった。

年金支給の特例水準を解消し、2012年10月分から3年間で2.5％引き下げる「国民年金法等の一部を改正する法律等の一部を改正する法律案」、納税

と社会保障の情報を管理する共通番号制度導入を図る「行政手続における特定の個人を識別するための番号の利用等に関する法律案」及び府省幹部人事の内閣一元管理を可能とする「国家公務員法の一部を改正する法律案」や労使交渉の導入を意図する「国家公務員の労働関係に関する法律案」など公務員制度改革関連法案は審議が進まず、第180回通常国会において継続審査となった。

「社会保障制度改革推進法」は自民・公明両党の主張を取り入れ、将来における社会保障の理念や仕組みの一部を変更する趣旨の法律である。しかし、同法で具体的に明示された規定は「社会保障制度改革国民会議」の設置のみであり、各制度の改革は今後の議論を経て新たな法案や改正法案を国会に提出し立法化されるまで進まない。同法案は今後の社会保障制度改革の基本を「自助・共助・公助」の調和から「自立を家族相互、国民相互の助け合いを通して支援する」に置き換え、行政責任を国民に転嫁して「相応」の負担増を求める徹底した「自己責任」論に基づいており、公的「負担の増大を抑制」するため社会保障給付の制限を図る重大な性格を持っている。「自助」と「共助」で成り立つのは民間の医療保険や生命保険であり、同法の目的にある「受益と負担の均衡」を目指せば、所得の再配分機能の一環としての社会保障制度の劣化が促進される。また「公助」の部分は社会保障費の抑制を進める「効率化」と「適正化」を前提とし、主要な財源に「消費税及び地方消費税の収入を充てる」とするが、政府原案になかった地方の財源まで包含すれば自治体財政は一層脆弱になる。自治体は税収低迷と社会保障費の増大で財源不足に陥り、毎年度約6兆円の「臨時財政対策債」を発行している。消費税5％の時点で自治体に配分される地方消費税と地方交付金の計2.18％（2010年度決算ベースで5兆5,000億円）は本来、使途の自由な一般財源に含まれる。しかし従来から地方消費税1％を除く全額を、増税に対する国民の不満を抑えるため社会保障費に充てるよう限定してきた。税率10％時には3.72％（同9兆3,000億円）が地方の取り分となるものの、現行の地方消費税1％分を除く全額が社会保障費に充てられる。

第9章 「社会保障と税の一体改革」関連法

　「社会保障制度改革推進法」には、①保険が利かない医療・介護の拡大、②介護サービス範囲の縮小、③生活保護の給付引き下げ、④社会保障番号制度の「早期導入」などが盛り込まれた。医療保険の分野は「給付の対象となる療養の範囲の適正化」を図るとされ、厚生労働省の2005年「医療制度構造改革試案」に基づく市販薬類似医療品などの保険適用外化や保険免責制[8]の拡大と、高齢者の患者負担増が進むと思われる。厚生労働省は13年度予算概算要求で70歳〜74歳の窓口負担を10％から20％に倍増させる前提の予算案を組んだ。日本医師会が12年9月に発表したアンケート結果[9]は、高すぎる窓口負担が患者の医療を受ける機会を妨げる実態を明らかにした。30％負担を「とても負担」、「やや負担」と回答した人は66.5％、「過去1年間に経済的理由で受診を控えたことがある」人が10％を超え、「症状が悪化したことがある」人は受診を我慢した人の半数以上に達する。厚生労働省も1,000円〜3,000円の窓口負担を重く感じる人が年収200万円未満の層で多く、年収400万円〜600万円未満の2.5倍となり、収入が少ないほど窓口負担に苦しむ実情を認めている。約573万人の高齢者に負担を強いる医療制度の劣化は許されるべきではない。

　政府は保険料の「負担の公平」を確保するというが、有病率が高く医療費のかかる高齢者に重い負担を求める点で75歳以上の高齢者を差別化する後期高齢者医療制度と変わりはない。年金、医療、介護について「社会保険料に係る国民の負担の適正化に充てる」として公費の使途を限定すると共に、低所得で保険料を支払えない人や無年金・低年金者を救う最低保障年金制度の導入を否定する。受給開始年齢が68歳の場合は約6兆円、70歳で約10兆円となる年金歳出を削減するため、65歳に引き上げ中の国民年金と厚生年金の受給開始年齢を、68歳〜70歳に上げる関連法案を検討中である。

　介護保険サービスの「重点化」に関しては軽度者（要支援認定者）の利用度を10％〜20％上げる一方、給付を縮小して保険外サービスを自費で賄わせる狙いがある。「社会保障制度改革推進法」は社会保障に係る公費も「消費税収を主要な財源と資する」と明記しており、大企業が負担しない消費税を

財源とし、国民に消費税増税か、社会保障削減かの二者択一を迫っている。2012年11月30日、15人の有識者で構成する「社会保障制度改革国民会議」の初会合が行われたが、審議は政府の意向に即した「御用学者」や与党議員の「意思」が反映される「トップダウン」的手法で行われ、国会の形骸化を招きかねない。「社会保障制度改革推進法」第10条第3項には同会議の「委員は国会議員が兼ねることを妨げない」とあり、民主・自民・公明3党の国会議員を構成員に加えることも可能で、審議過程で「談合」がなされる恐れが十分考えられる。

第4節 「社会保障と税の一体改革」関連法案の成立過程

民主・国民新党は2012年6月21日までの国会会期を79日間延長するよう衆参両院議長に申し入れ、同日の衆議院本会議で与党などの賛成多数により議決された。また同日、民主・自民・公明3党の幹事長会談で3党協議が正式合意に達したことを受け、消費税増税を柱とする「社会保障と税の一体改革」関連法案は衆院通過を経て早ければ8月上旬にも参院で可決、成立する見通しとなった。3党のみの協議と合意で国会を運営し、成立を前提に法案の一部修正を行う「談合政治」は議会制民主主義に対する冒瀆にほかならない。

衆議院・社会保障と税の一体改革に関する特別委員会は2012年6月22日、民主・自民・公明3党で合意した「社会保障と税の一体改革」関連法案の修正案審議に入った。3党の理事は26日に締めくくり総括質疑を実施した後で採決、同日中に本会議で採決することに大筋合意している。12年6月26日、民主・自民・公明の3党は公聴会も開催せず、わずか13時間余の審議で3党合意に基づく8つの政府提出法案と修正法案の衆議院本会議採択を強行し、賛成多数で可決した。けれども消費税増税関連法案には民主党から小沢一郎元代表、鳩山由紀夫元首相など57人が反対、16人が欠席・棄権するなど、同党の分裂状態が決定的となった。一方、財界3団体は26日、消費税増税関連

第9章 「社会保障と税の一体改革」関連法

法案の衆議院可決を歓迎、米倉弘昌経団連会長は「高く評価し、参議院での早期可決を強く期待したい」との声明を発表した。この間、労働者の利益を擁護すべき労働組合が法案成立のための政治工作を行ったことは重大である。連合は経団連幹部と事前に会合を持ち「自民党は経団連が、民主党は連合が説得する」との役割分担を決め、反対派の抑制を強引に進めたのである。

小沢氏など民主党の衆議院議員37人、参議院議員12人計49人は2012年7月3日までに「反原発、反消費税増税先行」を掲げて離党[10]、小沢氏は新党「国民の生活が第一」を結党した。次いで7月17日、「民主党と自民党の違いがなくなった」とする3人の民主党参議院議員（新会派「みどりの風」を結成）が、18日には衆議院議員1人が新たに離党届を提出、19日に離党議員4人が新会派「改革無所属の会」を結成するなど、離党の動きはその後も続いている。09年夏に政権交代を果たした民主党はわずか3年で分裂、政権基盤が弱体化し、早期の衆議院解散・総選挙を求める自民・公明両党との駆け引きも活発になった。民主党の分裂は消費税増税と原発問題あるいは環太平洋戦略的経済連携協定参加に否定的な議員並びにマニフェスト回帰を主張する議員が、世論の批判に押される形で離党せざるを得ない状況に追い込まれた結果である。小沢氏は党代表当時、消費税を基礎年金など「福祉目的税」に充てると主張した経緯があり、離党の際も消費税増税自体は否定しておらず、「反原発」の姿勢を鮮明に打ち出していない。各種世論調査で内閣支持率は20％台に、民主党の政党支持率も10％前後にまで低落、自民党の支持率も満足に回復しなかった。民主党と小沢氏の政治姿勢は本質的に大差なく、「自民党対民主党」という二大政党制がとん挫したと見るのが妥当であろう。

消費税増税関連法案と社会保障関連法案は2012年7月11日に参議院本会議で審議入りし、18日の社会保障と税の一体改革に関する特別委員会において本格的審議に入った。民主党の分裂という「代償」を払い、3党協議で合意した諸法案は「既定路線」として参議院を通過すると予想された。けれども「社会保障と税の一体改革」関連法案採択と引き換えに衆議院の早期解散と総選挙を求める自民・公明両党と、解散を渋る民主党政権の駆け引きは急速

に「政局」絡みに発展し、事態は混迷するに至る。自民党は8月6日、首相が衆議院解散を確約しなければ7日にも参議院に首相問責決議案を提出し、衆議院への内閣不信任決議案の提出も検討する方針を発表した。野党が多数を占める参議院では問責決議案が可決される公算が大きく、可決となれば国会は空転し、3党合意も崩れ消費税増税法案をはじめ関連法案の成立が流動化する。衆議院において与党が十分な議席を確保していれば、参議院で決議案が可決され、審議拒否が行われても憲法の規定により8月25日以降、参議院が関連法案を否決したと見なし、衆議院で出席議員の3分の2以上による再可決が可能となる。しかし与党の議席数では不可能のため、自民党は法案可決と引き換えに解散確約を求める戦略をたてたのである。

　2012年8月3日、首相はそれまで主張していた20日の採択から自民・公明両党が一時求めた10日への前倒しを指示するなど、対応が後手に回り、首相周辺は解散を確約しなければ法案成立は困難との危機感を募らせていた。問責決議案と内閣不信任決議案の提出は自民党にとっても矛盾する行為である。独自に不信任案などを提出すれば3党合意に基づく関連法案の成立が困難になるだけでなく、慎重な態度をとる公明党との協力関係も危ぶまれる上、消費税増税に賛成しているだけに国民が納得する不信任の理由が見当たらないからである。また、提出が予想される野党7党・会派の不信任案を否決すれば「一事不再理」の原則により、「社会保障と税の一体改革」関連法案成立後に改めて不信任案を提出する機会を失うことになる。首相は採択の日程を急きょ10日から8日に変更したが、自民党は首相が衆議院解散を確約しない限り参議院で問責決議を可決し、諸法案審議を一時止める構えを明らかにした。憲法第69条に基づく首相の解散権行使については本来、解散の確約や時期の明示はありえず、解散・総選挙による民主党惨敗を恐れる同党執行部は激しく反発している。

　2012年8月7日、首相への問責決議案と内閣不信任決議案を提出したのは7月31日の野党6党国対委員長会談の席上、日本共産党の呼びかけに応じた消費税増税に反対の野党7党・会派（国民の生活が第一、みんなの党、日本

第9章 「社会保障と税の一体改革」関連法

共産党、社会民主党、新党きづな、新党改革、新党日本）であった。決議案の提出は2日に表明されていたが、早急な衆議院解散・総選挙を求める自民党内強硬派を刺激し、問責決議案と内閣不信任決議案の提出に繋がったのである。野党7党・会派の問責決議案と内閣不信任決議案提出を受け、参議院での8日の法案採択は見送られた。8月7日、自民党は慎重な姿勢を崩さない公明党に配慮して問責決議案の提出を取りやめたが、党内強行派に押された自民党執行部は首相に対し、8日までに解散の時期を明確に明示しなければ消費税増税関連法案の採択に応じないとの態度に終始した。マスコミは「中小野党の仕掛けが民主、自民、公明3党の分断を誘発し、社会保障と税の一体改革関連法案の修正合意は崩壊寸前だ」[11]と書いている。事態を打破したのは首相と自民党総裁及び公明党代表が8月8日の夜会談した「合意」である。会談では衆議院の解散について「消費税増税関連法案を速やかに成立させ、成立の暁には近いうちに国民の信を問う」との意見で一致を見た。「近いうち」が何時なのかは明示されなかったものの、法案採択と衆議院解散を絡める「党利党略」による混乱を経て「社会保障と税の一体改革」関連法案の成立が明確になったのである。野党7党・会派が提出した内閣不信任決議案は9日の衆議院本会議で、「一事不再理」を回避したい自民党と公明党が棄権する中で民主党などの反対多数で否決された。けれども民主党の衆議院議員2人が離党届を提出して不信任案に賛成し、鳩山由紀夫元首相など6人が欠席、中川秀直元幹事長など自民党議員7人も賛成票を投じている。一方、問責決議案については民主党と自民党の国対委員長が会談し、当面採択しないことで合意に至った。

　国会が混乱を極める中、2012年8月10日の参議院本会議において消費税増税関連法案を柱とした「社会保障と税の一体改革」関連法案が民主、自民、公明3党などの賛成多数で可決・成立する。その際、民主党参議院議員6人が造反して反対票を投じた。内閣の支持率も低迷を続け、時事通信の調査では19.8％となり20％を割り込んだ。民主党内は「総選挙をすれば100議席を下回る。80にも届くかどうか。存亡の危機」という悲壮感が広がっている。

同党は3党合意と引き換えに「自公政治を変革する」とした09年以来の存在理由を自己否定し、「近いうちに国民の信を問う」ことで党解体に向かった。自公両党も「野党」ながら不信任決議案採択に棄権し、政府・与党を事実上「信任」したのである。

ところが自民党は8月29日、参議院本会議において野党7党・会派が再提出した問責決議案に賛成票を投じ、同案は賛成129票、反対91票（公明党と自民党の1人が棄権）で可決された。問責決議案は自公両党と野党7党・会派が各々提出して調整が難航、最終的に野党7党・会派が問責理由の一部を微修正した案をまとめ、自民党が同調したのである。「近いうち」解散を優先する自民党は自公両党だけでは問責決議案を上程できず、野党7党・会派の決議案に賛成せざるを得なかったのである。問責決議は「野田内閣が強行して押し通した消費税増税法は、2009年の総選挙での民主党政権公約に反するもの」であり、「民主党・自由民主党・公明党の3党のみで協議をし、合意をすれば一気呵成に法案を成立させるということが多数見受けられ、議会制民主主義が守られて」おらず、「社会保障部分や消費税の使い道等で3党合意は曖昧」という文言になっている。決議は消費税増税法案の採択を強行した民主党政権と民主・自民・公明の3党合意を断罪したもので、自民党の「自己矛盾」の露呈に止まらず、消費税増税法案成立を推し進めた3党の連携を分断する画期的な意義を有する。決議された問責決議案は以下の通りである。

内閣総理大臣野田佳彦君問責決議

平成24年8月29日
参議院本会議

本院は、内閣総理大臣野田佳彦君を問責する。

右決議する。

理由

野田内閣が強行して押し通した消費税増税法は、二千九年の総選挙で

第9章 「社会保障と税の一体改革」関連法

の民主党政権公約に違反するものである。国民の多くは今も消費税増税法に反対しており、今国会で消費税増税法案を成立させるべきではないとの声は圧倒的多数となっていた。最近の国会運営では民主党・自由民主党・公明党の三党のみで協議をし、合意をすれば一気呵成に法案を成立させるということが多数見受けられ、議会制民主主義が守られていない。参議院で審議を行うなか、社会保障部分や消費税の使い道等で三党合意は曖昧なものであることが明らかになった。国民への約束、国民の声に背く政治姿勢を取り続ける野田佳彦内閣総理大臣の責任は極めて重大である。よってここに野田佳彦内閣総理大臣の問責決議案を提出する。

(広野ただし君外六名発議)

「社会保障と税の一体改革」関連法案のうち、消費税増税2法案と年金関連2法案及び子育て関連2法案は成立したが、これまで法律番号を記載しなかった法律には「社会保障の安定財源の確保等を図る税制の抜本的な改革を行うための地方税法及び地方交付税法の一部を改正する法律案に関する法律」(平成24年8月22日、法律第69号)と「就学前の子どもに関する教育、保育等の総合的な提供の推進に関する法律の一部を改正する法律」(平成24年8月22日、法律第66号)が挙げられる。衆議院で単独採択した赤字国債発行を是認する「財政運営に必要な財源の確保を図るための公債の発行の特例に関する法律案」(以下、公債発行特例法案とよぶ)は廃案、「違憲状態」にある衆議院選挙での1票の格差を「0増5減」の小手先で是正する「衆議院小選挙区選出議員の選挙区間における人口較差を緊急に是正するための公職選挙法及び衆議院議員選挙区画定審議会設置法の一部を改正する法律案」及び参議院選挙区の定数を「4増4減」とする民主・自民両党提出の「公職選挙法の一部を改正する法律案」は閉会中審査となり「違憲状態」は第180回通常国会で解消されなかった。公務員制度改革関連法案、年金削減法案並びに「行政手続における特定の個人を識別するための番号の利用等に関する法律案」(継続審査)など、政府が重要課題に掲げた諸法案が継続審議となった。

第5節 「社会保障と税の一体改革」関連法の問題点と政府の姿勢

　消費税増税は2009年総選挙の民主党マニフェストに反し、180回通常国会で消費税増税法案を「成立させるべきでない」とした多くの国民の民意とも乖離する。民主・自民・公明3党のみの協議で諸法案の修正合意に至った経緯も、議会制民主主義を軽視する行為であった。共同通信が法案成立直後に行った調査は、消費税増税に「反対」が56.1％、「賛成」が42.2％で成立前の55.2％、43.4％とほぼ変化はなく「反対が依然強いことを裏付ける結果」[12]になった。消費税増税法案成立を「評価しない」も49.0％で「評価する」の43.0％[13]を上回る。NHKの世論調査は「大いに評価する」がわずかに6％、「余り評価しない」、「まったく評価しない」は計48.0％に上る。重要な事柄は消費税増税が「暮らしに影響する」と答えた人のうち「大いに」47％と「ある程度」を合わせ92％[14]に達するなど、多くの人が生活への深刻な影響を懸念したことである。日本世論調査会が9月8日〜9日に行った「暮らし意識」に関する全国面接世論調査では、「社会保障と税の一体改革」関連法案の成立に伴い年金、医療など今後の社会保障制度の行方が「安心できない」34％と「あまり安心できない」の45％を合わせ79％に上った。「安心できる」と「ある程度安心できる」は計21％に過ぎず、国民の不安を払拭できないことを伺わせる。

　大和総研の試算[15]によれば、消費税増税法をはじめ「社会保障と税の一体改革」関連法案成立による家計負担は、夫婦とも40歳代、夫が会社勤めで妻が専業主婦、小学生の子供2人の4人世帯で年収500万円の場合、消費税増税による負担増が年間で16万7,000円、復興増税などの税負担が6万3,700円、保険料が毎年引き上げられる厚生年金など社会保障関連の9万8,200円が加わり、合計32万8,900円の負担増となる。40歳代夫婦が働き、小学生が2人の4人世帯で年収800万円の場合は、消費税負担が25万9,600円、他税や

社会保障関連を加えると計44万8,000円の負担増である。75歳以上の夫婦2人世帯で年金収入240万円の場合は消費税10万5,000円、復興増税等が800円、社会保障関連3万1,000の計13万6,800円の負担増とされ、各層ともかなりの負担になる。年金減額に加え、年金額の特例水準を解消する法改正が行われた。とりわけ75歳以上の1人暮らしの女性で年収が180万円の場合は、低年金者向け給付金を受給できなければ、消費税8万3,300円に年金減額の影響が加わって計13万8,000円の負担増、年収に占める負担増の割合は約7.7％に上り家計への影響が最も大きい。

「社会保障と税の一体改革」関連法の内容は既に述べた。本節では既述事項との重複もあるが、継続審査法案を含む諸法の問題点を中心に扱う。

消費税増税法の成立により消費税は2014年4月に8％、15年10月に10％へ引き上げられるが、「景気条項」に関しては最初の増税の半年前に当たる13年秋頃、その時の政権が最終判断することになる。富裕層に対する所得税の最高税率引き上げと、相続税の課税強化は13年度税制改正で議論されるが、12年12月の自公政権誕生に伴い不充分な結果になる可能性が高い。

低所得者対策は消費税率8％の時点から開始され、対象者に現金を支給する「簡素な給付措置」の実施が決まった。それ以降の本格的な対策として減税と現金給付を組み合わせた「給付付き税額控除」か、食料品などに低い税率を適用する「軽減税率」のどちらを導入するかは今後の検討事項である。住宅や自動車に対しては消費税増税の影響が大きくなるため、時期は別として住宅ローン減税や自動車取得税・重量税の廃止か負担軽減策がとられるであろう。

年金関連は厚生年金と共済年金を統合し、年金受給に必要な加入期間を10年に短縮する「被用者年金制度の一元化等を図るための厚生年金保険法等の一部を改正する法律」が成立した。2015年10月から本格的に施行される。厚生労働省は65歳以上の無年金者の40％に相当する16万8,000人が新たに年金を受給できると試算する。ただ、保険料の納入が1か月でも欠けると年金を受給できない「資格要件」の設定は世界的に異常である。ドイツの年金受給

資格期間は5年、アメリカは10年、イギリスやフランスでは受給資格期間がなく同法は世界的に見ても欠陥が目立つ。従来、パート労働者が厚生年金に加入するには週30時間以上の勤務が必要とされたが、「公的年金制度の財政基盤及び最低保障機能の強化等のための国民年金法等の一部を改正する法律」に基づく新たな要件は①週労働20時間以上、②月額賃金8万8,000円以上（年収約106万円以上）、③勤続1年以上、④従業員501人以上の企業に勤務する場合とされ、全部を満たせば加入でき、基礎年金の国庫負担割合を50％で恒久化することになった。16年10月の施行であるが対象者は約25万人に過ぎない。

厚生年金より低い共済年金の保険料率は「被用者年金制度の一元化等を図るための厚生年金保険法等の一部を改正する法律」に基づき18.3％（労使折半）に統一し、共済年金独自の上乗せ給付「職域加算」を廃止、恩給制度から共済年金に移行する前の公務員退職者への年金給付のため投入する公費「追加費用」は27.0％削減される。3党合意で「被用者年金制度の一元化等を図るための厚生年金保険法等の一部を改正する法律」から削除した低所得者約790万人への年金加算は、低所得の年金受給者に給付金を支払う「年金生活者支援給付金の支給に関する法律」（継続審査）に変更された。①年金を含む前年所得が77万円以下、②家族全員が市町村民税非課税の約500万人を対象に、保険料を納付した期間に応じて最大5,000円を支給、③保険料の免除手続きを取った人には期間に応じて最大約1万6,000円の給付金を支払うという内容である。年収が77万円以上87万円未満であっても補足的な給付を行うほか、障害基礎年金と遺族基礎年金受給者も対象となる。

子育て支援では、保育所の認可を容易にすると共に小規模保育を拡充し、多様な保育サービスの充実を図るとし、幼稚園と保育所の機能を併せ持つ現行の「認定こども園」の改良を柱とする子育て施策関連法が成立した。これまで「認定こども園」の所管は文部科学省と厚生労働省の二重行政で行われ、財政支援の不十分が伸び悩みの原因とされてきた。新法では両省で別々に行われた手続きを簡素化するため、認可・指導監督の所管を内閣府に移し「子

ども・子育て本部」を新設して一元化、本部長を特命担当大臣とする。運営補助も2015年を目標に一本化し、幼稚園や保育所にも配分する。「認定こども園」は幼稚園と保育所各々の認可を得て、指導監督の所管を両省に分ける「幼保連携型」施設が大半であるが、待機児童の解消策としては保育所が運営補助を受けるために必要な「認可」を現在より取得しやすい制度に改める内容になっている。また財政支出を避けたい自治体は、施設が免責の外形的な基準を満たしていても裁量で認可しない弊害があった。これを改め参入企業の財務状況が要件を満たせば原則として認可する仕組みに改め、多くの施設が補助を受けられるようにする。但し、営利主義の民間企業が参入する方向へ向かう危険性が認められる。

　政府の「日本再生戦略」は大企業への減税を検討すると共に、歳出削減には社会保障分野を「聖域化」せず、最大限の「効率化を図る」として生活保護費の削減方針を明示している。軍事費に関しては人件費や後年度負担を除く経費の3％削減を掲げる。ところが2012年度予算で見れば、約4.8兆円の軍事費のうち削減対象は約6,000億円に過ぎず、削減額は180億円程度に止まる。同戦略は削減額以上の「重点要求」が可能としており、その額を含めれば12年度より増額となる可能性さえ考えられる。政府が13年度〜15年度予算の大枠を定めた「中期財政フレーム（平成25年度〜平成27年度）」（平成24年8月31日、閣議決定）は、国と地方を合わせた基礎的財政収支の赤字を15年度にGDP比で10年度から半減させる目標を「着実に達成する」と明記、国債の元利払い費を除く一般歳出の大枠を各年度とも12年度と同様「約71兆円以下」に抑えるとした。歳出の30％を占める社会保障分野では、高齢化に伴う自然増を約8,400億円と見込み「社会保障と税の一体改革」関連法に基づき「約2.7兆円の歳出増は消費税増税分で賄える」とある。財源は格差と貧困を進める消費税増税と、「聖域なき」社会保障関連予算の削減である。子ども手当の廃止と新しい児童手当の減額、医療保険料の引き上げと住民税の年少扶養控除の廃止に加え10月には年金保険料が上げられ、6月に続き12月には2回目の後期高齢者医療と介護保険の保険料引き上げが行われた。社会

保障関連の歳出抑制のため12年度予算が過去最低の伸びに抑制された経緯もある。「日本再生戦略」に沿った重点的予算組み替えや、民主・自民・公明3党合意に基づく税制の抜本改革が推進され、一層の増税と大型公共事業の実施が優先される可能性が高い。

　一部の富裕層と大企業の利益を優先し、各種社会保障の劣化や消費税増税で国民負担を強いる方針は採るべきでない。無駄な大型公共事業と在日アメリカ軍に対する「思いやり予算」を減額し、大企業と富裕層への行き過ぎた減税を止め「応能負担の原則」に沿って必要な財源を確保する努力が求められる。看過できない問題の1つは「社会保障制度改革推進法」の成立後、民間保険会社が医療、介護、保育などの事業に参入可能な方策の模索が進んでいることである。金融庁の金融審議会「保険商品・サービスの検討等の在り方に関するワーキング・グループ」は、民間保険の定額保険では「金銭」給付しか認めない現行制度の緩和を検討している。医療、介護及び保育サービス分野での「現物」給付を認め、保険会社の子会社が介護事業所や保育所を運営できるよう規制を緩和し、保険料支払者に保育所への優先入所権を与える方策[16]である。同審議会の方向性は、民主・自民・公明3党の公的医療や介護保険縮小と合わせ、政府・自治体の公的義務を軽減し、営利目的の民間会社に転換することにある。

　2012年10月1日の第3次内閣改造を経て10月29日、ようやく第181回臨時国会が開会した。「財政運営に必要な財源の確保を図るための公債の発行の特例に関する法律」（平成24年11月26日、法律第101号）と「1票の格差」是正をめぐる小手先の「衆議院小選挙区選出議員の選挙区間における人口較差を緊急に是正するための公職選挙法及び衆議院議員選挙区画定審議会設置法の一部を改正する法律」（平成24年11月26日、法律第95号）及び「公職選挙法の一部を改正する法律」（平成24年11月26日、法律第94号）が成立し、「社会保障制度改革推進法」に規定する「社会保障制度改革国民会議」が設置された。「公債発行特例法」は12年度〜15年度まで赤字国債発行を認め、12年度予算を減額補正する内容を盛り込み民主・自民・公明3党が合意している。

赤字国債の発行を複数年度可能にする理由は、第180回通常国会において同法案が解散・総選挙の「人質」になったためと思われる。赤字国債の複数年度発行は財政規律上大きな問題がある。「財政法」(昭和22年3月31日、法律第152号)第4条は「国の歳出は、公債又は借入金以外の歳入を以て、その財源としなければならない。」と規定、国債発行を原則禁止する。1年度ごとに「公債発行特例法」を必要とするのは、国の長期債務残高を増やさないためである。

　第180回通常国会で継続審議となった2012年度から3年間で年金支給額の特例水準2.5％を廃止する「国民年金法等の一部を改正する法律等の一部を改正する法律」(平成24年11月26日、法律第99号)は、13年10月分から3段階(2013年10月分～1％、14年4月分～1％、14年10月分～0.5％減額)で引き下げるという3党間の修正を加えて成立した。高齢者の反発を恐れ、当初法案で予定した「12年」からの実施を「13年」に1年延長したのである。閉会中審査とされた低所得の年金受給者に現金を支払う「年金生活者支援給付金の支給に関する法律」(平成24年11月26日、法律第102号)も採択された。13年度から70歳～74歳の医療費窓口負担を10％とする特例措置の廃止と20％負担の復活については、17年度まで5年間で段階的に引き上げる方針である。

　2012年12月16日に投開票された第46回衆議院総選挙(480議席)は、単独過半数を獲得した自民党(294議席)と公明党(31議席)が、衆議院で法案の再可決が可能な3分の2を上回る合計325議席を確保する結果に終わった。3年3カ月にわたり政権を運営してきた民主党は総選挙公示前の230議席から57議席に転落している。国政選挙に初めて臨んだ「日本維新の会」は54議席を得て第3党となった。

　民主政権が行った消費税増税や社会保障制度の改悪は自民・公明との3党合意で実現したものであり、第182回特別国会において誕生した安部内閣はそれ等に関する政策を一層強力に推し進めると思われる。自民・公明両党は経済対策や金融政策などに関する政策協議を行い、安部内閣は大型の2012年度補正予算を編成した。13年度予算と共に富裕層と大企業・ゼネコンの利益

を優先する「税制改革」や旧来型の公共事業及び「国際的競争力の強化」関連施策に充てられるであろう。新自由主義的大衆迎合集団（populist）の「日本維新の会」などとの政策連携も考えられ、格差と貧困の是正は期待できない。

注

(1) 2012年6月5日の記者会見。
(2) 共同通信、2012年6月4日。
(3) 内閣府「平成24年度第1回税制調査会各省資料一覧」、平成24年10月19日。
(4) 安住淳財務大臣（当時）と野田佳彦首相（当時）の答弁。参議院・社会保障と税の一体改革に関する特別委員会議録、平成24年7月19日。
(5) 「『新成長戦略』について」、平成22年6月18日、閣議決定。
(6) 経済産業省「産業構造ビジョン2010」、平成22年6月。
(7) 国土交通大臣前原誠司「国土交通省の成長戦略」、平成22年4月。
(8) 保険免責制とは、医療費のうち例えば1,000円を保険外とする仕組みで、医療費が5,000円の場合、窓口負担は保険外の1,000円と、4,000円の自己負担分30%の合計2,200円になるため40%負担を超える。「社会保障・税一体改革大綱」では、70歳〜74歳の窓口負担を10%から20%に引き上げる措置が含まれている。
(9) 社団法人日本医師会「患者窓口負担についてのアンケート調査結果報告」、2012年9月5日。
(10) 2012年7月2日に衆議院議員38人が離党したが、3日に1人が撤回した。
(11) 共同通信、2012年8月8日。
(12) 東京新聞、2012年8月13日。
(13) 読売新聞、2012年8月13日。
(14) 毎日新聞、2012年8月13日。
(15) 大和総研金融調査部制度調査課「社会保障・税一体改革による家計への影響試算〈改訂版〉」、2012年8月2日。
(16) 金融審議会「保険商品・サービスの検討等の在り方に関するワーキング・グループ」（第3回）における事務局資料「今後の検討項目について（案）」、平成24年8月24日。

おわりに

　筆者はまず世界と日本における格差と貧困の実態と、各国政府の対応及び緊縮政策に対する各国国民の反対運動を考察した。それ等を踏まえ、日本政府の「社会保障と税の一体改革」に対する批判を加えた。格差と貧困は社会保障制度の在り方に最も如実に表れるからである。現代の格差と貧困は固定化し、拡大再生産される。アリストテレスは価値ある人間を「美しい人」とよび、マルクスは「普遍的存在としての人間」に価値を求めた。格差と貧困が拡大再生産されれば社会からの「人間の疎外」しか生じない。政府の役割は社会の不平等是正にある。政府が一部富裕層及び大企業の利益を優先し、格差と貧困を助長するとなれば問題外である。本書で見てきた通り、日本を含む多くの先進国政府は一部の権益を擁護し、一般国民及び中小企業の利益を損ねているのである。階級社会では当然であるが決して許されるべきではない。虐げられた人々は変革を求め政府に抗議する義務がある。「何をしてもしかたない」と考える貧困層も、何時までも黙ってはいられないだろう。

　1990年代当初のバブル崩壊後、「失われた10年」とか「20年」とよばれたように、長期にわたり停滞を続ける日本経済は「失われた30年」に突入したとの指摘もある。内閣府が12年11月12日に発表した７月～９月期のGDP（季節調整済み）速報値は、物価変動の影響を除いた実質で前期（４月～６月期）比0.9％減、年率換算で3.5％の減であった。マイナス成長は３四半期ぶりであり、世界経済の減速による輸出の大幅減少と個人消費の落ち込みが原因と考えられる。設備投資は3.2％減少し、リーマン・ショック後の09年４月～６月期（5.5％減）以来の下げ幅を記録した。GDPの60％を占める個人消費は前期比0.5％減と２期連続のマイナスで景気が後退局面に入った可能性が高く、雇用不安の増大が指摘されている。景気の好転を前提とする消

費税増税の実施が困難になる事態に繋がるかも知れない。

　日本経済の停滞・悪化は大企業・富裕層中心の経済政策を続け、「構造改革」路線を加速し、正規雇用者の削減や非正規雇用者への置き換え並びに低賃金など、国民生活を軽視した政府の姿勢に起因する。国内購買力が低下すれば景気の悪化を招き、外需が下がれば行き詰る。大企業は巨額の内部留保を保有し、アメリカや欧州で金融投機を拡大してきた。ところが2008年のリーマン・ショックなどの国際的金融危機で破綻、金融・財政危機が欧州各国に広がり、日本経済は一層不安定な状況に陥ったのである。政府は「国際的競争力の強化」を唱え、輸出企業に対する税制優遇を強め、財政出動を伴う各種支援を繰り返すが、内需主導の経済に転換しない限り成長は望めない。東京証券取引所第1部に上場する企業の12年9月中間決算を見ると、70％を超す312社が13年3月期の純損益予想を下方修正したが、JR東海、オリエンタルランド、大和ハウス、ツムラを含む医薬品業など国内を中核市場とする企業は上方修正しており注目される。

　世界的な景気後退の根本的解決には、失敗が明確になった「アメリカ型資本主義」に代わる経済モデルが不可欠になる。危機に際して日米欧の中央銀行は、金融緩和を続け投機を煽っている。生産しても販売できず、供給が需要を大幅に上回る過剰生産が世界的傾向になった。内需主導の成長が求められるとき、国と地方の累積債務削減を最優先する緊縮政策は、各国で格差と貧困を拡大し、脆弱化した経済を一層破壊すると考える。

　現代における格差と貧困は自然に生じたものではなく、政府と大企業が作り上げた「人間の尊厳」に係わる重大問題である。政府は新自由主義に基づき、労働分野を含む全分野にわたる規制緩和を推し進め、税を軽減して大企業と一部の富裕層の権益を擁護してきた。財源が不足すれば一般国民と中小企業に負担を求める。消費税増税や社会保障制度の劣化は典型的事例といえよう。大企業は株主の権益を重視し、賃金「コスト」の削減を図り、労働者と下請け中小企業を犠牲にして利益を温存し、製品が売れなければ大銀行と共に金融投機を行い世界的な危機を招来する。

おわりに

　再選されたオバマ大統領は2012年11月9日、富裕層への減税打ち切りを明言した。エクアドルのコレア政権は11月12日、貧困層の約190万人に支給する生活・起業支援のための給付金「人間開発手当」月額35ドルを50ドルに引き上げる財源（約3億ドル）として、54％（約1億6,400万ドル）を銀行への課税強化（海外資産への課税と免税措置の廃止）で賄う「社会的費用再分配法案」を国会に提出している。

　本書では格差と貧困の実態を中心に考察した。次の問題は「どうすれば格差と貧困問題を解決できるか」にある。ただ、実態と原因を理解しなければ解決策は見いだせない。「社会保障と税の一体改革」は民主・自民・公明3党の協同で進められたため、2012年12月に行われた総選挙における民主党の敗北を受けて止まる性格のものではない。諸制度の具体的改悪はこれからである。安部政権は「一体改革」を本格化させるであろう。本書の内容はその意味でも極めて重要である。

　私事で恐縮であるが本書を、米寿を迎えた母・孝と努力をして希望の部署に就いた次男紘樹の記念としたい。末筆ながら、御茶の水書房の橋本盛作社長と小堺章夫さんに御礼申し上げる次第である。

参考文献

橘木俊詔・浦川邦夫著『日本の貧困研究』東京大学出版会、2009年。
中谷厳著『資本主義以後の世界』徳間書店、2012年。
ルース・リスター著・松本伊智朗監訳・立木勝訳『貧困とは何か』明石書店、2011年。
垣内亮著『消費税が日本をダメにする』新日本出版社、2012年。
高森孝二編著『貧困社会ニッポンの断層』桜井書店、2012年。
安部彩著『弱者の居場所がない社会』講談社、2011年。
盛岡孝二著『強欲資本主義の時代とその終焉』桜井書店、2011年。
二宮厚美著『新自由主義からの脱却』新日本出版社、2012年。
ニコラス・シャクソン著・藤井清美訳『タックスヘイブンの闇』朝日新聞出版、2012年。
盛岡孝二編『格差社会の構造』桜井書店、2008年。
橘木俊詔著『格差社会――何が問題なのか』岩波新書、2006年。
ポール・クルーグマン著・山形浩生訳『さっさと不況を終わらせろ』早川書房、2012年。
ジョセフ・E・スティグリッツ著・楡井浩一・峯村利哉訳『世界の99％を貧困にする経済』徳間書店、2012年。
ジェフリー・サックス著・野中邦子・高橋早苗訳『世界を救う処方箋』早川書房、2012年。
佐貫浩著『危機の中の教育―新自由主義を越える』新日本出版社、2012年。
斉藤貴男・湖東京至著『消費税増税が悪魔になるとき』新日本出版社、2012年。
小越洋之助監修労働運動総合研究所編『デフレ不況脱却の賃金政策』新日本出版社、2012年。
松丸和夫監修労働運動総合研究所編『グローバル化のなかの中小企業問題』新日本出版社、2012年。
中村和雄・脇田滋著『非正規をなくす方法』新日本出版社、2012年。

本多滝夫・榊原秀訓・角田英昭・久保貴裕編著『地域主権改革と自治体の課題』自治体研究社、2012年。

浦田一郎・白藤博行編著『橋下ポピュリズムと民主主義』自治体研究社、2012年。

エリザベス・フィッティング著・里見実訳『崩壊の契約 NAPTA下メキシコの苦悩と抵抗』農山漁村文化協会、2012年。

宋基昊著・金哲洙・姜暻求訳『恐怖の契約 米韓FTA』農文協ブックレット、2012年。

田代洋一編著『TPP問題の新局面』大月書店、2012年。

醍醐聡著『消費増税の大罪』柏書房、2012年。

牧昌子著『老齢者控除廃止と医療保険制度改革』文理閣、2012年。

山岡順太郎著『仕事のストレス、メンタルヘルスと雇用管理』文理閣、2012年。

山内清著『拡大再生産表式分析』大川書房、2012年。

鶴田廣巳・大阪自治体問題研究所編『橋下大阪維新と国・自治体のかたち』自治体研究社、2012年。

後藤康夫・森岡幸二・八木紀一郎編『いま福島で考える』桜井書店、2012年。

保阪直達著『資本主義とは何か』桜井書店、2012年。

坂本終・小沢隆一・上脇博之著『国会議員定数削減と私たちの選択』新日本出版社、2011年。

三上禮次著『市場論』自治体研究社、2012年。

索　引

あ　行

IMF　3, 26, 28, 29, 37, 38, 39, 40, 67, 169, 172
アジア通貨危機　67, 170
アフリカ人間開発報告　59
アムネスティ・インターナショナル　33
アメリカ連邦最高裁判所　7
安定・成長協定　23
EU首脳会議　26, 28, 36
一事不再理　198, 199
一般消費税　170
医療保険改革法　46, 51, 53, 54
売上税法案　170
応益主義　128
応益負担　139
欧州安定機構　38, 40
欧州金融安定化基金　32, 38
欧州債務危機　9, 10, 14, 17, 19, 23, 34, 37, 38, 40, 164
応能主義　128
応能負担の原則　150, 151, 153, 161, 166
OECD　5, 6, 9, 15, 17, 35, 43, 45, 66, 68, 69, 87, 107, 119, 129, 150, 151
公契約条例　94
オバマ大統領（政権）　7, 13, 14, 46, 49, 50, 51, 52, 53, 54, 55, 116
オランド政権　37
オルバン政権　29

か　行

海賊　58, 63
学資ローン　115, 116, 120, 121
株式会社企業再生支援機構法　80
簡易課税制度　176, 177
完全失業者　84, 85, 86, 87, 90, 91
完全失業率　17, 84, 85, 86, 87
飢餓　8, 48, 58, 59, 60, 61, 63, 64
企業再生支援機構　80
企業再生ファンド　80

規制緩和　26, 44, 47, 50, 51, 53, 97, 118, 159
逆進性　126, 151, 175, 185
逆転現象　93
逆累進性　123
キャメロン政権　27
旧生活保護法　132
給付付き税額控除　128, 138, 154, 185, 186, 203
行政刷新会議　117
行政手続における特定の個人を識別するための番号の利用等に関する法律（案）126, 128, 194, 201
緊急経済対策　83
緊縮財政　10, 25, 27, 29, 34, 35, 38, 120, 136
緊縮政策　6, 11, 19, 23, 24, 25, 26, 27, 28, 29, 30, 31, 33, 34, 35, 36, 37, 38, 39, 40, 169, 172
金融危機　15, 18, 20, 30, 48, 65, 152
金融資本主義　40
繰越控除制度　152
景気条項　203
景気変動　37, 87
軽減税率　26, 139, 147, 153, 175, 186, 203
経済的、社会的及び文化的権利に関する国際規約　121
現下の厳しい雇用情勢に対応して労働者の生活及び雇用の安定を図るための雇用保険法及び特別会計に関する法律の一部を改正する法律（案）134
憲法制定国民議会　150
後期高齢者医療制度　128, 129, 155, 183, 184, 187, 195
合計特殊出生率　109
公債発行特例法案　201
公職選挙法の一部を改正する法律（案）201, 206
公的医療扶助制度　49
公的年金制度の財政基盤及び最低保障機能の強化等のための国民年金法等の一部を改正する法律（案）126, 160, 165, 191, 193, 204
公務員制度改革関連法案　194, 201

215

公立高等学校に係る授業料の不徴収及び高等学校等修学支援金の支給に関する法律（案） 119
コエリョ政権 26, 172
国債 11, 23, 24, 29, 35, 67, 127, 153, 169, 171, 176, 189, 190, 201, 205, 206, 207
国際人権A規約 118
国土強靱化基本法案 188
国内立地推進事業費補助金 82
国保の貧困化 123
国民健康保険法の一部を改正する法律（案） 125
国民年金法等の一部を改正する法律等の一部を改正する法律（案） 126, 127, 193, 207
国民保健サービス法 136
国家公務員の労働関係に関する法律案 194
国家公務員法の一部を改正する法律案 194
国家戦略会議 100, 101, 118, 131, 149
子ども・子育て支援法（案） 112, 192, 193
子ども・子育て支援法及び総合こども園法の施行に伴う関係法律の整備等に関する法律（案） 112, 192, 193
子ども・子育て新システム関連法案 112
子供の権利条約 62
雇用戦略対話 91, 92
雇用なき成長 15
雇用保険法 134
孤立死 141, 142

さ　行

最高限界所得税率 45, 150
財政運営に必要な財源の確保を図るための公債の発行の特例に関する法律（案） 201, 206
財政の崖 39, 55
財政法 207
最低賃金制度 32, 92, 94
最低賃金法 92, 93
最低保障年金制度 155, 156, 165, 183, 187, 191, 195
財閥 66, 67, 68, 69, 70, 71
左派新自由主義 67

サプライサイド経済 97
産業構造ビジョン2010 189
3党合意 113, 127, 183, 185, 186, 187, 189, 190, 191, 193, 196, 198, 200, 204, 206, 207
自己責任 54, 136, 139, 155, 156, 191, 194
自殺（率） 91, 124
児童手当法の一部を改正する法律（案） 111, 148
児童扶養手当 103, 110
ジニ係数 9, 43, 46, 47, 72
シャープ勧告 151
社会進化論 52
社会的弱者 29, 109
社会的排除 13, 102
社会保障・税一体改革大綱 153, 154, 160, 163, 176, 185
社会保障制度改革基本法案 156, 184
社会保障制度改革国民会議 138, 156, 184, 187, 194, 196, 206
社会保障制度改革推進法（案） 128, 138, 184, 187, 190, 193, 194, 195, 196, 206
社会保障と税の一体改革 110, 116, 127, 128, 131, 136, 147, 153, 154, 155, 158, 160, 173, 184, 186, 189, 193, 196, 197, 198, 199, 201, 203, 205
社会保障と税の一体改革関連法案 128, 158, 183, 193, 196, 197, 198, 199, 201, 202
社会保障の安定財源の確保等を図る税制の抜本的な改革を行うための消費税法等の一部を改正する等の法律（案） 138, 193
社会保障の安定財源の確保等を図る税制の抜本的な改革を行うための地方税法及び地方交付税法の一部を改正する法律（案） 153, 193, 201
若年失業者 14, 15, 18
シャレ政権 120
就学前の子どもに関する教育、保育等の総合的な提供の推進に関する法律の一部を改正する法律（案） 192, 193, 201
衆議院小選挙区選出議員の選挙区間における人口較差を緊急に是正するための公職選挙法及び衆議院議員選挙区画定審議会設置法の一部を改正する法律（案） 201, 206
習近平 74
就職率 88, 89

索　引

収納対策緊急プラン　122
自由貿易協定　51, 67, 69
就労収入積立制度　132
就労貧困層　13, 15, 92
授業料無償化　119
障害者自立支援法　139
障害者の雇用の促進等に関する法律（案）　139
消費者物価指数　94, 138
消費税増税法　138, 139, 153, 154, 155, 156, 160, 161, 169, 174, 176, 187, 188, 198, 200, 201, 203
職業訓練の実施等による特定求職者の就職の支援に関する法律（案）　135
所得占有率　44
自立・自助　128, 157
新救貧法　137
新財政協定　24, 26, 28, 38
新自由主義　31, 44, 50, 51, 53, 67, 69, 70, 71, 97, 136, 137, 208
新成長戦略　94, 189
新聞倫理綱領　163
ストックホルム国際平和研究所　65
スラム　8, 9, 57, 58, 63
生活支援戦略　131, 133, 142
生活保護受給率　103
生活保護費　97, 123, 130, 131, 133, 135, 136, 145
生活保護法　131, 136
生計費非課税　153
生産年齢人口　149, 160
成長政策　30, 33, 35, 37, 70
政府短期証券　171
世代間対立　161
絶対的貧困　5
全国消費者物価指数　138
潜在的失業率　84
潜在的待機児童　111
潜在的保育士　112
総合合算制度　128
総合こども園法案　113
相対的貧困　5, 6, 67, 102
租税法律主義　150
卒業者に占める就職者の割合　89

た　行

大企業優遇税制　158
短時間労働者の雇用管理の改善等に関する法律（案）　95
地域社会における共生の実現に向けて新たな障害保健福祉施策を講ずるための関係法律の整備に関する法律（案）　99
地方最低賃金審議会　93
中央最低賃金審議会　92, 93
中小企業者等に対する金融の円滑化を図るための臨時措置に関する法律　77, 78, 79, 80
中小企業等グループ施設等復旧整備補助金　82, 83
中小企業の新たな事業活動の促進に関する法律　79
長期債務残高　170, 175, 207
超富裕層　3
通院無料化　114
ディーセント・ワーク　33
出口規制　100
転嫁　175, 176, 177, 178, 186, 194
転嫁カルテル　177
同一労働同一賃金　32, 96, 101
等価可処分所得　5, 6, 102
投機　23, 73, 152
登録型派遣　16, 96
独占禁止法　177, 186
ドリーム法　7
取引高税　169

な　行

内閣不信任（案）　28, 198, 199
内定率　88
ニート　101, 102
二大政党　52, 53, 71, 197
日本再生戦略　91, 94, 158, 159, 160, 186, 187, 189, 190, 205, 206
日本再生プロジェクト　159
人間と市民の権利の宣言　150
認定こども園　194, 205
ネオコン　50
年金生活者支援給付金の支給に関する法律

(案) 173, 204, 207

は 行

朴槿恵　69, 70, 71, 72
破傷風　64
バセスク大統領　28
破綻国家指数　58, 59, 63
バッド・ジョブ　47
漢江の奇跡　67
反緊縮派　30, 36
東日本大震災からの復興のための施策を実施するために必要な財源の確保に関する特別措置法（案）　83
東日本大震災復興基本法　82
東日本大震災復興緊急保証　78
被災3県　81, 85, 95, 96, 129, 179
非正規保険証者群　124
表示カルテル　177
被用者年金制度の一元化等を図るための厚生年金法等の一部を改正する法律（案）　126, 127
非労働力人口　13, 85, 87, 90
貧困ギャップ率　6
貧困死　141, 143
貧困線　6, 46, 104, 140
貧困層　3, 5, 13, 43, 45, 46, 55, 60, 61, 68, 71, 84, 113, 120, 123, 125, 136, 137, 143, 147, 174, 187
貧困リスク　13
貧困率　5, 6, 13, 46, 59, 69, 103, 114
不安定雇用　14, 48, 89, 90, 91, 173
フードスタンプ　48, 49
付加価値税　26, 27, 28, 138, 149, 153, 169, 171, 179
父子世帯　103
物価スライド制　127
復興特別所得税　83, 84
復興特別法人税　83, 84
負のスパイラル　25
不法移民　7
文在寅　71, 72
富裕税　30, 147, 151
富裕税の復活に関する勅令法　147
富裕層　3, 4, 9, 25, 28, 30, 32, 34, 36, 37, 43, 44, 45, 47, 49, 50, 51, 52, 53, 55, 59, 68, 69,
84, 116, 120, 147, 148, 150, 151, 164, 171, 179, 186, 203, 206, 207
扶養義務者　132
不良債権　80, 151, 152
米韓FTA　69, 70, 163
平均失業率　9, 10, 17, 33
平和基金　58
ヘッジファンド　23
防災・減災体制再構築推進基本法案　188, 189
放送倫理基本綱領　163
法定外繰り入れ　122
法定雇用率　140
法定最低賃金　60, 101
ホームレス　48
保険料滞納者　124
保護率　133
母子世帯　103
捕捉率　134

ま 行

マクロ経済スライド　165, 191
ミレニアム開発目標　8, 57, 61, 65, 66
無保険者　46, 53, 123, 124, 125
無利子奨学金受給者　119
メルケル首相　24, 36, 147
問責決議（案）　127, 128, 198, 199, 200
モンティ政権　27, 28, 37

や 行

ヤンシャ政権　29
有期雇用契約　99
優遇税制　49, 148, 154, 170
有利子奨学金受給者　119
ユーロ圏　1, 9, 10, 11, 17, 18, 19, 20, 23, 35, 37, 39, 79
輸出依存型　40
幼保連携型　205

ら 行

ラホイ政権　24, 25, 26, 172
臨時雇用　13, 18
累積繰越欠損金　152

索　引

ルセフ大統領（政権）　33
ルッテ政権　36
労働契約法の一部を改正する法律（案）
　　99
労働者憲章法　27, 28
労働者派遣事業の適正な運営の確保及び派遣
　　労働者の就業条件の整備等に関する法律

等の一部を改正する法律　16, 96

わ　行

ワーキングプア　92
若者雇用戦略　91

219

著者紹介

香川　正俊（かがわ　まさとし）

1950年	香川県に生まれる。
1974年	運輸本省（現：国土交通省）入省
1984年	早稲田大学大学院政治学研究科（行政学専攻）修士課程修了
1985年	（財）国際臨海開発研究センター・中国交通部門嘱託研究員、その他
1990年	熊本商科大学（現：熊本学園大学）専任講師
現　在	熊本学園大学商学部教授、大学院商学研究科（修士・博士後期課程担当）、 交通権学会副会長、日本港湾経済学会理事、公益事業学会会員、日本行政学会会員、日本交通学会会員、その他 専攻　国際政治・行政学・比較公共政策・交通論

主要著書
『中国共産党と政治・行政・社会改革──貧困・格差・人権──』（御茶の水書房、2008年）
主要編著
『日中両国の政治・社会・経済的諸課題』（御茶の水書房、2007年）
『都市・過疎地域の活性化と交通の再生』（成山堂書店、2010年）
主要翻訳書
『日本語訳　中華人民共和国港湾法解釈』（成山堂書店、2005年）

世界と日本の格差と貧困
──社会保障と税の一体改革──

2013年2月18日　第1版第1刷発行

著　者　　香　川　正　俊
発行者　　橋　本　盛　作
〒113-0033　東京都文京区本郷5-30-20
発行所　　株式会社　御茶の水書房
電話　03-5684-0751
FAX　03-5684-0753

Printed in Japan
©KAGAWA Masatosi　2013　　印刷・製本／㈱シナノ
ISBN 978-4-275-01007-0 C3031

中国共産党と政治・行政・社会改革	香川正俊 著	A5判・二三八頁 価格二八〇〇円
日中両国の政治・社会・経済的諸課題	日本側研究・編集代表 香川正俊	A5判・三〇四頁 価格六〇〇〇円
現代の交通と交通労働	香川正俊 編	A5判・三〇〇頁 価格四〇〇〇円
「貧困」の社会学――労働者階級の状態	下山房雄・山本興治・澤喜司郎 編	A5判・四二〇頁 価格四三〇〇円
東アジアの格差社会	鎌田とし子 著	菊判・四二六頁 価格八六〇〇円
労働時間短縮――その構造と理論	横田伸人 編著	A5判・二七六頁 価格四二〇〇円
戦後高度成長期の労働調査	塚田広人 著	A5変・一八二頁 価格二一〇〇円
現代日本における不安定就業労働者	下山房雄・大須賀哲夫 著	A5判・五六一頁 価格四一〇〇円
地域産業変動と階級・階層	近松順一 著	A5判・四〇〇頁 価格五〇〇〇円
労働過程の構造分析――鉄鋼業の管理・労働・賃金	加藤佑治 著	A5判・八六〇頁 価格八五〇〇円
鉄鋼業の労働編成と能力開発	布施鉄治 編著	A5判・一五〇頁 価格一五〇〇円
イギリスの炭鉱争議(一九八四〜八五年)	平地一郎 著	A5判・二六〇頁 価格五〇〇〇円
新自由主義と労働	木村保茂・藤澤建二 著	A5判・三一〇頁 価格三一〇〇円
	永田萬享・上原慎一 著	A5判・三四〇頁 価格五二〇〇円
	早川征一郎 著	A5判・六二〇頁 価格三〇〇〇円
	法政大学大原社会問題研究所 編	A5判・四二〇頁 価格二七〇〇円
	鈴木玲	

御茶の水書房
(価格は消費税抜き)